信息技术与高职院校
思想政治理论课教学融合研究

赵庶羽 ◎ 著

中国书籍出版社
China Book Press

图书在版编目（CIP）数据

信息技术与高职院校思想政治理论课教学融合研究 / 赵庶羽著 . -- 北京 : 中国书籍出版社 , 2024.5

ISBN 978-7-5068-9868-3

Ⅰ . ①信… Ⅱ . ①赵… Ⅲ . ①高等职业教育—思想政治教育—教学研究—中国 Ⅳ . ① G711

中国国家版本馆 CIP 数据核字（2024）第 093273 号

信息技术与高职院校思想政治理论课教学融合研究
赵庶羽　著

图书策划	成晓春
责任编辑	李国永
封面设计	博健文化
责任印制	孙马飞　马　芝
出版发行	中国书籍出版社
地　　址	北京市丰台区三路居路 97 号（邮编：100073）
电　　话	（010）52257143（总编室）（010）52257140（发行部）
电子邮箱	eo@chinabp.com.cn
经　　销	全国新华书店
印　　刷	天津和萱印刷有限公司
开　　本	710 毫米 ×1000 毫米　1/ 16
字　　数	275 千字
印　　张	16.75
版　　次	2024 年 8 月第 1 版
印　　次	2024 年 8 月第 1 次印刷
书　　号	ISBN 978-7-5068-9868-3
定　　价	98.00 元

版权所有　翻印必究

前　言

思想政治理论课教学作为高职院校教育的重要组成部分，时刻影响着国家人才的培养质量，尤其是当今信息技术互联网的快速发展，更是催促着高职院校的思政教育作出调整。当前信息技术的普及已经深刻地改变了学生的思维方式和学习方式，高职院校如何在信息技术教学环境中实施有效的思想政治理论课教学，成为教师以及学校必然面对的重要问题。

信息技术衍生了多种传播方式，信息技术的高速传播在舆论引导、思想教育和用户互动交流等多个方面发挥着重要作用。一方面，它极大便利了知识学习和信息传播。但另一方面，信息技术环境也带来一定挑战，比如信息的质量参差不齐、容易出现失真、文化渗透和意识形态干扰等情况。在这种背景下，高职院校思政工作者需要根据时代发展特点，探索适合在多媒体环境下的有效工作模式。一方面运用新媒介手段开展创新形式的教育活动。同时也要提高舆论引导能力，主导网络话语权，宣传社会主义核心价值观。此外还应重视培养学生筛选信息、分辨是非的能力，让其在复杂环境下能够作出科学的价值判断。只有如此，才能更好地服务于社会主义现代化建设这一时代主题。

基于此教育背景，高职院校在思想政治理论课的教学过程中应做出积极改变，从空间维度实现全程育人，全面推进"大思政课"建设的工作方案，为思政课进一步聚焦立德树人根本任务、推进改革创新，实现高质量发展。

本书内容主要探究如何运用现代科技手段有效开展思想政治理论课。通过对高校思想政治理论课信息化应用的基础理论进行分析，结合实际情况，从思想政治理论课信息化手段的内涵入手，针对应用过程中出现的问题进行研究，阐述高校思想政治理论课信息化手段的重要意义和基本思路，提出相应改进措施，以期为其他高校思想政治理论课信息化手段的应用提供一定的参考！

2024 年 3 月

目 录

第一章 高职院校思想政治教育概述 …………………………………… 1
　第一节 高职院校思想政治教育的内涵 ………………………………… 1
　第二节 高职院校思想政治教育的性质 ………………………………… 17
　第三节 高职院校开展思想政治教育的现状 …………………………… 24
　第四节 高职院校思想政治教育内容的创新 …………………………… 27

第二章 高职院校思想政治理论课建设 ………………………………… 41
　第一节 高职院校思想政治理论课教学原则 …………………………… 41
　第二节 高职院校思想政治理论课教学建设规范 ……………………… 48
　第三节 高职院校思想政治理论课教学建设机制 ……………………… 52

第三章 高职院校思想政治理论课教学体系 …………………………… 62
　第一节 高职院校思想政治理论课教学过程 …………………………… 62
　第二节 高职院校思想政治理论课教学体系构建 ……………………… 71

第四章 信息技术下高职院校思想政治理论课的探索 ………………… 84
　第一节 高职院校网络思想政治教育的特征 …………………………… 84
　第二节 高职院校网络思想政治教育的新方法 ………………………… 88
　第三节 信息时代思想政治教育中的网络构建 ………………………… 91

第五章　信息技术对高职院校思想政治理论课的影响 ………………… 97
　　第一节　新媒体对思想政治教育的影响 ……………………………… 97
　　第二节　社交媒体对思想政治教育的影响 …………………………… 105
　　第三节　高职思想政治课面临的新环境 ……………………………… 119

第六章　信息技术下高职院校思想政治理论课的开展 ………………… 122
　　第一节　信息时代高职院校思想政治理论课的内涵 ………………… 122
　　第二节　信息时代高职院校思想政治理论课的现状 ………………… 135

第七章　信息技术下高职院校思想政治理论教学创新 ………………… 146
　　第一节　信息时代多媒体对思政工作的创新 ………………………… 146
　　第二节　信息时代多媒体思政教育工作中的"微创新" ……………… 155
　　第三节　信息时代高职院校思政课程的"四个自信"教学 …………… 158
　　第四节　信息技术下高职院校思政课程的"四位一体"教学 ………… 164

第八章　信息技术下高职思想政治理论课教学实践 …………………… 183
　　第一节　高职院校政治理论课的慕课教学实践 ……………………… 183
　　第二节　高职院校政治理论课的微课教学实践 ……………………… 196
　　第三节　高职院校政治理论课的云课堂教学实践 …………………… 214

第九章　信息技术下高职院校思政师生素养提升 ……………………… 233
　　第一节　高职院校思政课教师信息素养的提升 ……………………… 233
　　第二节　高职院校思政课学生信息素养的提升 ……………………… 242
　　第三节　人工智能环境下思政教育与信息素养的结合 ……………… 253

参考文献 …………………………………………………………………… 260

第一章　高职院校思想政治教育概述

第一节　高职院校思想政治教育的内涵

一、高职院校思想政治教育的概念与特征

"有能化善、修身、正行、积礼义、尊道德，百姓莫不贵敬，莫不亲誉"[1]，思想政治教育在育人育才的过程中扮演着十分重要的角色，对社会能否持续稳定和谐发展也起着重要的作用。中国的思想政治教育始终坚持社会主义本质核心，以发展和完善社会主义经济、政治、文化制度为根本出发点，坚持"以人为本"的第一要义，然而随着市场经济的不断发展、人民生活水平的不断提高，高职院校的思想政治教育逐渐显现出教育内容更新不及时、教育系统不完善等问题，不能全面满足人民日益增长的物质文化需求，为有效改变这一现状，高职院校在进行思想政治教育工作过程中必须高度重视人格教育及培养的重要性。

（一）高职院校思想政治教育的概念

1. 高职院校基本功能

世界著名教育学家夸美纽斯曾经说过："学校是造就人的工厂。"[2] 高职院校作为众多"工厂"中的领头羊之一，其重要功能主要体现在育人育才、科技创

---

[1] 荀况. 荀子 [M]. 南昌：二十一世纪出版社，2015.
[2] 黄荣生. 教师职业道德新论 [M]. 北京：人民教育出版社，2014.

新、社会服务、文化传承、区域经济发展服务及行业支撑性等方面。

2. 高职院校思想政治教育概念

高职院校思想政治教育是指在教育过程中通过系统的教育内容和形式，以立德树人为核心，旨在培养学生树立正确的世界观、人生观和社会主义核心价值观并使其形成良好的职业道德和思想品德的教育。

（二）高职院校思想政治教育的特征

1. 学生思想具有社会波动性

大学是学生由学校走向社会的一个衔接过渡阶段，在这一阶段过程中，学生的学习及生活会更加贴近社会需求发展，也更容易受到各类社会事件、社会思想的影响。

2. 学生自我认知具有主观能动性

"世界上没有完全相同的两片叶子"，每个人都是独立存在、自我发展的个体，大学生作为高级知识分子，其接触的文化、受到的教育往往具有开放性、丰富性，这也促使他们的独立自主意识及主观能动性更强。

3. 学生身心具有可塑造性

学生作为尚未完全独立于家门和校门的个体，其身心发展往往还受到父母和教师的管教与归正，不仅体现在对其日常学习和生活中正确行为的引导，更体现在学生思想和心灵的有益塑造之中。

4. 学生价值观具有不连续性

大学生对马列主义理论知识的进一步学习、独立思考能力的不断增强、对社会发展规律和人类美好理想的科学认识逐步加深促使他们的人生观、世界观逐步形成。值得注意的是，由于生活接触面和学习范围的扩大，家庭和学校的影响程度已趋于第二位，大学生更多地受到他人和社会的影响。但是，因为他们还缺乏足够的知识和社会阅历，还不能正确地运用辩证唯物主义和历史唯物主义的立场、观点和方法去认识和分析复杂的社会现象，并且，由于其缺乏识别、分析问题的能力，因而会受到各种错误思潮的影响。

5. 学生思维具有理性、批判性

当代大学生富于开拓和创新精神，喜欢标新立异，往往不满足于书本上现成的结论，喜欢寻根问底，善于发表自己的见解。因此，对别人的意见和见解常常抱有怀疑和批判的态度。这体现了当代大学生崇尚真理、追求真理的精神。但是，由于他们还缺乏正反两方面的经验，对事物往往表现出轻易地肯定或否定，因而容易犯片面性和绝对化的毛病。

6. 学生行为认识具有无序性、易变性

当代大学生一般是从学校来到学校，缺乏足够的社会生活经验，辨别真伪的能力较差。所以，他们对事物的认识往往忽左忽右。有时是正确的，有时是错误的；有时全面，有时片面；有时深刻，有时仅浮于表面。因此，当代大学生的认识活动往往具有矛盾发展、曲折前进的特点。大学生认识的全部过程，不是正确认识的简单积累的直线过程，而是充满着正确的认识和错误的认识、全面的认识和片面的认识、深刻的认识和表面的认识等曲折前进的过程。

二、高职院校思想政治教育理念

思想政治教育学是一门研究如何通过教育手段引导人们形成正确思想行为的多维度、跨学科科学，其核心在于理解和应用人的思想行为形成和变化的规律以及实施思想政治教育的规律，通过紧密结合实际的社会需求和教育实践，达到促进个人全面发展和社会和谐稳定的目的。随着中华人民共和国的成立及改革开放带来的政策红利日益增长，人们所赖以生存的时代也在发生着翻天覆地的变化，在这一新的时代背景下，高职院校的思想政治教育必须勇当先锋，担负起其育人育才、福泽社会的历史责任和社会责任，为社会源源不断地培养并输送身心发展健康的优秀人才。因此，为了更好地响应此种时代需求，高职院校思想政治教育的各类传统教育理念、教育内容和教学方法都应与时俱进、持续更新，使其能更好地与现代化经济大生产和世界范围内多元的文化交流相适应。

理念是经过长期思考及社会实践所形成的思想观念、理想追求、精神向往和哲学信仰的抽象概括。教育理念则是在教育的实践过程中形成的对教育活动的理性认识以及在教育思维活动中形成的教育观念。思想政治教育的理念是思想政治教育中的主体在不断的教育实践过程中形成的有关思想政治教育最基本问题的本质和规律的理性认识，是对思想政治教育的地位、功能、目的、任务、过程、内容、原则、方法和规律等的总体看法，是对思想政治教育观念起统领作用和统摄意义的核心观念，是所有参与思想政治教育活动的主体在思想政治教育实践过程中所要遵守的根本指导思想和行为准则。而高职院校的思想政治教育理念则具体针对的是对高职院校中的大学生的思想政治教育社会实践活动的理性认识。它也是高职院校中思想政治教育的主体在思想政治教育思维活动中形成的一种教育指向性观念。高职院校思想政治教育理念在实践中不断创新，在创新中不断发展。这种创新与发展主要来源于先进的思想和理论及对现实问题的尊重与深入反思。

（一）"以人为本，教育为人"的教育理念

传统的高职院校思想政治教育往往以课堂、课本为中心，且培养目标、教学模式、教育内容及教育方法都相对单一、呆板，忽视学生的个体差异性，不能很好地起到思想政治教育效果。因此，为了解决这一问题，高职院校思想政治教育应以人为本，把人放在教育的核心地位，突出教师和学生的重要性，而不再以单一的教材为授课导向。教师在思想政治教育授课过程中也不应采用灌输式教学，教师应根据每个学生的不同特点采取灵活式的针对性教学，从而大幅提升教学效果。

（二）"士有百行，以德为先"的教育理念

"德育为先"理念早在春秋战国时期便已经逐渐形成，儒家学说曾进行过

系统阐述，孔子指出："弟子，入则孝，出则悌，谨而言，泛爱众，而亲仁。行有余力，则以学文。"① 说的就是要首先培养人的道德观念和行为，然后才有闲暇时间和余力来学习文化知识。孔子主教的文献、德行、忠诚、信用四大科目中，德行、忠诚、信用均为典型的德育课。同时儒家学说将智性知识也归为德行知识，德育对智育具有兼容性。这些奠定了中国几千年以德育为先的基调。

（三）"百花齐放，与时俱进"的教育理念

当今时代，是一个空前开放的时代，社会处于前所未有的开放性融合过程中。在科技日新月异，经济全球化、社会信息化、信息网络化、文化多元化、价值取向多样化的社会转型重构中，世界日益成为一个联系更加紧密的有机整体。传统封闭式教育模式被打破，全方位开放式的新型教育成为时代需要。随着这种变化，高职院校学生的独立性、选择性、多变性、差异性问题也凸显出来。高职院校思想政治由于其自身的特殊性，必然也需要顺应社会发展要求，敏感把握时代走向，用开放的教育理念指导高职院校思想政治教育的转型与模式重构。高等教育的根本任务是培养人，高职院校思想政治教育能够在思想和精神上保证学生的健康成长、顺利成才、成功就业。把开放式教育理念引入高职院校思想政治教育工作之中，构建开放式思想政治教育的体系，旨在突破传统观念，以实现高职院校思想政治教育教学模式、教学内容、教学目标和管理机制的创新。

三、高职院校思想政治教育的内容

当今社会的变化对当代大学生的思想产生了很大影响，大学生思想政治教育对于塑造大学生有着极为重要的作用。高职院校是培养高层次人才的基地，是进行马克思主义意识形态教育的重要阵地，要确保人才培养质量，确保中国特色社会主义事业后继有人，大学生思想政治教育必须加强"三观"教育、生

---

① 云青. 万卷楼国学启蒙：论语[M]. 沈阳：万卷出版公司，2022.

命观教育、心理健康教育、道德教育和法治理念教育。

（一）高职院校思想政治教育的基本教育内容

基本内容是指社会的基本要求、做人的基本品质，它涉及生活的各个方面，贯穿一个人的一生，是大学生思想政治教育中最基本的内容，是基础，具有基础性、广泛性和持久性等特征。主要包括以下几方面内容。

1. 以"楚囊之情"为核心的政治道德教育

"天下兴亡，匹夫有责"，爱国主义是中华民族几千年来代代相传的优秀传统品质，在漫长的历史长河中，是无数爱国英雄用自身的热血与忠诚为我们拼命争取来的今日的美好生活。例如：抗日战争中，数以万计的中国人前仆后继、浴血奋战，是他们勇于在国家生死存亡的危难之际抛头颅、洒热血，践行心中的"大义""大节"，勇于捍卫国家尊严，才使得中华民族得以真正地"站起来"，续写华夏文明的新篇章。

大学生是国家和民族的希望，他们爱国情感的强弱，将直接关系到社会的进步和发展，关系到整个国家和民族的前途和命运。因此，必须强化爱国主义教育，以增强他们的民族自豪感、自尊心、自信心和自强精神，增强他们的爱国热情和报国之决心，使其在实现中华民族的伟大复兴中贡献力量。

2. 以"仁"为核心的思想道德教育

"仁者荣，不仁者辱"，"仁"是中国儒家传统思想的核心价值观之一，长久以来一直被视为治国安邦、修身立业的基本准则，受到社会普遍尊崇，成为一种人与人之间相处的行为准则和处世态度，其旨在培养学生的仁爱之心，强化学生的道德修养和社会责任感。而究竟何为"仁"，孔夫子言道："克己复礼为仁"[①]，即克制自己的私欲，使言行举止合乎礼节，同时"仁"也指"爱人"，当"爱人之心"人皆有之时，社会才会变得更加和谐稳定，有利于和谐社会的构建。

---

① 孔子. 论语 [M]. 杨伯峻，杨逢彬注译. 杨柳岸导读. 长沙：岳麓书社，2018.

不仅如此,"仁"的意义还在于其能帮助提高人们的道德修养,帮助人们树立正确的世界观、人生观和价值观,培养学生的仁爱之心,使其具备同情心和换位思考的能力,这有利于促进人与人的和谐相处和互助合作,进而推动社会稳步发展和文明的进步。

道德规范教育是帮助大学生了解正确处理个人利益与他人利益、个人利益与集体利益关系的行为准则的教育,并在这些行为准则的指导下,将这些准则外化为实际行动和道德习惯。道德规范教育是一种养成教育,它实质是教导一个人如何成为一个真正的"人",如何安身立命,这是一种最基本的教育,只有在这一教育的基础上,才谈得上其他的教育。道德规范教育是政治教育、思想教育的起点,只有搞好基本的道德教育,才有可能培养具有正确政治思想、科学世界观的社会主义新人。正如儒家所倡导的"修身、齐家、治国、平天下",只有自己有了很高的道德修养,才谈得上报效国家,造福社会。

"道德是人们行为的规范和准则,是有客观是非、善恶标准的。它是不成文的法律,但又不同于法律。它主要靠教育,靠公共舆论,靠人们的自觉认识。"[1]道德规范教育在学生的道德培养中占据着主要地位,而这一地位同时也由道德规范所具有的特点所决定:第一,道德规范具有极强的稳定性。这种稳定性体现为即使经历了漫长的时间和社会变迁,道德规范也依然能够保持其基本原则和核心价值不变,同时,即使旧的道德规范早已失去其现实依据,但由于在漫长的岁月中其早已与人们的生活、传统文化和思想融为一体、无法分割,因此仍能对现实世界人们的行为和价值取向产生巨大影响,例如:佛教中的"慈悲"和基督教的"平等"等。第二,道德规范具有极强的广泛性及社会性。道德规范存在于人们社会生活的各个层面,大到国家的法规政策,小到日常生活中的遵守交通规则、购物不插队、不乱扔垃圾、不随地吐痰等,可见,道德规范与人们的生活息息相关并贯穿于社会运行的各方各面,对人们的行为产生约束和引导。第三,道德规范具有极强的自律性。道德规范在规正人的行为时

---

[1] 茅以升. 彼此的抵达 [M]. 天津:百花文艺出版社,2009.

并不会提出强制性的要求，而是不断给出规范性建议，以一种"随风潜入夜，润物细无声"的方式对社会舆论和风气产生潜移默化的影响，进而提高人们的自律性，使其能自觉优化自身行为、形成优秀的道德品质。

从以上道德规范的特点中我们可以看到，由于大学生的日常思想行为大量地表现为道德品质和行为的调适，道德规范可以成为他们正确处理与他人关系的行为指南，因此，道德规范教育与其他思想政治教育内容相比，与大学生日常生活最为贴近，具有其他思想政治教育内容所没有的基础优势。而且由于道德规范的稳定性和自律性，它对指导大学生正确处理个人与他人、集体之间的关系具有持久的效力，这增加了道德规范教育作为思想政治教育基础的牢固性。

3. 以"五常之德"为核心的伦理道德教育

儒家提倡"仁、义、礼、智、信"，称为"五常"。中国传统伦理将道德视为人的本质属性，主张用道德来调节、维系人与人之间的关系，并提出以"五常"来构建人类社会的基本秩序，而这"五常"也成为贯穿整个古代社会的基本道德观念，千百年来影响着人们的修身养性、立身处世，并对中华民族的道德素质和道德精神的形成产生了巨大的推动作用。

4. 以"人德"为核心的道德修养教育

"择其善者而从之，其不善者而改之"，自古以来儒家思想就提出了对自觉规范道德修养的要求，强调以"人德"为核心培养人的品德和道德素养，注重其内在修养及人格的塑造。例如：孔子提出："言必信，行必果"[①]，强调做人应当言行一致，注重诚信，培养正直诚实的品质。同时，孟子也提出"爱人"这一观点，强调接人待物应诚恳善良，以和为贵。道德修养教育对于人和社会都具有重要的价值，但是也应注意，人的修养是建立在品德和道德基础之上的，因此还需要通过不断地实践来帮助提升。

---

① 孔子. 论语 [M]. 杨伯峻，杨逢彬注译. 杨柳岸导读. 长沙：岳麓书社，2018.

（二）高职院校思想政治教育的参与者

高职院校在进行思想政治教育的过程中必然要有参与教育活动的人，教育才能得以顺利进行，人是教育活动的基础要素，而在一项教育活动中不仅应有施教者，还应有受教者。在正式进行思想政治教育之前更是应明确不同施教者和受教者的自身特点，并以此编写教案、安排课程活动，进而使教育活动得以顺利开展和圆满结束。

1. 高职院校思想政治教育的施教者

高职院校在开展思想政治教育的过程中，广大教职员工作为推进教育工作的主体，对于院校思想政治教育的开展起到关键作用。教师进行教育的主要目标是加强院校的精神文明建设水平，帮助学生树立正确的价值观念，对学生思想认识的形成起到指导作用。因此，教师要发挥其在教育中的指导者和帮助者的作用，充分掌握社会主流的价值观念和思想体系，树立正确的思想道德观念，提高思想政治教育工作的有效性。在教育过程中，教师要发挥教育的主动性和创造性，在正确的理论指导下，用科学的方法和创新思维更好地开展教学。要改变过去思想教育工作生硬灌输的方法，通过教师的引导和帮助，提高院校学生的积极性，使其充分认识思想政治对个人成长的意义，能够主动地接受新知识。

认真做好教学科研和课题研究，实现教学能力的不断提升；转换脑筋、更新观念，树立市场观念、竞争观念、效益观念，开拓创新观念。另外，广大教师也需要从受教育者，即学生的视角出发，充分了解当代青年学生的性格特征和生活状态，以学生为中心创新教育工作方法。

2. 高职院校思想政治教育中的受教者

高职院校思想政治教育的主要受教者即学生，学生是教育的培养目标，在高职院校思想政治教育的过程中，只有确保学生对教学成果得以有效吸收，教育成果对学生的世界观、人生观和价值观产生了积极影响，至此，一段完整的教育活动才算正式结束。然而，思想政治教育并不是一劳永逸的，还需要结合时代背景和社会发展需要不断更新并传达给学生，使学生时刻了解社会主流思想，自觉提升思想政治素养。

3. 高职院校思想政治教育中施教者与受教者的关系

高职院校要想充分发挥思想政治教育的作用，就需要处理好教育实施者与接受者之间的关系。对于作为接受者的学生群体来说，由于学生的思想不成熟，在接受教育时往往受到自己的主观意愿和社会中流行的观念所左右，因此其思想过程是充满矛盾和变化的。作为教育实施者的广大教师应该及时掌握学生们的思想状态，有针对性地向学生进行思想政治教育。

在思想政治教育的具体实践中，学生是学习的主体，而教师在教学中也处于主导地位，是学生的指导者和帮助者。良好的师生关系是顺利开展思想政治教育的根本保障，二者之间在人格上是平等关系，在学习过程中是相辅相成的关系。学生的学习需要在教师的帮助下才能实现，而教师的教学成果需要在学生中产生效果才具有实际意义。实施者和接受者不能对立起来，否则将会影响到整个教学计划的实施。在过去的思想政治模式下，教师在课堂中往往处于主体地位，具有绝对的控制力和权威性。这种模式使教育成为一种单向传输的过程，教师尽管能够对教学计划进行充分掌握，也能较为系统化地传播教育内容，但却忽略了学生的学习和接受情况。学生在教学过程中始终处于被动接受和被控制的地位，其学习热情和成长的积极性被严重压制。学生对于思想政治课程的学习会产生厌倦和叛逆心理，要么逃避思想政治课，要么只是为了应付教师的要求和考试的需要而进行死记硬背。在这个过程中，学生无法将思想政治的内容转化为自己的思想意识和价值观念，从而使思想政治课对学生成长的帮助十分有限。

目前，我国各级各类学校都在按照课程改革的要求，强调学生主体性的建立，这既是教育的目的，也是教育能够成功的要义。但职业学校也要避免另一个误区，即将课堂完全交给学生，过分强调学生的主体地位而忽略了教师的作用。以学生为主体就是要释放学生自主学习的能力，强调学生的个性化发展，让学生能够对各个科目的学习产生兴趣，并形成对自我的评价。在这一过程中，教师需要对学生进行及时指导，帮助学生把握学习的方向。如果教师放任学生进行任意的学习和选择，对课堂不加以控制和约束，会使学生囿于自身的经验与视野当中，反而不利于学生的成长。在思想政治教育过程中，如果教师没有发挥主导性的作用，也可能会造成更为严重的后果。学生在自主学习时，可能会导致个人意志的过于膨胀，从而形成错误的、自我化的价值观，从个人主义走向利己主义的误区，进而会否认院校思想政治教育的意义。

思想政治教育的过程，离不开教育者和受教育者的不断互动与交流。教师要在课堂中充分发挥主导作用，同时要充分尊重学生的主体地位，让学生能够积极、主动地进行学习。为此，教师需要为思想政治课程精心设计双方互动的情境，学生在自主学习、自我探索的过程中，要及时接受教师的指导和帮助，使学习实践活动能够帮助自己形成正确的思想价值观念。为了充分调动学生在学习过程中的积极性和创造力，教师和学生可以采用角色互换的方式，将教学与学习的过程形成有机的整体，使教育过程更加有效。角色互换的具体方法是教师针对社会中人们普遍关注的热点问题，为学生预设可以自主研究的任务方向。学生通过在课余时间搜集资料、参与社会调研、分析网络中的论点等方法，对一些问题进行自主探索，最后形成自己的结论与看法。在课堂中，学生代入教师的角色，针对自己的探索成果向教师和其他学生进行讲解，大胆提出自己的看法，其他学生则对这些问题进行讨论和分析。教师可以代入学生的角色认真接受学生的讲解和讨论，之后再对课堂进行总结，以自己的知识体系和经验进行讲解，引导学生建立完善的思想体系。

四、高职院校思想政治教育的主要内容和任务

（一）高职院校思想政治教育的主要内容

高职院校思想政治教育作为教育活动的一项重要组成部分，其内容丰富多彩，且均与人们的生活、人生价值的实现息息相关，其中最主要的两点内容是

集体主义教育和理想教育。

"不管一个人多么有才能，但是集体常常比他更聪明和更有力。"[1]集体主义教育对学生未来更好地融入社会群体起着积极的作用。任何人都不能脱离集体而存在，每个人生来就是集体中的一员，无论是家庭集体、学校集体还是社会集体，掌握与其他集体成员和谐共处、共同发展的能力是至关重要的，集体中的每个人都应学会关心他人、爱护集体，坚持集体利益大于个人利益，把集体利益放在首位。

前有诸葛亮"志当存高远"，后有王守仁"志不立，如无舵之舟，无衔之马，漂荡奔逸，终亦何所底乎"。古人用亲身实践和经验告知后人理想对于人的个人发展、对于国家的兴盛繁荣都是十分重要的。理想能够促使人前行，推动人不断进步实现自身价值，故而在高职院校思想政治教育体系中必须高度重视并加强对学生的理想主义教育，帮助学生在学习专业知识的同时树立正确的核心价值观，发掘自身爱好并明确个人理想。

另外，在高职院校思想政治教育体系中加入我国历史文化的内容也是十分必要的。华夏文明拥有五千年的悠久历史，形成了辉煌的文化传统，具有一以贯之的文化命脉。高职院校要继承和发扬我国悠久的历史文化传统，将历史中积累和流传下来的优秀文化传播给青年学生，让学生在学习过程中主动地认识我们的民族精神和文化传统。同时，高职院校也要顺应全球化发展的潮流，积极吸收外来的先进文化，使其能够指导学生的校园生活和社会实践。

（二）高职院校思想政治教育的重要任务

高职院校思想政治教育工作对于大学生人格的塑造具有义不容辞的责任，其教育工作的重要目的和任务是促进学生全面发展，使其形成正确的世界观、人生观和价值观，在培养专业技能的同时，加强对学生思想的引导和教育，帮助学生深入了解社会状况，引导学生关注国家、社会热点问题，增强学生国家

---

[1] 杜富裕. 大学生心理健康教育实践手册（双色版）[M]. 镇江：江苏大学出版社，2021.

意识和社会责任感，培养学生爱国、敬业、诚信、友善的优秀品质，并加强学生的自律性和同理心。

1. 理想信念教育是高职院校思想政治教育的必由之路

"老骥伏枥，志在千里"，高职院校思想政治教育工作应成为其教育工作的重要内容，理想信念教育不仅是对学生灌输知识，更是通过旁敲侧击的引导方式帮助学生培养坚定的理想信念和正确的、有益于社会和国家的人生目标，使学生在未来的职业发展生涯中和个人的社会生活中皆能胸怀理想、勇往直前。同时，在理想信念教育过程中也应重视对师生员工的意识培养，帮助高职院校的教师和学生培养良好的师生关系，共同为建设中国特色社会主义现代化国家出谋划策、群策群力。

要对师生员工进行正确的世界观、人生观、价值观教育。只有形成正确的世界观、人生观和价值观，才能树立正确而坚定的理想信念。我国高职院校师生世界观的形成主要是紧紧围绕马克思主义的思想理论体系，通过辩证唯物主义和历史唯物主义来认识世界，把握人类社会的总体发展方向。高职院校的师生也应正确对待人生中存在的各种问题和挫折，正确理解人生的意义，从而树立积极向上、宠辱不惊的个人奋斗意识。

2. 道德观念教育是高职院校思想政治教育的必进之门

"道德当身，不以物惑"，管仲认为一位有着优秀道德品质的人才应是不会为任何外界事物所诱惑、动摇的人，在中国特色社会主义建设道路中，国家所强调并要求高度培养的正是这种能够坚守本心、严于律己的人才。道德作为人们调整个体间以及个体与社会间的一种行为思想准则，不仅对人们形成社会共识、促进社会公正法治化发展具有重大意义，更是能有效增强社会和国家的凝聚力。因此，加强道德观念教育迫在眉睫、义不容辞。

3. 行为规范养成教育是高职院校思想政治教育的必举之策

高职院校在加强对学生的思想政治教育过程中，一定要重视对他们进行行为规范的养成教育，从具体行为习惯的养成抓起，从一点一滴抓起，重视培养他们的文明行为和道德规范。按照相关的行为规范要求，引导学生积极参与社会实践，将学校教育与社会教育联系起来，提高学生融入社会、服务社会的能力。加强学生的思想政治教育是一项社会性的系统工程，只有动员社会各方面力量共同努力才能做好这一工作。对于学生行为规范的养成，教师应发挥以身作则的作用，通过教师自己的行为来感染学生，为学生树立榜样。高职院校要与社会、家庭建立合作关系，共同推进学生的思想政治教育，要充分发挥共青团、学生会等社群组织团结和引导学生共同进步的作用。

五、高职院校思想政治教育的关键点

现代思想政治教育研究表明，思想政治教育工作内容是指思想政治教育工作主体通过思想政治实践活动，作用于思想政治教育工作对象客体的理论化、系统化的意识形态体系，是由政治教育、思想教育、道德教育、心理教育等构成的，具有一定稳定性的结构体系。同时，思想政治教育的理论研究也指出：思想政治教育目的是按照马克思主义的理论体系，实现人的全面发展。因此，高职院校要在思想政治教育工作中体现"以人为本"的思想理念，为社会培养有用人才。以人为本既是时代进步与社会发展的迫切要求，也是人的全面发展的必然要求，对我国的市场经济和社会主义现代化建设具有十分重要的现实意义，学生是国家宝贵的人才资源，全面提高学生的思想道德素质和科学文化素质，是实现科教兴国战略和人才强国战略的重要保证。

（一）教育以学生为本，重视人性关怀

高职院校的思想政治教育应坚持以学生为本，充分关注学生的主体差异性，发挥其主观能动性和学生的主体作用，教育工作应始终围绕学生开展，为培养学生成为个性化全面发展的优秀人才这一目标服务。在教育过程中，教师首先应该做到热爱教育工作、关爱学生，关注不同学生的不同特点对症下药、因材施教，使每一个学生的天赋都能得到最大化发挥和展现，引导学生明确自身理想，实现个人价值。其次，在教学过程中，教师应该为学生创设能够充分发挥

其主观能动思维的教学场景和模式，以学生为主体，引导学生自我思考，培养其自我学习的能力，"授人以鱼，不如授人以渔"，教师应帮助学生规范不良的学习行为，培养有益的学习方法，使学生在未来的学习和生活中能自觉规范自身行为，形成高度的自律意识。

以学生为本的思想教育理念，是要将学生作为思想政治教育的最终目标，围绕学生开展教育工作、制定教育计划、编制教学内容。广大教师要将青年学生看作有独立思想和人格的个体，满足学生的学习需求，让学生在主动学习的过程中积极展现自我风采、体现个人价值。要为学生创建学习、发展与实践的环境条件，使学生的创造性和鲜明的个性展现出来，让学生能够运用所学的思想政治知识指导自己的人生实践，实现自己的人生目标。

高职院校的思想政治教师在教学工作过程中，要时刻从"人性"的角度看待问题，理解学生的心理状态和思想动态，遵从人性的变化和人格成长的客观规律，开展教学与教研工作。教师要在不违反思想政治教育精神的前提下，充分尊重学生的个人选择，使其按照自己的兴趣、意愿和理想选择人生方向。同时，教师也要深入学生的生活，了解学生的精神面貌和身心健康问题，切实帮助学生解决生活上的难题，使学校成为学生可以依靠的心灵家园。高职院校要以思想政治教育为依托，为学生创造丰富的学习环境和多样化的发展路径，使学生在学习期间将自己的潜能发挥出来，彰显自己的个性。学校应不抛弃每一个学生，不以学科成绩来评价学生的优劣，使学生能够发扬自身的优点，实现个体价值。

围绕以人为本，体现人性关怀，促进学生全方位的发展，高职院校要在思想政治教育工作中实现以下三种目标。

第一，注重以人为本，尊重人的需要，启发人的自觉性。根据马斯洛需求理论，人的需求包含从低到高的五个层次，在满足基本的生存需要之后，人们必然会寻求受尊重的需求与实现自我价值的需求。尊重的需求包含受到他人和社会的关注，也包括尊重他人，从而获得自信力与自豪感。高职院校以人为本的思想政治教育就是要从尊重学生的需要开始，启发人的自觉性。随着人们生活水平的日益提高，学生在生活中更多需要的是获得学校和社会的认可，彰显自己的个性，使自己的思想观念能够得到师长的尊重。根据这一点，教师在进行思想教育过程中，就应该把尊重学生的人格尊严和个性选择放在重要的位置上。在教学过程中，要聆听学生的内心想法，了解学生的实际需求，使学生能够感受到来自教师和学校的尊重。

第二，注重以人为本，关心人的利益，调动人的积极性。在合理合法的框架下，人们追求自己的合法权益能够使人们的生活水平不断提升，同时也能够推动社会各个领域取得不断进步。然而，如果人们一味地去追求自己的利益而侵害他人或社会的利益，就会给社会的进步和稳定造成危害，从而使人们陷入极端利己的狭隘思想观念中，使社会道德走向滑坡。思想政治教育工作的一项主要任务就是要让人们形成正确的利益观，正确看待个人利益、他人利益和集体利益。由此可见，关心人的利益也是思想政治教育工作的重要内容，如果离开了利益观谈思想政治教育，其内容必然缺乏稳定性，无法令人信服。高职院校在进行思想政治教育时，教师也要向广大学生传播正确的利益观，并充分尊重学生的基本权益，让学生在学习过程中更有积极性。因此，教师要从两个方面入手：一方面是让学生正确看待个人利益与他人利益、集体利益、国家利益之间的关系，认识到个人利益要在社会利益的保障之下才能获得更好的满足。在各种利益关系出现纠葛时，能够以正确的方法来处理问题。另一方面，教师要根据新时代社会发展中的种种问题和现象，让学生能够理论结合实践，在具体的学习和工作中，用合理合法的手段，保障自己的权益。

第三，注重以人为本，彰显人的价值，激发人的创造性。思想政治教育工作的根本目标是要提高人的思想认知，进而实现人的全面发展。为了实现这一目的，思想政治教育工作就要彰显出人的价值，使人们能够在社会实践中发挥自己的创造力。人的价值的实现，既要依靠个人发挥自己的价值属性，也需要社会环境为人提供实现价值的条件。因此，个人与社会需要统一为一个整体，在互相作用下实现价值。社会的价值正是由每一个个体而形成的，个人的创造力和价值的实现，为社会的进步提供了动力；而个人的发展必须在社会中进行发展，需要个人能够利用社会资源建立与他人之间的合作与交流。高职院校在开展思想政治教育工作时,也要充分彰显师生员工的个人价值,使院校成为广大师生个人发展的舞台。思想政治教育不是要禁锢人,而是要解放人,让人能够充分解放自己的思想、发挥自身的创造力,从而能够在学习、工作和生活中最大限度地体现个性与价值。只有这样,广大师生才能发挥自身的优势和长处,成长为对社会有用的人才。高职院校的发展就是要成为培养优秀人才的孵化器,同样,思想政治教育作为职业教育中的关键环节,也应围绕人的成长,体现以人为本的内涵,将人的价值与创造力充分地显现出来。

(二)教育工作时不我待,重视客观存在的复杂性

随着科学技术的进步和信息时代的发展,人们有条件接收到更加复杂而多元的信息,这使得人们的自我意识不断增强,人的思想意识形态也更加多元化,这些都对新时代的思想政治教育工作提出了新的挑战。在校园内,学生可以借助移动互联网等新的信息传播手段接触到更多信息,这即便他们能够学习到更多知识,也使得他们的思想意识更加复杂多样。因此,高职院校的思想政治教育工作必须结合社会发展的背景来进行,从当代学生的思想特点出发,充分体现人性关怀。学校和教师要充分尊重学生的个人选择,关心学生人格的成长,为学生开辟多元化的发展方向。

第二节 高职院校思想政治教育的性质

一、我国高职院校思想政治教育的特点

(一)开放式教育

随着经济全球化的日益发展,教育资源的共享与交流更加便捷,社会和思想开放性日益显著,开放性的文化交流不断深入,高职院校也由此形成了开放性的特点,这也是其与传统教育模式最为主要的区别之一。其开放性的特点主

要体现为：在教育过程中高度注重学生的主体性和积极性，强调对个体差异的尊重和发展，并倡导宽松、灵活的教学环境，鼓励学生进行独立思考和自主学习。这种开放式的教育模式与封闭的传统教学模式相比，更加注重学生对教育过程的参与度、表达感和协同合作，也更加注重培养学生独立思考的能力、创新精神以及批判性思维模式，进而促进学生全面发展。

开放式思想政治教育模式不仅有利于更好地满足学生的思想政治教育需求，培养学生的理性思维和创新意识，促进学生全面发展，使他们具备在现实社会中积极参与并提出建设性意见的能力，还有助于拓宽学生的思维视野，使他们更好地理解和接纳多元文化，增强国际视野和跨文化交流能力，有助于促进学生的自我实现，激发个体潜能，并培养其独立自主的意识和责任感，为培养社会主义建设者和接班人作出巨大贡献。

1. 人本性

"民为邦本"是古代国家治理中的一项重要思想，教育作为培养国家人才的重要途径，也应当将人本主义理念融入其中，坚持"以人为本""以学生为主体"的思想，将其作为高职院校思想政治理论课程开展的思想基石并在实践中切实践行。高职院校思想政治教育人本性的特点也要求教师应该关心爱护学生、循循善诱、因材施教，不能对学生进行"填鸭式"教学，更不能对学生采取体罚、名誉损害等暴力教学方式。

高职院校思想政治理论课开放性教学的"人本性"还体现在教学目的上，即为了满足学生的精神文化需求，促进学生全面发展。

2. 科学性

"科学"与"人本"是两种不同的价值取向，科学的价值取向是求真，人本则是求善；科学属于合规律性，人本属于合目的性。高职院校思想政治理论课开放性教学新模式不仅具有人本性，而且具有科学性，是求善与求真的统一，合目的性与合规律性的统一。高职院校思想政治理论课开放性教学具有科学性，主要是由于它是以科学理论为依据，以科学实践为基础，以科学精神为指导，运用科学方法构建起来的。

第一，高职院校思想政治理论课开放性教学是在坚持科学立场的基础上建构起来的。高职院校思想政治理论课开放性教学是建立在科学立场上的。它要求我们在思想政治理论课教学中，坚持一切从实际出发，按客观的教学规律办事，求真务实。

第二，高职院校思想政治理论课开放性教学是以科学理论为依据的。马克思主义是人类历史上最科学的世界观和方法论，是追求真理、探索真理以及揭示客观规律的行动指南。

第三，高职院校思想政治理论课开放性教学是一个完整的科学体系。它由"一个核心理念"与"三个基本要素"构成，层次清楚，逻辑严密，具有系统整体性特征。离开了系统整体性，就不能成为一个科学体系。高职院校思想政治理论课开放性教学新模式是一个有机的整体，"一个核心理念"与"三个基本要素"有机结合，缺一不可。

第四，高职院校思想政治理论课开放性教学采用了科学方法。高职院校思想政治理论课开放性教学积极倡导马克思主义唯物理论，提倡根据科学辩证法认识师生关系、编排教育课程、组织教育内容。这种科学性的教育方法不仅强调理性思维和学术求真精神，更注重教育内容的系统性、科学性和实证性。在开放性教学中，科学方法的运用可以帮助教师和学生树立正确的认识观念和方法论，注重逻辑推理和事实论证，培养学生的科学精神和批判思维能力，提高学生分析问题和解决问题的能力。不仅如此，科学方法的引入还有助于有效引导学生进行独立思考和创新实践，有助于规范学生的学术思维和表达技巧，使学生在论证和表达中更加注重语言的逻辑性和严谨性，并且通过科学方法的指导，学生更能从实践中迅速感知到知识的真实性，这也有利于提高思想政治理论课的教学效果，促进学生综合素质和能力的全面提升。

3. 和谐性

高职院校思想政治教育理论课程还具有融洽性的特点，这种融洽性不仅体现在教学内容应与社会现实相融洽、教学方法应与学生个人特点相融洽，还体现在教育理论课程的"人本性""客观科学性"等特点的自洽之中。正是因为具备此种融洽性的特点，才使得高职院校思想政治教育理论课程在实时发展、与时俱进的过程中更加畅通无阻，也更加容易被学生和社会大众群体所接受并带来积极影响。

（二）以社会化为导向

高职院校社会化是高职院校回应市场经济发展的时代取向，也是彰显高职院校价值的重要途径。高职院校社会化不仅包括开放办学、事业发展、教育教学实践、社会服务、科学运作的社会化，而且包括高职院校后勤工作的社会化。其中，后勤社会化对高职院校思想政治教育的影响最大，使高职院校思想政治教育社会化的程度越来越明显。突出表现在：社会大环境与校园小环境之间呈现立体式的交叉渗透、动态式的交流合作的格局，尤其是校园周边环境对学生的思想发展具有重要的影响；各种教育教学基地、爱国主义教育基地、社会实践基地等教育资源建立起来并发挥着积极作用，社会实践成为学生思想政治教育的重要组织形式。高职院校思想政治教育只有自觉地融入丰富多彩的社会生活中，才能真正实现内容、方法、途径、机制和体制的创新，才能有效地促进青年全面健康成长。

高职院校社会化的出现，对学生的生活方式、交际方式、思维方式和价值取向会产生重大而深刻的影响，使得高职院校思想政治教育比计划经济时代更加复杂。在高职院校思想政治教育社会化的过程中，要从学生的思想实际出发，积极探索高职院校思想政治教育的新内容、新方法、新手段和新机制，力争在教育思想、教育宗旨、教育模式上有所创新和突破。

（三）紧随信息化趋势

人类已经进入了信息化时代。信息技术使人类的物质文明、精神文明和政治文明发生着巨大而深刻的变迁。信息生活成为大学日常生活的重要组成部分，并全方位地改变着学生的日常生活、生活方式、思维方式和价值观念，高职院校思想政治教育信息化是时代发展的客观趋势，也是高职院校思想政治教育创新的必然举措。突出表现在：教育信息的海量化和更新的快捷性，在网络空间的信息资源远远超过了传统的资源，而且更新的速度惊人；教育载体的开放性和参与性，网络载体是一个高度开放的新兴载体，任何人在其中都可以平等地进行教育和接受平等的教育；教育实践的隐蔽性和人际情感的间接性，网络教育是一种非面对面的间接性教育，人们可以借助网络接受知识，获取信息，交流情感，避免了人与人之间面对面的接触。为了适应高职院校思想政治教育信息化的要求，传统思想政治教育必须实现与信息化的整合，探索新的教育模式。

（四）创新发展驱动性

创新是推动社会进步的重要因素，在全社会以创新驱动为主要引擎的新时代机遇下，高职院校在思想政治教育中更应体现创新性，让学校的教育创新、学生的思想创新成为全社会创新体系的重要组成部分。

学生思想政治教育的创新包括观念、内容、方法、手段、机制等方面，通过上述方面的创新，目的是实现高职院校思想政治教育由传统向现代的全面转型。为此，高职院校要建立思想政治教育的创新体系，在教育理念、内容、方法和教学管理体制方面实现创新发展。对于教育理念方面，高职院校应积极改变过去落后的教育思想和观念，积极按照新课改的要求，带领全校教师学习先进的教学理念，实现教育理念的开放化、教育模式的个性化。对于教学方法的创新，高职院校应该积极运用信息技术，吸收和结合校内、校外的各类教学资源，努力实现教学方法的现代化、信息化。同时，要在教学过程中体现学生的主体地位，将教师的教学与学生的自主学习结合起来，变革教学方式，注重学生的个人成长。对于教学管理体制方面，高职院校要为思想政治教育的创新和发展创造良好的条件，建立健全教学管理体制、人才培养机制、教师员工激励机制，使教育工作者能以更加积极的态度投入到思想政治教育工作当中。在高职院校思想政治教育创新过程中,要注意借鉴中国传统道德教育的精华,继承和发扬党的思想政治教育的优良传统,同时要辩证地吸取国外学生思想道德教育的有益成分。

(五)扎根人文主义理念

高职院校思想政治教育已经树立了以学生为本的观念,把教育学生和关心学生结合了起来,把塑造学生和服务学生结合了起来,把校园文化建设和学生的健康成才结合了起来,紧密围绕学生的成长和成才来进行,这充分反映出对学生的人文关怀,体现出人文性的特点。重视对学生的人文关怀,必须从学生的思想实际出发,树立民主、平等、沟通和协商的新观念,把高职院校思想政治教育工作做细、做活、做实,深入细致地研究当代学生思想中的热点、难点和疑点问题,提高他们的人文素质,培养他们的人文精神。要加大校园文化建设的力度,通过各种形式的校园文化活动营造健康、文明、向上的生活氛围。要不断延伸高职院校思想政治教育的覆盖面,使思想政治教育工作进公寓、进社团、进网络。要针对不同层次的学生开展不同形式的教育,力争使所有学生都能健康成才。

二、我国思想政治教育的进阶重点

(一)厚植爱国情怀,培养民族精神

"人生自古谁无死,留取丹心照汗青。"爱国主义教育和民族精神教育作为塑造国民心性和价值观的重要一环,也是国家凝聚力和向心力的重要来源。在思想政治教育的过程中必须高度重视爱国主义教育和民族精神培养的重要性,高度的爱国情怀和民族精神既有利于增强人民群众的国家认同感和自豪感,提高全民族凝聚力,促进国家长治久安,还有利于增强学生的社会责任感和历史使命感,激发学生的爱国热情和报国之志,培养其成为有担当、有作为的祖国栋梁之才。在进行思想政治教育的过程中可以通过带领学生参观纪念馆、烈士陵园、进行志愿服务等方式,将爱国主义教育和民族精神教育融入实际行动

中，通过潜移默化的方式影响学生的思想和行为。

（二）开放社会资源，满足教育需求

学生的思想政治教育不应仅仅依靠学校教育，必须开发社会资源，充分发挥社会资源的思想政治教育功能，虽然我国在积极倡导建立"家庭、学校、社会"三位一体的思想政治教育体系，但是社会资源开发的力度还不够，有待进一步加强。

（三）润物无声，强化隐形教育

我国传统的教育模式往往尊崇赫尔巴特所提出的教学过程以"教师""教材""教室"为中心的"三中心"理论，因此在教学的过程中教师往往只关注课本的内容，重视课堂的纪律性和对学生进行单一模式的知识灌输，但是单一的教学模式往往不能长期适应时代的发展需求，因此还需要通过隐性化的手段丰富教学方法，对学生思想进行多方渗透。

第一，要发挥"隐性课堂"的思想教育功能，按照杜威"生活即教育"的思想，除了我们传统的"思想政治理论课"之外的其他课程、校园文化、教师的言行、课外活动、各种仪式以及学生在学校生活的方方面面都会对学生的思想产生潜移默化的影响，一方面要通过加强校园文化建设、学生课外活动的管理、为学生提供生活服务等，发挥环境育人、管理育人、服务育人功能；另一方面要通过加强师德建设和哲学社科类课程建设，发挥教师教书育人和哲学社科类课程的育人功能。第二，要通过开展心理咨询服务、职业生涯指导、帮助贫困生解决实际困难等，使学生在接受服务的过程中受到教育。第三，重视发挥社会实践、志愿服务的思想教育功能，社会实践活动能使学生走出课堂、走向社会、了解社会，增强他们的社会适应能力和社会责任感；志愿服务有助于培养青年学生"奉献、友爱、互助、进步"的精神。第四，要利用网络开展形式多样的思想政治教育活动，同时加强对网络的监控和引导。第五，要充分发挥社会资源，尤其是博物馆、纪念馆、革命遗址、大众传媒等的思想教育功能。

(四）教育结合实践，实践检验真理

一般认为，人的任何一种品质都是由认知、情感、行为等构成的综合体，缺少其中任何一个要素都不能构成一种品质，思想政治教育所培养的思想政治品质也不例外。由于我国目前的思想政治教育主要以直接"灌输"为主，在提高学生思想认知方面有一定的效果，但是并不能很好地内化为学生自觉的行动，所以"知行脱节"的现象比较严重。这就要求我们在提高学生思想认知的基础上，要努力提高学生的品德践行能力，而要提高品德践行能力，离不开一定的实践。学生在参与社会实践时，会对各种社会现象和社会问题产生更加深刻的印象，借助自己的分析和辨别，在思想意识深处就会对思想政治教育的内容产生更深刻的理解，从而懂得如何将所学知识应用在社会问题之中。为此，高职院校在进行思想政治教育时，要辩证地吸收西方教学方法，弥补目前理论重于实践的不足。在为学生的社会实践创造条件方面，高职院校要充分整合学校和社会上的资源。一是要与社会机构进行积极合作，在技术层面和实践机会方面奠定物质基础；二是要培养教师的能力，使其既有课堂教学的能力，又有带领学生组织社会活动的能力。三是应完善对学生的评估机制，尤其是在学生社会实践的评估上要有科学性，使学生的道德素养和社会实践能力成为衡量学习成绩的重要标准。

综上所述，国外先进国家的思想道德教育方法能够对我国思想政治教育方法的创新提供更多的视角和经验。我国各类高职院校在开展思想政治教育工作时，应客观地看待、积极吸收外国的先进教学方法，同时结合我国思想政治教育的需求，探索出更加科学有效的教学理念、教学方法和教学管理体制。

第三节　高职院校开展思想政治教育的现状

高职院校作为国家培养各方面专业技术技能型人才的重要阵地，其思想政治教育在学生全面发展中具有重要作用，其思想政治教育工作的育人目标也与

构建文明社会、文明校园的时代畅想相协调，都致力于培养学生积极向上的人生态度，增强学生的法制观念和道德修养，增强学生的法治意识和社会责任感，以此引导学生健康成长，养成良好的行为规范。

一、全球多元文化对高职院校思想教育提出新挑战

第一，全球化不仅仅是一种现实的社会运动，而且是在这一现实社会运动基础上产生的一种复杂的、世界性的思潮。对于有着不同利益需求的个人、群体，甚至国家而言，其对于全球多元文化的发展往往有着不同的甚至截然相反的见解，以文化输出为例，一些国家认为广泛传播本国文化有利于扩大其国际影响力，提高其文化软实力，而另一些国家则认为过多的文化传播反而会削弱本国传统文化的影响力，因此，不同的利益诉求和文化立场使得人们在全球化的浪潮中会有着不同的思考、提出不同的要求并采取不同的做法。

第二，在全球化发展的总体趋势下，我国的高等教育和职业教育也必将向市场靠拢，向社会开放，要面向全球政治、经济、文化的发展强化教育职能。随着我国对外开放的不断深入，教育事业也需要与国际接轨，按照国际化的要求培养新型人才，探索新的发展方向。职业教育不光要实现育人功能，也要逐步实现产业化功能，成为教育产业的重要组成部分。高职院校的市场化在于激活高职院校为社会服务的潜能，使产、学、研得到很好的统一。为此，应当站在经济全球化、竞争国际化、运作规范化的角度，培养高职院校学生的全球意识，增强其法律意识，强化其竞争意识。

二、我国社会转型对高职院校的思想政治教育造成冲击

随着时代的发展，人民生活正发生着翻天覆地的变化，全球化、科技革命、社会结构变革等因素相互作用并深刻影响着人们的生活、观念和行为方式，也由此带动社会进行快速而深刻的转型，社会转型也使得学生在学习和生活中所能接触到的思想观念和文化形态更具多元化，这也因此对高职院校传统的思想

政治教育模式提出了严峻的挑战。

随着学校对社会广泛开放，学校与社会之间的联系也日益密切，这使得社会中各种教育资源不断向学校涌入的同时，很多社会化的思想和行为方式也纷纷涌入校园，这些都会对学生的思想政治培养产生深刻影响。尤其是先进的网络信息技术也使校园内的信息流通效率更高，学生难免会被社会与网络中流行的各种文化产品、商业思想和流行要素所影响。如果缺少对学生的思想政治教育，学生就会在社会和网络中迷失方向，进而接受了不正确的价值观，严重制约了高职院校的人才培养工作。总之，充分认识市场经济对道德的双重影响，更好地发挥其积极的一面，限制和缩小其消极的一面，是高职院校学生思想政治教育面临的新课题。

三、高新科技对高职院校思想政治教育影响深远

21世纪，全世界已经进入快速信息时代，高新科技不断发展，尤其是网络信息技术从各个方面改变了社会的生产方式，改变了人们的生活。信息技术更是带来了海量信息的泛滥，使人们接受和掌握信息的程度获得空前提高。信息技术对于高职院校的思想政治教育工作也带来了巨大影响，广大教育工作者需要辩证地看待信息技术的作用，认清其积极作用，使信息工具能够用于服务与教学。同时还要清楚地看到信息技术造成的冲击与负面作用，要用正确的教学方法改变其带来的问题。

在充分利用信息技术带来的巨大优势的同时，高职院校的思想教育工作者也需要清醒地认识到其消极影响，针对网络中存在的各种问题做好应对策略。

第一，信息技术的消极作用集中体现在它给过去的教育体系造成的冲击，使学校在教育中的权威地位逐渐丧失。互联网中的信息尽管有许多错误的、片面的观点，但由于其具有高度的娱乐性、实效性和小而精的特点，受众在接受过程中不需要进行深刻的分析与思辨，因此更易被青年群体所接受。在长期接触网络的过程中，青年学生更容易被网络信息所左右，使其更加厌倦学校中系

统性和辩证性强的思想理论体系。传统的教育正在受到网络的冲击而失去主导性，教师掌握的信息优势也正在被网络信息所消解。因此，高职院校需要应对这种挑战，面对网络时代青年学生的接受信息的特点，主动求变，使教育重回正常发展的轨道。

第二，网络媒体在某种程度上阻碍了人与人亲密交流的机会，容易给青年群体造成情感上缺失。有不少学者研究表明，人们长期在虚拟环境中进行社会交际，容易使人对现实生活产生厌倦心理，进而惧怕与现实环境中的情感交流，造成心理和身体上的健康问题。青年学生处于人生重要的成长阶段，需要在现实生活中加强实践能力的锻炼和人际关系的交往，如果长期沉湎于网络，将不利于学生形成正确的人际关系，不利于学生的健康成长。

综上所述，信息技术对于高职院校的思想政治教育工作是一把"双刃剑"。正确地使用信息科技，将会使高职院校的思想政治教育迈上新的台阶；而如果处理不当，也会使学生在纷繁复杂的信息环境中迷失自我，使思想意识的防线遭到破坏。教育工作者如何有效看待信息技术，如何正确地使用高科技工具来改善教学，如何在网络中防患于未然，保护学生的思想成长，是每所学校、每位教育者都需要深入研究的问题。

第四节　高职院校思想政治教育内容的创新

一、高职院校教学创新的必要性

（一）高职院校学生心智尚不成熟，存在认知误差

高职院校的学生毕竟还未真正走入社会，其身份仍是学生，这也意味着他们很难真正地理解到社会生产及就业的严峻性，也使得他们很难深刻思考思想政治教育课程开设的意义，对思想政治教育课程的价值也尚不能很好理解，因

而可能存在很多的认知误差。然而，造成这种认知误差产生的原因主要体现为以下两点。

第一，高职院校大学生的心智和能力有待提高。大学生的心智和能力发育往往还尚未成熟，他们的情绪控制能力、自我认知能力及解决问题的能力普遍较低，这也使得其在面对挫折和压力时常显得无所适从，情绪波动也普遍较大，不能很好地进行自我调节，也很难有效应对生活中的各项挑战。另外，在认知能力方面，大学生的自我认知能力也有待提高，他们对自身的优势和劣势往往了解不深，进而导致其自身定位模糊，缺乏明确的职业规划。与此同时，大学生解决问题的能力相对较弱，处理学习和生活中的各类问题时缺乏系统性、连贯性、客观性和创新性，较难发掘并利用自身的优势来解决问题。这些现象的存在也都并非偶然，部分原因在于高职院校在对学生心智和能力的培养以及学生个体发展上缺乏足够的重视。一方面，在教育教学工作中过分注重知识的灌输，而忽视了学生心智、情商和各项社会生活能力等方面的培养，使得学生的心智和能力出现明显短板。另一方面，社会对高职院校学生的期望相对较低，这也使得学校和教师对学生的能力和发展潜力缺乏足够的信心。同时，部分学生在中学阶段甚至家庭教育中就已缺乏全面素质教育，心智和解决问题的能力皆尚未能获得有效的锻炼，因而其在进入高职院校后依然存在较大的短板和障碍。

第二，不良环境的冲击。一方面，不良社会现象和网络的负面影响。当前我国市场经济在不断推进和快速发展，但其相关法律法规尚不完善，使社会上出现了诸如贫富差距加大、人情冷漠等不良现象；网络具有双面性，尤其是对于作为新一代"弄潮儿"，正确的价值观念和较高的价值判断能力又尚未形成的高职院校大学生来说更是如此。网络上的虚幻性、理想性遮蔽了生活酸甜苦辣的真面目，网络向青年高职院校大学生描绘的部分生活蓝图里没有艰苦奋斗，只有本该如此；没有泪流满面，只有欢声笑语；没有规律，只有巧合。这些不良现象和"网络生活蓝图"与高职院校思想政治课程的许多观点是背道而驰的，这就使得处于正确"三观"形成时期的高职院校大学生，错误地认为高职院校思想政治课程是不可信和无用的,从而对此课程的价值产生错误的认识。另一方面,功利主义的侵蚀。随着我国改革开放水平的不断提高、经济全球化的进一步加强等,一些不良思想和观念使得部分高职院校大学生逐渐形成了实用主义的判断标准和功利主义的价值取向。再加上我国严峻的就业形势和用人单位片面强调专业技能而忽视思想道德素质的用人标准,使部分高职院校大学生把关注自身未来生存状态和如何更好地就业放在首位,而把为早日实现中国梦和共产主义理想而奋斗视为空洞无用的说教,他们判断一门课程是否有用的标准是能否为自身未来的就业增添砝码,在他们看来高职院校思想政治课程是属于不能直接为他们未来就业服务的课程,是无用的。

(二)高职院校思想政治课程教师队伍建设尚不完善

第一,职业使命感有待提升。专业认同感和专业理想信念是此课程教师爱岗敬业的重要精神支柱,然而现实生活中,一部分教师因对课程的价值和作用认识不到位,而只把自己所从事的课程教学看作是谋生手段或一份工作,认为只需要按部就班地完成学校、学院安排的教学任务即可,这在一定程度上影响了他们的教学热情和动力。缺乏专业认同感和专业理想信念的教师是不可能把高职院校思想政治课程教学作为一项神圣的事业去追求,从而产生自豪感和使命感的。

第二,理论素养有待加强。高职院校思想政治课程不仅具有特殊的功能属性,还具有学术性,需要此课程教师能够对一些专业问题作出观点鲜明、有说服力的解读,以增强个人学术魅力,这就要求此课程教师要具备较高的专业知识素养。同时,高职院校思想政治课程又是一门综合性较强的学科,涉及哲学、经济学和法学等学科知识,这就要求高职院校思想政治课程教师不仅要有较好的专业理论素养,还要具备完善的知识结构和敏锐的观察能力,保障其能够站在理论研究的前沿和社会现实的角度,准确地为学生分析、解答一些复杂的社会现象和问题,彰显自身学识魅力,进而增强高职院校大学生对高职院校思想政治课程的学习兴趣。然而,现实中部分高职院校思想政治课程教师存在着专业理论素养不够高、知识结构不够完善、科研能力不足,以及观察、分析问题能力不够强等问题,这就造成他们在面对一些艰涩难懂的马克思主义理论专业问题和复杂的社会现实问题时,显得不知所措,无法作出令学生信服的解读和耳目一新、准确合理的独到性见解,无法激起高职院校大学生的学习兴趣。

第三,教材体系转化为教学体系的能力有待提升。高职院校思想政治课程教材体系向教学体系的转化,需要教师具备能根据教材体系组织好授课语言、科学整合教材内容和合理重塑授课内容等能力。但现实中部分高职院校思想政治课程教师,特别是资历较浅的教师的这些能力却有待提高。首先,语言艺术有待提高。高职院校思想政治课程教师要能将晦涩难懂且带有浓厚政治色彩的教材书面语言进行加工,并通过通俗化、幽默诙谐的教学语言表达出来,从而让高职院校大学生更容易理解和接受,然而现实中部分高职院校思想政治课程教师只是照本宣科,照读教材或 PPT,这样不仅不利于高职院校大学生理解教材内容,还容易触发他们的抵触情绪,从而影响着课程的教学效果。其次,整合教材内容的能力有待提升。一方面,高职院校思想政治课程的内容丰富、理论众多、信息量大,在仅有的上课时间里,教师不可能做到面面俱到。另一方面,高职院校思想政治课程的内容在纵向上,与中小学阶段的思想政治理论课有重复;同时在横向上,高职院校思想政治课程内部的不同课程之间也有重复的地方,虽然它们有所侧重,但事实上内容的重复性会客观地削弱高职院校大学生的学习热情,这就需要高职院校思想政治课程教师在结合教学大纲和高职院校大学生已有知识水平的情况下,对教材体系予以整体把握,对教材内容有所取舍和侧重,准确把握教学重点。然而现实中有部分教师分不清教材内容主次,在教学中"平均用力",在有限的课时内为完成教学任务而采取单项式的教学模式和满堂灌的教学方法,忽视了高职院校大学生的接受能力和课堂效果,严重影响了教学实效性。最后,重塑教材内容的能力有待加强。高职院校思想政治课程的理论性、逻辑性较强且较为枯燥,不容易引起高职院校大学生的学习兴趣和被其所理解,这就需要高职院校思想政治课程教师将教材内容与现实生活相结合,把高职院校大学生在日常生活中能体验到、接触到的东西或问题融入教学实践中，使高职院校大学生觉得教材上的高深理论离自己并不遥远，进而产生熟悉感和亲近感，这样更容易被高职院校大学生所接受。然而现实中部分高职院校思想政治课程教师的这种能力却有待加强，影响着高职院校思想政治课程的教学效果。

（三）高职院校思想政治课程体系存在漏洞

第一，教材体系有待完善，教材内容编写的科学性有待提升。高职院校思想政治课程的内容丰富、理论性和逻辑性较强，高职院校大学生要想全面、准确地理解、掌握教材知识，仅靠课堂上教师的讲解是远远不够的，需要相应的辅助教材进行指导。除此之外，目前高职院校思想政治课程教材体系中有关实践教学方面的指导用书还较少，制约着实践教学的有序、有效开展。另一方面，教材内容编写的科学性有待提升。现有的教材过于强调相关内容的逻辑性和系统性，未能及时将新时期市场经济和社会中出现的众多热点问题融入教材中，致使教材内容的时代性有待提高。即使有时高职院校思想政治课程教师在课堂上会涉及这些热点问题，但他们的相关分析和解读缺乏权威性。除此之外，教材内容编写的贴近性有待加强。高职院校思想政治课程是以讲授马克思主义理论、党和国家历史、党的路线方针政策和学生思想道德培育等理论知识为主要内容的，不仅理论性较强，而且其内容又不可避免地带有政治色彩。而当代高职院校大学生又具有强烈的叛逆心理，再加上他们的认知能力有限，暂未意识到高职院校思想政治课程对其自身发展的积极影响。在这种情况下，如果教材内容编写不能较好地结合社会现实和高职院校大学生生活实际，容易让其因觉得高职院校思想政治课程"假、大、空"而产生抵触情绪，影响教学效果。同时，当代高职院校大学生的自我意识强烈，比较关注与切身利益相关的问题，这就要求在编写教材时要充分考虑高职院校大学生的现实需求，着重帮助其有效地解决他们所关心和觉得困惑的现实问题，如就业问题、不良社会现象等。

第二，教学方式方法运用的科学性有待提高。教学方式方法的选择和运用极大地影响着教学效果，多样的教学方法、新颖的教学方式可以吸引高职院校大学生的注意力，让他们更好地融入学习中去。当代高职院校大学生有思想活跃、民主意识强烈和追求标新立异的特点，需要多样的教学方式方法来激发他们的学习兴趣。但当前有些高职院校思想政治课程教师因受"重说教，轻养成；重理论，轻实践"的传统教育观念的影响，使得他们按部就班地采取高职院校大学生最厌烦的"教师唱独角戏""一支粉笔、一本书"等老式、枯燥的教学方式方法，而不去尝试更加科学、突显主体性和符合高职院校大学生身心特点的教学方式方法，如互动式和探究式教学方法等。除此之外，还存在高职院校思想政治课程教师不够重视实践教学方法的使用等问题。当代高职院校大学生思想活跃、蓬勃向上，好奇心、求知欲强，想要少点理论说教，多点实践教学，但部分高职院校思想政治课程教师却对实践教学不够重视，如部分教师不愿意花时间和精力去组织实践教学，认为课堂理论教学更容易被掌控，更安全、更省力等；部分教师在实践教学中的角色定位错误，实践教学应该充分发挥高职院校大学生的主动性，应杜绝教师大包大揽的情况，当然为保障学生安全和教学效果，应给予有效的监督和管理；参与实践教学的主体缺乏广泛性，部分教师只允许学习成绩优异的学生参加实践教学，这样会挫伤其他学生的学习积极性；形式缺乏多样性，由于实践经费和实践场所等因素的限制，导致许多高职院校的实践教学只采取固定的几种形式，只去固定的几个地方，大大削弱了学生的参与意愿，降低了实践教学效果。

第三，考核评价体系有待完善。首先，考核评价标准和主要手段不够科学。目前高职院校的思想政治课程考核评价内容，主要集中在对高职院校大学生的理论知识掌握情况、能力素质和平时的学习态度方面进行考核，在对高职院校大学生的能力素质进行考核时，只注重了对高职院校大学生理论知识的实践运用能力进行考核，缺少对高职院校大学生行为能力素质的考核。因此，考核主要手段的科学性、实效性和网络思维有待提升：一是目前多数高职院校在对高职院校大学生理论知识掌握情况进行考核时，所采取的主要手段是"一张期末试卷定此部分分数"的方法，这种方法不仅容易造成学生因疑难问题得不到及时发现和有效解决而越积越多、直至放弃此门课的情况发生，而且也不利于教师及时发现教学中存在的不足而有针对性地调整教学和及时帮助学生有效地解决问题，因此，其科学性有待提高；二是部分高职院校在对高职院校大学生的能力素质进行考核时，不仅忽视了对高职院校大学生行为能力素质的考核，而且在对高职院校大学生理论知识的实践运用能力进行考核时的方式过于形式化，导致其实效性有待提升；三是高职院校思想政治课程的"网络化考核"在许多高职院校虽然已经实施，但因部分教师并未真正认识到互联网对于考核方式改革的革命性推动作用，而导致此种考核方式"名存实亡"和效果"事与愿违"，因此，其网络思维有待增强。其次，实践考核评价机制不够完善：各高职院校虽已普遍采用实践教学的教学方法，但相应的实践考核机制却尚未完善，目前有部分高职院校只采用书写实践心得等方式进行考核，这种方式太过单一。当前部分高职院校为避免因统一命题而束缚教师教学特点的负面影响，而采用各任课教师自主命题的主要手段，这虽然调动了教师创新教学方式方法的积极性，但由于缺乏行之有效的监督，容易造成任课教师在对考题难易程度、考场纪律和阅卷尺度的把握上过于随意，降低了考核评价结果的可信度。

（四）高职院校思想政治课程缺乏制度保障

第一，对高职院校思想政治课程的实际重视程度有待加强。一方面，国家相关部门对此课程的实际重视程度有待强化。具体表现在：其一，虽然国家一直以来都非常重视高职院校思想政治课程的建设和发展，下发了许多专项文件和指示，但国家相关部门对高职院校对有关文件精神和指示的真实贯彻情况缺乏有效的监督；其二，目前多数高职院校的高职院校思想政治课程专职教师人数与在校学生人数的比例尚未达到最低要求，因此，国家对此课程专职教师的培养力度有待进一步加强；其三，国家或地方相关部门未充分发挥自身在协调各高职院校共享教育资源方面的特殊作用，未能使教育资源作用最大化。另一方面，高职院校对思想政治课程的实际重视程度不够。虽然国家历来看重此课程的建设和发展，但事实上"说起来重要、做起来次要、忙起来不要"的不良现象在部分高职院校中仍然存在，这些高职院校未能把相关文件精神和指示真正切实贯彻到位，未能给此课程的有序、有效开展做好保障工作。具体表现在：其一，随着高职院校的不断扩招，进一步凸显了高职院校思想政治课程的专职教师人数与学生数量之间的矛盾，致使许多高职院校成倍地加大现有教师的工作量和采取"大班教学"形式；其二，随着各高职院校校园规模的扩建，虽然满足了学生对教室数量的需求，但教室的现代化多媒体设备却不能满足教师和学生的需求，且存在部分教师不能熟练操作多媒体等现代化教学设备的情况；其三，有关研究表明，通常情况下，人学习能力的最佳时间一般出现在上午，而运动水平的最佳发挥时间是在下午，事实上目前存在部分高职院校的相关部门及领导因对高职院校思想政治课程的价值认识不到位，而把高职院校思想政治课程的上课时间安排在上课效果较差的下午甚至晚上进行的现象，与专业课的上课时段安排形成了鲜明对比，与其他公共课也有较大差距。

第二，高职院校大学生对高职院校思想政治课程认同的家庭、社会氛围有待优化。一方面，良好的家庭认同氛围的营造有待加强。具体表现为：其一，部分家长受传统观念的影响，认为此课程是"副科"，学不学对孩子没有影响；其二，部分家长未能很好地以身作则，影响了家长的道德示范作用的发挥；其三，部分家长与学校缺少与有关孩子进行思想政治素质状况的沟通，未能形成协同共管机制。这些都不利于引导和督促高职院校大学生对此课程的重视，不利于培养他们高尚的思想道德素质、坚定的政治信念和相应的行为能力。另一方面，良好的社会认同氛围的构建有待强化。具体表现为：其一，不良社会环境的存在；其二，用人单位不重视对应聘人员思想政治素质的考核；其三，对大众传媒的管理和利用大众传媒弘扬社会正能量的力度有待加强。这些因素都制约着高职院校大学生对高职院校思想政治课程的认同。

第三，高职院校思想政治课程的制度保障体系有待完善。"无规矩不成方圆"，健全、有效的高职院校思想政治课程制度，可以规范此课程教学的开展和激发此课程教师的教学动力，但目前部分高职院校在相关保障制度建设方面，仍存在不足。一方面，高职院校思想政治课程的教学督导制度有待完善。其一，部分高职院校聘用非本专业人士担任高职院校思想政治课程的教学督导员，导致他们不能从专业的学科角度来评估教学情况,无法提出针对性、建设性的建议;其二,部分高职院校聘用督导员的标准过低,导致聘用的督导员不能切实履行自身职责,致使该项制度的建立形同虚设,不能真正起到监督教学的作用;其三,部分高职院校督导制度的层次过于单一,不能全面地了解、把握此课程的实际教学情况。另一方面,高职院校思想政治课程的教师教学评价制度不健全。有效的评教制度可以督促教师用心教学,努力提升自身理论素养、丰富教学内容、创新教学方式方法,进而促使高职院校大学生积极主动、热情洋溢地去学习此课程,有利于提高高职院校大学生对此课程的认同。高职院校评教制度已实行多年,也收到了较好的效果,但仍存在一些尚待完善的方面,具体表现为:其一,评教标准抽象模糊且不全面,目前的评价标准不容易被评价主体量化,且忽视对教师的实际教学、参赛和指导学生参加社会实践活动等情况的考核,其二,评价主体单一且各评价主体的分值所占比重不合理,对教师的评价主体应该多元化、多角度和多方面,这样才能使评价结果更合理、更科学、更客观。

二、思想政治教育创新的实践标准

学生正确思想价值观念的确立与稳固不是一方努力的产物,而是家庭、学校、社会以及学生自身共同协调努力所得到的理想结果,面对日新月异的社会和时代,高职院校不能"两耳不闻窗外事"只顾闭门造车,而应"开眼看世界"实时洞察社会热点、关注社会化需求和主流思想,积极更新思想政治教育体系和内容,主动迎接全球化过程中出现的各项机遇和挑战。

第一,社会发展引起了学生的巨大思想变化,要求创新高职院校思想政治教育方法。当前,我国正发生着关于转型的、开放的、复兴的巨大变化,追求实利的利益观和道德观冲击着传统思想道德体制的秩序和地位。大众民主权利的提高和全球一体化的浪潮,使人们的竞争意识在空间、时间和强度上都有空前的发展。

与此同时，随着世界信息化的高度发展、互联网的逐渐普及，学生们可以更轻松地获取来自世界各地的信息，并且这些信息以其具有高度时效性的特点广泛渗透于学生的日常生活及思想文化领域之中，对学生的思想意识和日常行为都带来了不可忽视的重要影响。这些影响就像一把"双刃剑"，其有益的一面在于能帮助学生丰富知识架构，获得更广阔的思维视野和更多思想碰撞的机会；有害的一面又在于信息的多样性可能会带给学生不良的影响，当学生接收到过多来源的信息时可能会产生信息冲突、混淆和矛盾，信息的过载也容易使学生造成认知混乱，不能有效辨别信息的真伪、利弊，久而久之造成学生学习动力的下降。因此，高职院校的思想政治教育必须持续更新、坚持创新、与时俱进。

第二，面对新时代的发展变迁，高职院校应创新思想政治教学的方法，满足学生发展的需要。新时代背景下，国家和社会对教育的要求是实现人的全面发展。各类院校都应以培养全面的复合型人才而改革教学思想和方法，从学生成长、成才的需求出发，使学生在智力、体质和思想素质方面获得全方位提高。方法作为实现功能的手段和方式也需要得到发展和创新。思想政治的教学方法要面向宏观、面向未来、面向专业领域进行全面的发展。

从宏观视角来看，高职院校在思想政治教育工作中，应该与我国实现民族伟大复兴的事业结合起来，将思想政治教育与全球化的宏观政治、经济动态融合起来。在新的时代背景下，在各种现象和问题中，深刻理解马克思主义的正确性。同时，要让学生以全球化的视角提升自己审视事物、从现象中认识本质的能力，提升学生面向国际竞争，培养各项素质的能力。

从未来视角看，高职院校的思想政治教育要有超前性和预见性，让学生用现有的政治理论知识来把握时代发展的脉搏，通过现实问题看到未来社会的发展趋势。通过思想政治教育，让学生对我国社会主义事业产生道路自信。同时，面对日趋激烈的市场竞争环境，要让学生具备应对风险的能力，使其运用自己所学的知识在未来社会实践中占据主动权。

从专业化的视角看，思想政治教育既要专注于学生的思想建设，也要与其他学科实现融合，使学生获得知识技能、文化素养方面的提高。学校要为思想政治教育建立良好的校园氛围，加强环境建设对学生的潜在影响作用。

第三，面对过去的教育问题，教育方法的创新能够克服传统弊端，提高育人质量。在过去的教育理念和教学模式下，最主要的弊端在于忽视了学生在教育过程中的主体性，过于强调教师在教材中的权威性和管控力。这就导致了传统的思想政治教育只是为了满足教学大纲的要求，没有从学生成长需要的角度考虑问题。因此，教师在教学过程中，片面强调对理论知识的传输，一味重视学生的考试成绩，不重视教学方式的创新，更不关注学生接受知识的效果，因而学生对思想政治课程往往无法产生学习的兴趣。在新的时代背景下，教育的创新首要的是重视学生在学习中的主体地位，要着重培养学生主动学习的能力。在教学过程中，教师在进行知识的传播时，更要加强对学生自主研究和探索能力的培养。同时，课堂教学也要从学生的个性、爱好和成长需求出发，帮助学生实现全面发展。按照全面发展的基本要求，思想政治教育要将思想价值观念与学生的道德、心理的健康结合起来，使学生更加具备适应社会的能力。

（一）思想政治教育内容创新的依据

1.理论依据是实践的先导

思想政治教育内容创新需要深刻反映社会主义核心价值观，因此马克思主义理论体系中所强调的辩证唯物主义和历史唯物主义是其创新的重要理论依据。马克思主义理论凝结着全体社会主义国家的共同价值追求，是社会主义意识形态的重要体现。其坚持以人民为中心的价值取向，强调社会公平正义、诚信友爱、自由平等、和谐包容等现代价值理念，有利于激发人们的思想活力和创造活力。因此，思想政治教育内容的创新应当以反映马克思主义理论思想为前行依据，应注重培养学生符合社会主义核心价值观的思想道德品质，引导学生形成正确的人生观、价值观和世界观。同时，在思想政治教育内容创新的过程中，也应借鉴一些国际的先进经验，帮助人们发现新的教育理念和方式方法，进而推动思想政治教育内容向更加科学、丰富和多样的方向发展。

2. 实践依据是理论的检验

思想政治教育在实践领域的发展，可分为国内和国际两个层面。从国内环境来说，思想政治教育涉及各个领域的发展，也与人民群众的日常生活紧密相关，具有指导人们参与实践的作用。在我国迈向现代化与信息化的发展阶段，市场经济不断发展，科学技术不断进步，社会不断发生着变革，也使得广大群众的思想价值观不断发生变化。同时，随着经济、科技与社会的发展，也出现了地区发展不平衡、居民收入不均衡以及产生环境污染等各类社会问题。这些新出现的情况与问题，都需要用新的思想政治内容来加以剖析和解决。如果思想政治内容不能及时创新，就无法指导广大群众的社会实践，思想政治理论就会与现实问题相脱节。因此，进行思想政治内容的创新，就是要让思想政治能够反映现实并能够指导现实。

从国际环境来说，经济全球化是世界各国及人民所共同面临的机遇和挑战，经济全球化在带给人们福利的同时也加剧着国际冲突、贸易摩擦、全球供应链断裂和恶性市场竞争的发展。尤其是随着中国经济的日益飞涨，中国在全球经济中的参与地位逐渐提升，西方与东方、发达国家与发展中国家的思想碰撞也由此愈发激烈，进而也增加了经济危机形成的风险，因此需要时刻保持警惕，不断创新思想政治教育内容以灵活应对经济全球化中的各类挑战。

（二）高职院校思想政治教育内容创新的具体要求

思想政治教育的内容是思想政治教育目标和任务的具体化，科学选择和确定思想政治教育的内容是实现思想政治教育目标和任务的重要环节。高职院校开展思想政治教育，要以内容为主，只有实现内容的创新，才能使思想政治教育更具针对性，从而促进学生的全面发展。

思想政治教育内容的创新要符合时代发展的要求，满足学生成长的需求。同时，更要坚持马克思主义的基本原理，不能单纯为了创新而抛弃了思想政治教育工作的传统。在新的时代背景下，面对多元化社会价值观的冲击，思想政治教育更要坚持本心，面向学生开展理想信念教育；要围绕复杂多变的国际环境，开展爱国主义教育；以基本道德规范为基础，深入进行公民道德教育；以学生全面发展为目标，深入进行素质教育。在教育过程中，高职院校要将理论与社会现实结合起来，用新的事例和人物来指导学生，使思想政治教育内容贴近现实，贴近学生的成长要求。

1. 教育联系客观实际

在当前的高职院校思想政治教育过程中存在一个重要矛盾，即教育内容不能完全符合社会实际，不能高度体现社会化生产的实质要求，不能满足市场经济化需求也不能有效指导社会实践。为了解决这一矛盾，高职院校的思想政治教育就要在内容上进行更新，使其能够真实地贴近现实、反映现实。为此，教育工作者应当从实际出发，从国内和国际的事物中获取新的教育资源，将其转化为新的教育内容。通过使内容贴近现实，让学生在接受思想政治教育过程中，能够加强对现代化社会的理解和认知，用正确的思想去客观分析我国走向现代化进程面临的各种问题，以正确的价值观去看待自己在发展中遇到的难题，同时具备以思想理论来解决现实问题的能力。

2. 教育为专业培养服务

高职院校培养的是各类专业的人才，学生们在学校将各自学习不同的专业知识、进行不同的专业实践，以便其在未来的职业发展过程中各有一技之长，因此高职院校的思想政治教育也应该关注学生专业的不同特点、对症下药，将两种教育内容相互联系共同促进学生全面发展。但如果二者长期割裂，将会使学生在学习过程中，重视本专业课程而轻视了思想政治教育。在教学内容上，广大教师需要深入研究思想政治教育内容如何与学生的专业知识联系起来，从思想的角度来解决学生在专业学习中遇到的问题。一方面，教师要站在思想的高度去分析具体学科的规律和原理，在具体的实践中提炼思想政治教育的内容；另一方面，要让学生以新的思想和正确的价值观去运用自己的知识和技能，从而更好地为岗位发展和社会建设事业服务。

3. 教育贴合学生思想

学生时期是学生成长、思维模式逐渐走向成熟的重要阶段，高职院校学生年龄相对较轻，思想更易受外部互联网及社交媒体等环境所影响，学生价值观念相对单一，自我意识较强，思想更容易走向僵化，并且高职院校的学生普遍缺乏切实的社会经验，其社会阅历还十分有限，对世界和社会的认知皆有一定的局限性，而且其对社会环境和自身未来发展也都会形成自己的思考。因此，高职院校思想政治教育必须切实贴近学生思想，关注学生内心，将教育内容的创新与学生思想实际相结合。

在过去的教学模式下，思想政治教育的内容过分强调共性和说教，缺少对学生个体思想状态的调查和研究。这就容易导致学生受到固有观念的影响，对思想政治教育的内容产生抵制心理。面对这一问题，高职院校在思想政治教育内容的安排上就需要深入了解新时期学生的思想动态，有针对性地解决学生存在的思想观念问题。其中应该从以下几个角度入手：开展理想信念教育，让学生牢固树立马克思主义的政治理想；开展现实主义教育，让学生能够充分认识当前我国国情与世界局势，充分理解党和国家的大政方针；开展人生教育，针对学生面临的就业等实际问题，引导学生树立正确的职业观念和服务观念。除此之外，思想政治教育也要体现个性化，针对学生个体存在的心理问题和实际困难，帮助他们解决困难。总之，高职院校的思想政治教育内容要按照实事求是的态度，有针对性地进行创新，从而使思想政治课程成为对学生成长、成才有帮助的实用课程。

第二章 高职院校思想政治理论课建设

第一节 高职院校思想政治理论课教学原则

一、高职院校思想政治教育实践教学的基本原则

高职院校思想政治教育作为教育工作中至关重要的组成部分，教育思想应紧紧围绕马克思主义理论、社会主义核心价值观、爱国主义教育、社会主义法治观念、人文关怀和培养社会责任感展开，不仅应不断加强教学管理制度化、规范化，还应注重教学内容的有的放矢，为培养新时代中国特色社会主义接班人服务。在此之中，高职院校思想政治教育还应遵循以下两点原则，即针对性原则和发展性原则。

（一）针对性原则

高职院校思想政治教育内容应遵循针对性的原则，不仅要根据学生的年龄、成长背景、专业特点等实际情况对教育内容进行精细化设计，结合学生所学专业和未来就业方向培养学生的责任意识和创新能力，还应结合社会主义核心价值观、国家政策导向等内容对教育内容进行重新编排，以培养学生正确的政治立场和社会责任感。同时，高职院校还应该加强对学生接触并利用新媒体、网络和信息技术等方面的思想政治教育，引导学生正确看待网络信息，增强信息素养，提高综合素质。除此之外，在教育的过程中应时刻坚持以学生为主体的教育理念，积极开展各项针对性实践，帮助学生在实践中获取真知、检验真知，

深刻感悟思想政治理论课程的内涵。

（二）发展性原则

在传统的教学模式下，很多学校在进行思想政治教育时，通常只注重知识的传播，让学生死记硬背课堂教学的内容，但却忽略了思想政治课程对学生发展的作用。这就导致学生所学知识不能用于自己的实践，课堂教学不具备随着时代背景发展变化的能力。例如，在教学目标上，片面强调理论知识，没有考虑学生的实际需求；在教育功能的发挥上，往往只重视理论在促进社会发展方面的社会功能，忽视甚至贬低在促进个体发展方面的个体功能，致使学生对思想政治理论课的认同感较低，学习的愿望和需要不强，当然也就不可能把理论应用于实践，实践能力自然无从谈起。当前的社会正处于信息爆炸发展的时期，由于存在多样化的信息传播渠道，给学生带来更多认识世界、学习知识的途径，这使得教师和学生之间掌握信息的差距逐渐消失，教师也不再具备信息上的优势和权威性。如果教师在开展政治理论课程时，依然按照老旧的知识结构和教学方法进行教学，会让学生无法接受课堂教学内容，转而去寻求网络平台中的各种信息来丰富自己的思想理论体系。这会导致政治理论课程在学生群体中失去吸引力，课程效果越来越差。因此，为了保持政治理论课程的活力和生命力，教师就要按照不断发展的原则，充分结合时代发展背景和学生的成长需要，结合党在新时期的新政策、新理论和新思想，不断更新知识内容。同时，要发挥政治理论课的实践价值，让学生能够积极参与课堂实践，使其在实践和探索中充分吸收理论知识。

二、高职院校思想政治理论课教学原则进阶

高职院校思想政治教育理论课的课程设置和开展并不是随心所欲、肆意妄为的，而是根据具体的教学原则，在充分保证其科学性与客观性的基础上进行的，其中具体遵循的教学原则为以下几点。

（一）理论与实践相结合

理论是存在误差的，实践也是如此，只有当理论与实践充分结合之后，误差才会有所减小。在高职院校思想政治教育理论课的开展中，应高度重视理论与实践相结合的重要作用，帮助学生在理论中开展实践，在实践中检验理论并提出新的理论思想。

（二）学校与社会相结合

学校与社会是一种相互影响、互相作用的关系。社会是学校存在与发展的基础，社会能够为学校的发展提供物质条件，并且社会环境的好坏在一定程度上影响学校的发展。同时，学校也为社会培养人才，以利于社会的发展。在社会为学校提供条件的同时，思想政治理论实践教学能更好地培养高素质、高水平的实践型人才，满足社会发展需要，推动社会实践的向前发展。

（三）指导性教育与自我教育相结合

高职院校思想政治教育十分强调学生的主体地位，强调充分发挥学生的主观思想和能动意识，然而这并不意味着教师是空无一用的"花瓶"，在教育的过程中，教师仍要对学生进行帮辅，只是不同于传统教学模式中的灌输式教育，教师应采取一种指导性的教学方法，其不直接干涉学生的内在思考，而是通过旁敲侧击的辅助方式对学生一知半解的问题进行指导，并对学生的错误意识方向进行纠正。只有将教师的指导作用和学生的主体意识最大化完美结合，才能促使高职院校思想政治教育取得理想化结果。

从理论上说，受教育者的主体地位已经得到普遍认同，但在教学实践中这种思想并未得到很好地贯彻。当前，各个高职院校的思想政治理论课程教学主要是采用大班授课，以教师和课本为中心，讲述为主。由于过分侧重理论内容的演绎、灌输，学生兴趣不大，不少学生产生枯燥感、厌倦感，对思想政治理论课程产生空泛感甚至逆反心理，这正是只强调教育者教育作用而忽视学生自我教育作用的结果。正是由于政治理论课程存在理论过强的特点，才需要院校在教学中加强学生实践能力的培养，用实践活动使理论课程更加生动，更易被学生接受。实践教学的开展，也能充分发挥学生的主体作用，使其深入参与到学校的教学进程中来，通过自己的探索和实践，加强学生主体的自我教育效果，将学校教育同自我教育深入融合起来，满足学生的成长需求。

（四）教师主导作用与学生主体作用相结合

学生在教学过程中处于主体地位，而教师则应发挥主导作用。二者之间应处于相互促进、共同发展的关系。在课堂上，教师是教学的组织者与管理者，学生是学习的主体。因此，要充分发挥学生的主动性，让学生深入参与课堂教学与课外实践，在自主学习中提高教学的效果。但教师也不能任由学生进行自我教育，从而导致教师身份的缺失。在思想政治教学中，教师需要准确把握学生学习的方向，为学生提供必要的指导，同时建立评价机制来提升学生的学习能力。

三、高职院校思想政治理论课实践教学的基本方针

（一）加强实践

马克思主义理论提出"实践是检验真理的唯一标准"，在高职院校思想政治理论课实践教学中应充分将理论与实践相结合，例如，通过开展志愿者服务、社区走访调研、开设模拟法庭、模拟联合国等方式，让学生在实践中思考社会伦理、法制等问题，提高学生的综合思想政治素养并在实践中检验真知、巩固专业所学。

（二）资源利用

在高职院校思想政治理论课程开展过程中应合理且高效地利用学校及社会所提供的各类资源，为学生建立多元化信息共享和交流平台，创设开放式学习

氛围和环境，一方面有利于丰富课程内容，提高教学质量；另一方面也有利于学生了解最新的社会发展动态和思想政治理论知识。

（三）形式创新

在高职院校思想政治理论课程开展过程中应重视不断对教育的内容和形式进行创新，例如，引入思想政治教育案例分析课程，通过具体的案例事实引导学生深入思考，或者开展思想政治教育专题讲座和学术论坛，结合时事热点问题和社会现实激发学生参与积极性，借此不断提高教育育人的实效性和针对性，促进学生思想政治素养的全面提升。

（四）完善系统

完善实践教学考核评价机制，将统一考核与独立考核、结果考核与过程考核、定性方法和定量方法结合起来，全面真实地反映学生的社会实践成绩和教师的教学效果，建立完善一套促进社会实践有序运作、自我驱动、健康发展的科学激励机制。

（五）安全管理

加强安全教育与管理。制订安全教育规章制度，认真做好安全防护工作。要对参加实践教育的学生进行安全教育，并签订必要的安全责任书，最大程度上避免发生安全事故。

四、高职院校思想政治理论课综合学情教育

高职院校思想政治理论课程应兼具实践性、客观性、科学性、针对性和实效性。其在课程设置上应注重案例分析、实地调研和社会实践，为学生提供更丰富的学习体验和运用知识的机会，将抽象的理论转化为具体的实践，引导学生通过实践深入了解和思考思想政治理论教育的内涵，并加强学生对理论知识的实际运用能力。同时，高职院校思想政治理论课程应结合当前社会现实热点

问题，注重课程具体内容的针对性，使学生在课堂教学中感受到思想政治理论知识对解决现实问题的指导作用，从而提升教学的实效性。

（一）世情教育

和平与发展是当今世界的两大主题，高职院校在思想政治教育过程中应紧紧围绕这一主题，重视培养学生的国际化视野、国际交往能力和全球意识，引导学生关注国际发展形势、多元文化，正确认识多样化国际关系，深刻理解国家发展的内在逻辑，进而增强其对世界和平与发展大势的把握能力，同时还应培养学生积极参与全球化进程、促进国际交流与合作的能力，进一步提升国民的综合素质和国家整体竞争力。

（二）国情教育

我国仍处于并将长期处于社会主义发展初级阶段是我国的基本国情，在高职院校思想政治教育过程中应以基本国情作为教育开展的重要背景，对学生进行针对性国情教育。随着全社会经济状况的日益向好，社会的整体面貌和风气也一改往日，在这一时代背景下，高职院校思想政治教育更应重视培养学生树立正确的国家观念和责任意识，不仅应教授学生国家的基本制度和政治体系，还应引导学生深入了解国家发展现状、政策法规和政治立场，进而帮助学生形成良好的职业理想，促进学生人生价值的实现。

（三）党情教育

高职院校思想政治理论课程社会实践教学改革要凸显党情教育。为此，高职院校也要围绕从严治党的原则，深刻认识到目前面临的各种考验，加强校园党建工作，始终保持校园党组织的纯洁性与先进性，使党的政策和主张在高职院校得到深入落实，使党组织成为指导全校教育工作和管理工作的主要支撑。

指导学生深入学习党情，一要从历史上研究党的地位与任务的变化，深刻认识党在各个历史时期采取的思想转变与战略举措，深入了解党在一百年的建设和发展中遇到的挑战、积累的经验和产生的进步。二要在现实背景下深入研究党的执政地位的巩固、党在不断加强自身建设中确立的中心任务、制定路线方针政策的根本依据。因此，高职院校无论是开展党建工作，还是在深化思想政治教育的工作中，都要学习党情、研究党情，将党情发展当成党建和教育工作的主要内容。

（四）民情教育

民情主要是指人民群众的生产生活情况，也包括各地各族人民的文化习惯等内容。在党的正式文件中，它的出现频率不算低。党和国家领导人在深入落实党的执政方略过程中，也着重强调要深入调查研究，倾听民情民意，加强对基层人民的考察调研工作。由此可以看出，民情民意始终关系着党的建设与国家的发展。高职院校在进行政治理论课程的实践教学改革中，更要把民情的调查研究放在重要位置，让学生时刻关注社会的发展与公众的生产生活。

高职院校思想政治理论课程社会实践教学改革目标是塑造完整人格，培养全面发展的人才，与社会和国家的利益是一致的。当前高职院校应当积极提倡和实践学生"全人"发展理念，应该致力于构建"学生工作体系、院校思想政治理论课程研究体系和学科理论发展体系"的完整融合的"三位一体"的工作体系和工作机制。围绕这一发展理念，高职院校需要高度重视和加强社会实践教学的改革，让学生在社会实践中获得理论知识、专业技能、思想素质的全方位发展。在过去的课堂教学模式下，思想政治课程只能在理论上向学生传播知识。

思想政治教育的基本学情是学生被动地听教师讲课，最终为了取得课程的考试成绩而死记硬背。学生既在学习过程中无法参与社会实践，也在学习知识后无法应用于实践。这种学情显然不利于学生的全面发展，也无助于实现"全人"发展的目标。对于一所高职院校来说，培养学生的动手能力、技能应用能力和社会实践能力显然更加重要，否则如果学生在毕业后不具备融入岗位、参与社会建设的能力，高职院校的整个教育体系就是失败的。因此，高职院校在政治理论课程中实现实践教育改革势在必行，而主要的改革方向应该体现以下几点：（1）推进教育的现代化，创新教学理念和方法；（2）加强社会实践，整合社会资源，推进产学研一体化；（3）围绕"学习型"社会的时代要求，培养学生终身学习的能力和习惯；（4）加大开放力度，实现教育的国际化发展；（5）引入现代技术，推进教育信息化；（6）强化教学理念的创新；（7）推进办学体制改革，实现多元化发展；（8）从集中统一模式走向非均衡发展模式。

对于知识经济时代的当代高职院校学生的思想政治理论课程社会实践教学改革，应该把现代信息网络技术与高职院校思想政治理论课程社会实践教学改革结合起来。以网络技术、数字技术为主要标志的信息技术将改变目前高职院校的教育方法与教学面貌，同时更要求教师能够适应新的环境，快速掌握新的信息化教学技术。在信息时代背景下，高职院校开展思想政治教育，应该充分引进新技术，实现教学方法的变革。教师应带领学生建立"研究性学习"的新方式，让学生能够利用网络技术开展自主性的学习和研究。教师可以为学生提供一些可研究的课题，学生能够以个人或合作学习的模式，在网络中查询资料，形成自己的研究成果，这种方式能够更加突出学生在学习中的主体地位。实施研究性学习与现代信息网络技术教育教学相结合符合高职院校思想政治理论课程社会实践教学改革的时代性、开放性和实践性的要求，是切实可行而有效的。

第二节　高职院校思想政治理论课教学建设规范

一、高职院校思想政治理论课实践教学的操作规范

（一）有的放矢，融会贯通

"百学须先立志"，高职院校思想政治教育在正式实施开展之前，首先应

具备明确的教育目的，只有目标明确才能有序高效地开展教学计划，否则便会成为无头苍蝇，不仅白白浪费教学资源还会耽误师生宝贵的学习时间。而高职院校思想政治教育的目的应是通过引导学生将所学理论知识运用到实际工作和生活中，进而培养学生的创新思维、实践能力、思辨能力和问题解决能力，促进学生综合素质的全面提升。其次，思想政治教育的目标还应当与学生的专业课程目标相联系，使其融会贯通、互为表里，进而促进学生多元化的全面培养，激发学生的学习热情。同时，高职院校思想政治教育还应建立起一套完善的考核机制，对教师日常教学和学生学习成果进行及时考察和检验。

（二）上下联动，形成合力

院校应专门成立由校领导挂帅、校党委宣传部和教务处、总务处、团委以及各党（团）总支主要负责人组成的"学生社会实践活动领导小组"，全面负责和落实每年全校学生的社会实践活动，把学生的社会实践纳入学年度工作计划，精心设计，统筹安排，尤其要在经费上给予大力支持。实施实践教学计划，不仅要有相应机构，如教务处、团委和学生会去指导实施，更要有思想政治理论课程教师与学生一起加入学生的实践活动中，便于监督和随时引导、点拨。

（三）对症下药，优化方案

不同年龄段的学生有着不同的社会经验，在实践能力、接受能力和知识结构等方面各有差异。在开展实践教学时，学校应从学生的具体特点出发，对不同的学生建立差异化的实践活动。

实践教学形式的使用范围并不是绝对的，而往往是交叉使用、综合发生作用的。这就需要教育者有侧重地综合运用多种方法组织社会实践活动，制订出最优化的实践方案，力求达到最佳的教育效果。

（四）温故知新，朝督暮责

一是要加强总结工作。当学生参与社会实践活动，由社会环境重新回到学校中时，教师要及时地组织学生对实践活动进行总结。学生应该根据自己参与实践的具体内容、过程和结果进行梳理，认真总结自己的心得体会。教师要组织学生及时展开交流学习活动，让学生能够互相交换彼此的感想。教师也要针对学生的思想状态进行及时的指导。

二是加强考评工作。学校要将社会实践课程纳入整体的教学考核体系当中，建立完善的考评标准和办法。考评一方面要针对教师，考察教学组织社会实践的能力和成果；另一方面要考核学生，要将实践课程建立学分制，将课程分数纳入学生整体成绩体系当中，也可以归入学生的档案和简历中，为学生毕业后的就业创造条件。同时，在对学生进行干部评选、优秀学生评选时也应参考社会实践方面的成绩。

二、实践教学形式举例

（一）开展多样化主题演讲比赛

各个思想政治理论课程可以围绕某一特定主题开展演讲比赛。每位学生都要准备演讲稿，参与初赛，经过复赛、决赛的层次选拔，评选出各等级奖项，并颁发奖品（奖金）及获奖证书。同时，在学生当中遴选初赛、复赛、决赛的主持人，在演讲比赛准备、进行的同时，主持人也有一个选拔评优的过程。撰写演讲稿要求主题鲜明，思想健康，内容充实，条理清晰，富有文采。演讲时要情感充沛，以情表意、富有感染力；语言准确、生动，普通话标准流畅，语速适中，抑扬顿挫；仪表大方，仪态自然，修饰得体。比赛之前，教师要进行认真的指导；比赛进行时，教师亲自或者委托学生做好会场布置、设备调试及现场协调工作；比赛之后，教师应进行全面的分析和讲评，特别是要与课堂的教学内容联系起来，使学生的感性认识上升到理性认识，强化影响学生思想体系建构的目的。举行主题演讲比赛，把课堂理论课教学与课外实践活动有机结合，能很好地激发学生参与活动的积极性和主动性，使学生的学习能力、组织协调能力、写作能力、语言表达能力、辩证思维能力得到增强。同时，也有助于培养学生的集体主义精神,增强学生的集体荣誉感,丰富学生的校园文化生活,最终提高思想政治理论课程的针对性和实效性。

(二)举办诗词朗诵与赏析比赛

在校园内,院校开展思想政治教育的实践教学,可以积极举办一些诗词朗诵与赏析大赛等活动。朗诵活动讲究文字组织能力和语言表达能力,更要求朗诵者能够具备清晰、标准且具有感染力的普通话水平。同时,朗诵活动也需要进行音乐伴奏和背景画面的表现,能够使观众和听众产生情感上的共鸣。因此,将诗词朗诵与赏析大赛的形式融入思想政治教育实践中,可以产生良好的教学效果。我国古代具有辉煌的历史文化传统,近代以来,革命历史为思想政治教育积累了丰富的教学素材。开展诗词朗诵与赏析大赛,可以围绕我国优秀的文化传统和古代艺术作品、在革命战争和民族解放中形成的历史人物和事迹、当代的模范人物和事迹等内容开展活动。学生可以自行创作诗词,或利用经典的诗词作品参加朗诵和赏析活动,在这一过程中学生既能朗诵又能表达自己的观点,从而进一步提高自己的思想认识水平。

(三)组织实践论文比赛

各门思想政治理论课程都可以组织学生开展各类主题的实践论文大赛。如,可以以"以人为本,构建和谐社会""尚德守法,成才之道"等为主题开展实践论文大赛。操作过程为:将学生按一定数量分组,各小组围绕主题自拟题目,拟定调研提纲并设计调查问卷,利用实践教学时间及课余时间展开调查,然后统计分析调查结果,撰写调查报告。调查报告既要呈现本小组本次实践的过程,又要有对调查结果的分析和总结,还要给出对策和建议,调查报告提出的论点必须有自己小组的调查数据支持,对数据分析要争取准确、全面,视角独特新颖;应体现清晰的思路、严谨的逻辑结构、较强的可操作性和一定的创新性。各小组成员要能够根据本小组的调查报告内容答辩。在答辩的基础上选出部分小组将调研成果报告制成幻灯片,各小组推选出一名代表参与调查成果的现场交流。评分除了依据调研报告、各组答辩情况和现场交流情况，还要考虑各组在调查的准备和开展以及撰写调研报告时是否全员参与、通力合作。最后，评选出优秀成果给予奖励。开展社会调查和撰写调研报告，不仅有利于增强学生对国情的了解，也有助于加深学生对自身、集体以及对自己专业的了解，学生的写作能力、语言表达能力、组织协调能力、自我控制能力、团队精神都能得到很好的锻炼。

实践证明，实践教学的教育效果是点滴渗透、潜移默化的，可以说是"润物细无声"。学生通过接触实际，了解社会，逐步学会运用辩证唯物主义的基本观点，全面、客观地去观察问题、分析问题和解决问题；运用历史唯物主义的观点和方法看待社会和人生，正确分析和评价现实生活中的政治、经济、文化、道德现象和各种社会思潮。在现实中认识自我，在认识国情中培养自己的社会责任感和历史使命感，从而树立正确的世界观、人生观、价值观。实践教学的开展能够有效地调动学生的积极性和主动性，极大地激发学生对思想政治理论课程学习的兴趣，同时，也有利于学生主动调整知识结构，锻炼多方面的能力，提高自身的综合素质，逐步缩小自身与社会期望值的差距。简言之，实践教学从思维方式、思维能力和实践能力等方面加速了高职院校学生的社会化进程，同时也能更好地培养和发展学生的个性，而这个过程也就是高职院校思想政治理论教育实现教育教学目标的过程。

第三节　高职院校思想政治理论课教学建设机制

高职院校思想政治理论课教学应建立合理的长效机制，使得其教育理念及教学机制得以历久弥新、生生不息。

一、高职院校思想政治理论课教学机制的内涵

根据思想政治理论课教学中主客体的互动机制，可将其教学机制划分为传播机理、接受机理和反馈机制三部分。

（一）传播机理

1. 认知

认知结构的建构涉及同化、顺化和调节等过程，这些过程往往互相伴随而行且缺一不可，在实践和发展中其主要是通过外界和个体之间的相互作用而实现。认知建构就是在外在刺激和学习者个体特征相结合的情况下进行具有渐进和累积性自我建构的过程。可根据学生的认知状况和学科群的实际情况设置教学，这是设置教学过程中的关键点。从四个方面着手：其一，根据学生各阶段的认知状况，建立相对应的知识结构的大框架，确立主干教学。其二，加强各知识块的统合，建立相应的教学体系结构。其三，从意象和概念出发，进行理论教学和实践教学相结合的教学设置。其四，满足个性发展，引导学生的创造性思维生成，进行教学模块化及选课自由。

2. 情感

公民自我的形成需要发展共同的政治认同意识的程序，这种认同包含了共同的对政治系统的情感承诺，以及对同胞公民的认同感。问题在于既要提高学校和其他社会化机构训练的参与技能，又要发展对政治系统的情感承诺和一种政治认同的意识。如果一个新兴国家要创建公民文化，它既需要革命或变革提供的统一的象征和系统感情，也需要教育人民具备所有的认知技能。情感因素伴随着认知过程而产生，并对认知过程产生重大影响。情感因素与学习动机、自我效能感、学习态度、成就归因等方面发生联系，共同作用于学生的认知学习过程，对学生的认知学习产生直接或间接的影响。教师可通过提高学生评价自我的能力、自我调控的能力，以及用自身情感与学生进行沟通等方法与途径培养学生的积极情感，促进学生认知学习。道德情感的陶冶是培养道德实践力的一个重要方面。人类活动的内驱力只有在一定的激化机制下才会转变为一定的外部行为，而情感就起着这种激化的作用。

3. 信念

信念是人们通过对过往学习的理念与实践，根据一定的认知基础对某件事情形成的坚定不移的想法和态度。而在教学实践过程中，信念是指教师对教育和教学的坚定态度，是一种内在的情感体系，也是一种内化于心的精神动力和行为指南，其是教师行为和态度的根本动力来源，直接关系到教学的质量和效果。信念既是一个人坚持某项事业的精神支柱，同样也是一种良心化的自我反省。积极的教学信念能够激发教师对教学的热情、对学生的信心和期待，促使教师勇敢面对并克服教学中的各种困难和挑战。而消极的教学信念则会削弱教师的教育责任感和教学热情，使其不能积极应对教学中出现的各类问题，进而影响到教师课堂的专业性和教学质量。同时，教师的信念还会直接影响到教师对学生的态度，从而影响教师的教学行为和方式，这既不利于教师专业知识的进步，更不利于学生的学习发展，也不利于塑造良好的教学氛围。因此，在教育过程中应时刻培养教师积极应对困难的心态和勇气，鼓励教师间积极交流、分享与合作，进而获取正面的反馈和支持，并不断内省其自身的内隐信念，以此不断提升其自身的教学信念水平。

（二）接受机理

1. "生也有涯，知也无涯"，教学应注重知识理论

知识理论主要包括信息、知识、智能以及相关的一些概念及其相互关系。从本体论来看，信息是事物关于自身运动状态和变化方式的自我表述。经验也是信息，但不是本体论信息在人们头脑中的简单反映，而是经过了人的实践、思考和整理的认识论信息。从认识论来看，信息是事物运动状态和状态变化的规律，而不是简单的事物运动状态的变化方式。"布鲁纳认为，知识具有表征模式、经济性、效能三个特征。其中，表征模式指人类认知的发展经过动作表征和影像表征形成符号表征，每个人均透过此三种表征系统，将外界各种纷乱杂陈的材料加以规约，成为个人的知识。教育的教学目标的拟订分为知识教学目标、技能教学目标、情意教学目标，分别呼应事实知识、技能知识与规范知识的传授与学习。高等教育有这种对于三种教学目标的认知共识，而思想政治理论课教学体系设置中，应有教学目标的引导教学，教学也宜分知识、技能与情意三个认知领域进行。规范知识大致经历了注意、反应、评价、组织和定型。注意指产生道德学习的意愿，是一种最低层次的学习；反应是根据意愿而在行为上做积极的表现与反应；评价是作为社会现象的判断；组织是依据自己品格发展的趋向，以适当调适其价值结构；定型是逐渐养成固定价值观、社会观、人生观、宇宙观"。[①]

2."东隅已逝，桑榆非晚"，教学应重视学习特点

学习的特点：其一，操作性和监控性是学习策略结构中最基本的特性，是学习知识的最直接的作用方式。其二，外显性和内隐性的有机统一。其三，变通性和迁移性的有机统一。学习型社会是终身学习、主动学习、学习型组织普遍存在的社会性的社会。高等教育在建设学习型社会中担负着传播先进的学习理念，培养学习者的学习能力，培养学习者创新的观念和能力的历史使命和任务。思想政治理论课目标模式与思想政治理论课内容模式认为，目标模式是希望学生消化所选择的学习内容，而内容模式是用最有效的方式把内容传送给学生。在信息封闭的社会里，掌握学习是以目标实现与内容传送为旨趣，这样的教学理论是试图将教学过程变成科学过程的努力。这种思想政治理论课教学规划模式将教学视作知识的传输，其传输方式不会也不能充分满足教育活动所具有的一些广博需求，增进自主性，实现个人及社会的发展，增长审美意识、理性意识、实现经验和活动自身的价值。而只有为学生提供合适的经验，才能满足教育活动提出的这些需求。

3."石以砥焉，化钝为利"，教学应关注问题解决

问题解决者在攻克难题时，经历着跌宕起伏的心路历程：从问题的萌芽，发展到最终解决方案的达成，每个阶段都是一个探寻人类思维领域的过程。这一探索将问题领域转化为人类思维的领域，从而实现了对问题的深入理解和完整呈现。其中，对问题的完整呈现也叫问题的表征，其是解决问题的核心，它

[①] 颜笑，李冰. 高校学生党建与思想政治教育实践研究 [M]. 北京：北京工业大学出版社，2020.

能揭示出问题在头脑中是如何显现的，同时，通过对表征的准确捕捉，便意味着问题已得到大致解决。从认知心理学和教学论两个领域展开问题解决的心理机制、策略选择和技能形成，问题解决的教学模式和实践操作策略等。从问题解决主体的行为出发，最有代表性的观点有杜威的五段论。第一步，认知的困惑、挫折感，或对困难的意识状态。第二步，确定疑难究竟在什么地方，包括不具体地指出所追求的目的，需要填补的缺口或要达到的目标。第三步，提出问题的各种假设。第四步，必要时需对假设作连续的检验，并对问题再作明确的阐述。第五步，进行验证、证实，驳斥或改正假设。以几何问题的解决为原型，提出了一个解决问题的四段模式，即呈现问题情景命题，明确问题目标与已知条件，填补空隙过程和检验。

4."以知为行，知行合一"，教育应培养行为规范

思想政治理论课要达到知行统一的目的。一切思想政治理论课的最终目的是养成道德主体的道德行为及习惯，它的根本途径和主要方法在于提高学生道德认识，进行道德实践。隐性教学中的活动教学着眼于学生的自主和谐发展，以培养学生的道德能力和行为习惯为主要任务，把活动课纳入教学计划，并作为思想政治理论课教学的主要部分，也正是活动在个性品德的形成和发展中具有的独特作用。道德原则和行为规范，只有在活动中转化为个体动作和行为的稳定的个体特征，才成为相应的道德品质。

（三）反馈机制

1.内在评价与结果评价有利于教学结果内省

在教学评价过程中，内在评价扮演着重要角色，评价者应当准确把握教学的特点，紧密关注对教学的内在评价，以此促进教学目标的实现，并且评价者应准确考量教育内容的准确性、规范性及客观事实依据，在对教学提出建议时也应结合丰富的资料和历史实践经验，然而，就目前的知识水平而言，评价者仅能对内在评价进行理论推测。结果评价是基准的决定性的评价。狭义的结果

评价提供的更多的是教学效能的评估而不是教学的评估。广义评价提供了教学的主要效果与边际效果两方面的信息。边际效果包括由于过分强调某一内容倾向、组织原理、教学方法或评价方法而产生的偏见或曲解。教学有短期与长期的结果。短期的结果是学生记住的和在上某门课期间或上完后马上就能做的，如教师对教学的满意程度，社区对教学的支持等。长期结果是学生记住的，学生在忘记了教学的细节后能很好地运用其知识，如学生对教材的态度等。显然，长期的结果是最重要的。评价者不仅可以考虑教学对学生的影响，而且可以考虑教学对教师、家长和行政人员的影响。这种评价取向可以包括在前测与后测之间、实验组测试与控制组测试之间，在一个或多个准则性参数上的差异作出判断。结果评价是教育者最为注意的，其捍卫者断言：它实际上是唯一有价值的，因为它提供的信息使他们可以确定教学对学习者的影响。

2. 形成性评价与总结性评价有利于教学过程改进

评价教学时采用的形成性评价是对所采取的教学方法进行改进的一项重要活动。这种评价旨在促进教学质量的提升，为教学活动的修订和发展提供指导。评价者在对教学进行形成性评价时，其方式可以是多种多样、各具特色的，从而使得评价结果更加全面、准确。形成性评价使教师和其他参与评价的人不仅确定那些预期的效果发生，而且记录和考查出现的意外效果。它用反馈和调整的过程使教学编制过程保持开放。总结性评价旨在获得所生成教学质量的总情形。它通常是在项目完全编制好后和在学校范围实施了以后进行的。总结性评价则为教学在试行或实施后的评价，具有综合性，以判断教学设计的成就，其结果也用于教学评价、鉴定和选拔。它集中在整个教学或教学内整个学程的效能。总结性评价的主要目的是使有关的参与者能得出教学单元效果如何的结论，这种评价获得某一特定的教学中各种不同的总计的效果。因此，与总结性评价相对照，形成性评价往往使用非正式的方法而且常常集中于过程，总结性评价可能使用比较正式的手段为分析收集数据资料。为测量达到目标的情况，将要使用仔细地设计测验；将要正式地准备评估教师对新教学反应的调查；将设计学生测验，在教学结束时使用。教学评价决策有两类：如何改进教学的决定需要为形成性评价，而是否要继续使用教学决定需要为总结性评价。对教学的实地检验就是一种形成性评价。

形成性评价与总结性评价的重要差异在于决策者和评价位置或场所不同。在形成性评价中，决策者参与教学编制的工作。形成性评价的目的主要是发现教学方案的弱点和不足并努力消除；形成性评价满足了教师、教学专业人员、学校行政管理人员以及其他负责教学编制人员的需要。而总结性评价在于判断教学是否起到了有用的作用；总结性评价满足了政策制定者、行政管理人员以及其他社会成员获得教育体系方面信息的需求。

二、高职院校思想政治理论课教学机制的建设

（一）推进思想政治教育社会化

要想进一步推进思想政治教育的改革，高职院校应该重视教学与社会化要素的融合，从社会实践中汲取丰富的教育资源。为此，院校应该在以下几个方面进行探索。

第一，在课堂教学中融入社会要素，让课堂教学更具活力。院校应从当代青年学生的兴趣、爱好、性格和知识结构出发，将学生所关心的社会要素融入传统的思想政治课程体系中，使思想政治原理与社会现实问题充分结合起来，让学生能够通过原理剖析问题、指导社会实践。一是让社会要素走进课堂，通过社会中的实际案例分析，或通过专家和学者的讲课来让学生了解社会中的实际情况，使思想政治理论更能贴近学生的生活。二是让社会中的先进技术走进课堂，运用数字化信息资源增强课堂教学的实际效果。教师应根据思想政治课程的内容，收集相关的新闻、视频等信息资源，将抽象思想政治理论转化为可见的实际案例，便于学生理解理论知识。三是将先进的教学方法引入课堂，要发挥互动式学习的作用，使学生能够积极参与到课堂教学中来，师生之间建立互相沟通、交流与合作的关系，提高学生参与思想政治学习的主动性。教师要

发挥指导作用，让学生根据社会的热点问题进行主动学习和探索，学生与学生之间可以在交流、合作中获得思想认识上的成长。教师也要建立民主课堂，让学生能够积极表达自己的看法，与教师就思想政治教育的话题展开充分讨论。

第二，让思想政治课堂在内容上进行扩展。配合思想政治教育的核心课程进行原著导读和开设选修课程。思想政治是一门涉及面广泛的学科，在教学中，教师不应仅仅局限于教材上的理论知识，而是要在内容上充分进行延展。原著导读对于学生思想政治理论完整性的形成能够产生积极的作用。例如，各类文化艺术选修课，经济、法律和心理学的选修课都能与思想政治理论产生内在联系，学生在这些课程的学习中也能获得思想政治知识的体会，更会提高人文、道德和社会实践方面的知识内容。

第三，鼓励学生在自我的研究和探索中强化思想政治理论学习。高职院校要根据思想政治理论的内容确立一批研究课题，鼓励学生参与其中，在教师的指导和帮助下，充分发挥学生的主动创造能力，让学生在亲身的研究和探索中加强自身的思想政治建设。为了实践这一目标，高职院校要在教学和科研的经费中为学生建立专门的项目资金，对学生的研究活动给予充分的物质支持和奖励。同时，要让学生以小组学习的方式，针对某一项研究课题进行深入探索，开展社会调查，吸取各方意见，形成对于某些问题的看法，最后要形成解决问题的对策。学校和教师要建立评审小组，对学生的研究成果和答辩进行评价。鼓励教师开设教学博客，组织力量开办学习网站，进一步加大思想政治教育课程进网络的力度，加强自主学习课件的开发，以学生喜闻乐见的形式推进政治理论教育。

第四，让学生运用思想政治理论积极参与并指导社会实践，并在实践中进一步提高自己的思想认识水平。从社会中的思想政治教学资源来看，我国各地都有着丰富的革命传统和红色历史文化遗产，高职院校应该围绕这些宝贵的社会资源，为学生建立思想教育、道德教育和爱国主义教育的主阵地。学校应与历史博物馆、红色景区等建立合作办学机制，使学生能够在社会资源中汲取思想政治教育的营养。同时，院校要积极引导学生走入基层，利用假期时间，深入到工厂、社区、乡村和革命老区开展社会调查和实践活动,让学生深入了解我国各个地区、各个行业的发展情况。在调查研究中掌握我国社会的发展成就,认识社会主义初级阶段面临的各种问题,使学生能够全方位地对思想政治课程进行理解。

第五,在校园生活和学生社团活动中融入思想政治教育,建立良好的校园氛围。学生社团是学生开展实践、生活、学习和人际交往的重要平台,对校园氛围的形成能够产生重要的影响。为此,高职院校要在社团组织和社团活动中加强思想政治教育,要组织学生根据思想政治课程建立相关的社团,如社会公益社团、志愿者团队、党建和团建小组等。通过开展一系列社团活动,让学生在潜移默化中得到思想政治教育。学生工作也是高职院校一项重要的工作,因此,院校要在学生工作中发挥关爱学生的作用,让学生对学习产生集体认同感,在学生工作中体现思想政治教育工作的实践属性。校园文化建设对于良好的校风、学风和校园环境能够起到重要作用。

(二)建立高职院校思想政治教育课堂的长效机制

长效机制有利于从根本上解决问题并提高工作的效率。因此,为确保高职院校思想政治教育课堂教学与社会化教育协调融合发展,应建立高职院校思想政治教育课堂长效机制,并从多方面进行精心呵护,其中主要需从以下三个方面下功夫。

第一,从国家的角度看,为了加强思想政治教育,政府需要对各类院校落实党和国家开展思想政治教育工作给予政策上更多支持,尤其是大力支持政治教育的师资力量培养、教学和科研经费、校园的软硬件建设等方面工作,使学校的思想政治教学实践能够得到进一步的发展。同时,党和国家的宣传、文化及教育系统应该为全民思想道德教育建立良好的社会环境,各个部门实现密切配合,构建素质过硬的思想政治教育队伍。文化艺术和新闻传播领域也应建立健康的社会文化环境,为广大公众尤其是青年学生提供符合社会主流思想文化的大众文化产品和媒介信息。

第二，从高职院校的角度看，应该改变传统思想政治教育的孤立状态，要将思想政治教育工作融合在全校各个系统的建设和具体工作当中，形成协同开展思想政治教育的良好局面。为此，学校一方应该在学校党组织的领导下，结合学校的各个分管部门，建立思想政治教育工作的专门机构，统一指挥思想政治教育的发展。同时，思想政治教育应该渗透进学生社团、校园活动、校园文化建设过程中，发挥环境影响的作用，建立良好的思想政治氛围，使学生能够在日常生活中获得道德、思想、价值观的影响和熏陶。另外，高职院校应该与社会力量相结合，激活社会化教育的作用。要在教学过程中，让学生学习社会当中思想政治教育工作的典型案例和代表性人物，通过榜样的力量引领学生塑造良好的道德观与价值观。教师和员工要发挥"长辈"的引领作用，在对学生服务和关爱中体现思想政治教育的积极作用，通过自身的榜样作用，帮助学生树立正确的职场观、生活观、道德观。

第三，学院要设计具体制度落实进行，在课程设计和安排、学生思想政治教育经费开支方向、教师业绩考评等方面加强落实，创造有利于二者融合协调的有利局面。加强思想政治核心课程建设的同时，"德育课程（思想政治理论课）实施主辅制，按主辅制的原则在学校的人文选修课中开设一些选修课程作为思想政治理论课的辅助课程，将人文素质教育课程内容融入德育内容"[1]，进一步提高学生思想政治素质和人文素质，培养一批青年马克思主义者；完善社会实践制度，落实人员和经费保障；建设学生自主互动学习马克思主义的网站，加大学生参与研究等经费支持力度；逐步完善教师考评制度，鼓励教师参与社会化教育活动。

---

[1] 王东，陈先. 新时期高校思想政治教育理论与实践[M]. 北京：九州出版社，2019.

第三章　高职院校思想政治理论课教学体系

第一节　高职院校思想政治理论课教学过程

一直以来，对于教学活动的本质究竟是什么这一问题，教育界始终存在着不同的理解，很难达成统一共识。整体而言，教学活动涉及教学内容、教学方法等多种要素，其以知识传授为目的，是为培养社会化人才而服务的一种错综复杂的动态教学系统。在思想政治理论课的教学过程中，教学活动也是教育者的特殊实践与学生认知活动的协调统一。

一、高职院校思想政治理论课教学过程的实质核心

高职院校思想政治理论课教学过程本质上是一种理论结合实际、认识与实践相统一的复杂意识活动。其旨在培养学生社会主义核心价值观，增强学生的政治意识和思想道德水平，通过系统性的教育引导，培养德智体美劳全面发展的社会主义建设者和接班人。

首先，教师的专业化培养和教学自信心是思想政治理论课能顺利开展的前提条件。因此，高职院校应高度重视专业化师资队伍的建设和培养，使其以身作则，言传身教，成为学生成才路上的指路明灯。教师必须在政治信仰方面旗帜鲜明，坚定共产主义远大理想和中国特色社会主义共同理想，坚定对中国特色社会主义的道路自信、理论自信、制度自信、文化自信。认真学习和掌握马列主义、毛泽东思想、中国特色社会主义理论体系，在真学、真懂、

真信、真用上下功夫。

其次，坚持教书与育人的有机统一。思想政治理论课教学要解决一定社会要求的思想道德素质与学生实际的思想道德素质现状之间的矛盾。教师要吃透教材精神，把握教学的重点难点，了解学生思想动态，搞清楚学生对教学活动的真实看法及要求，教学活动要贴近实际、贴近生活、贴近学生，既要言教，更要重视身教，以高尚的人格学术魅力赢得学生的尊重和其对教师教学活动的认可。

所以，从整个教学过程中我们可以看到教师的教学活动就是在引导学生的思想道德素质向着社会所期盼的方向发生转变，若教师没有对所授内容的深刻的思想认识，这一改变是不可能发生的。教学过程包含一系列学生的认识活动，就是让学生真学、真懂、真信、真用马克思主义，这是教学过程的最终目的。虽然，教学活动包含学生深刻的认识运动，但是，从教育者的教学活动理解，思想政治理论课教学过程的本质是一种特殊的实践活动。

二、高职院校思想政治理论课教学过程是一种认识活动

高职院校思想政治理论课教学过程具有突出的实践性和问题导向性，它是一种以获得间接经验为主的认识活动。相较于传统的理论课程而言，其更关注学生对社会实际问题的认知和思考、对社会现象的理解与分析、对社会主义核心价值观的认同与实践及对国家政策和法律法规的了解与遵循。高职院校思想政治理论课教学过程的这一特点也使得其认识活动更加贴近实际，具有很强的针对性，有利于学生自我认知的成长，提高其对自身发展的关注度。

在教学过程中，学生的认识对象主要体现在教师的教学内容之中，他们不是直接去发现未知世界，而是以学习掌握马克思主义、中国特色社会主义理论体系等去间接地观察看待客观世界，也就是凭借经过学习认识形成的正确世界观去观察认识事物。教学过程中，学生的学习认识活动，是在具有职业修养和专业素养的教师指导下，充分利用学校现有的各种教学条件，采取适合的教学

方法方式，从学生的思想实际出发，促使学生完成学习任务，减少其思想认识上的偏差，形成正确的思想认识，提高思想道德素质。

三、高职院校思想政治理论课教学过程是一种实践活动

在高职院校思想政治理论课教学过程之中存在着许多不同的矛盾，即包括教师与教材的矛盾、教材与教学方法的矛盾，还有更重要的是教师与学生的矛盾，而此种矛盾主要体现在"教"与"学"的层面之中。在教学过程存在的各种矛盾中，"教"与"学"之间的矛盾是主要矛盾，它规定了教学过程的存在和发展。"教"是矛盾的主要方面，"学"是矛盾的次要方面，它贯穿于教学过程始终，决定着教育教学目标实现和教学质量实际状况，教学过程就是"教"与"学"矛盾等运动的结果。

首先，解决教师与教材之间的矛盾需要教师从事深入的实践和认识活动。现在高职院校使用的教材均为中央马克思主义理论研究与建设工程重点教材，并得到及时的修订。教师要重视教材修订后体例的调整、内容的变化及对教学提出的新要求。有了好的教材，为上好课提供了基本遵循，但是，不等于就解决了教师与教材之间的矛盾。因为教材是"死"的，教师是"活"的，教学活动既离不开教材，又不能完全照本宣科。

在教学过程中，教师通过自身不懈的努力与钻研，深入研究教材理念，深谙教材内涵，并在将其融会贯通后又有条不紊地对教学内容进行重新组织和呈现，使之与时俱进、实时更新，巧妙地将沉闷的教材体系转变为生动活泼的教学体系。反之，如果教师不能很好地掌握教材内容，就会影响学生对所学课程内容的学习，甚至给学生传递错误观念。在教学过程中，有效地解决教师与教材之间的矛盾，需要教师从教学实际出发，持之以恒，不断地实践、认识，研究教学规律，提升教学实效性。

教材的内容往往由这一专业的学术专家们所编写，因此也具备着高度的专业性，在教材的内容之中往往存在许多的专业术语和晦涩难懂的学术理念，对于还处在学习阶段的学生而言，理解并熟练掌握教材内容尚有一定难度，这在

一定程度上对学生的学习积极性也产生了不良的影响。思想政治理论课内容对一些学生来说"似曾相识",其实不然,它既需要学生在老师的课堂讲解下直观理解记忆,又需要他们进行高度的抽象思维,它不是一般的传授知识,而是价值的塑造。

其次,具体地看,"教"与"学"的矛盾,表现为教师所教授的教材内容与学生所接受的教材内容之间的矛盾,这一矛盾在不同时期又有不同表现形式,在现阶段表现为思想政治理论课教学应该以使大学生实现"四个正确认识"为根本目标。解决"教"与"学"矛盾,关键是"要用好课堂教学这个主渠道,思想政治理论课要坚持在改进中加强,提升思想政治教育亲和力和针对性,满足学生成长发展需求和期待"。

教师在传道授业解惑的过程前,应对自身所教内容高度熟悉和理解,应具备深厚的文化底蕴,能通过对文字的精细雕琢展示自身的精辟见解,使学生感受到理论的深邃魅力。

四、高职院校思想政治理论课教学的重要环节

(一)厉兵秣马,做好教学备课工作

备课是正式教学前的一项必要准备工作,其是指根据教材内容和学生特点对教学方法和教学模式进行合理化设计。备课是教学过程的起始环节,教学过程是教师有计划、有目的地对学生进行施教的活动,不是随心所欲的。备课是教师上好课的先决条件,备课充分,教师熟练掌握授课内容,才能够驾驭课堂,提高教育教学的效果。

备课既是教学的起始环节,又是教师教育教学工作的基本功之一,也是教师持续提高教育教学能力的过程。教学能力是指思想政治理论课教师按照明确的教学目的、教学要求以及思想政治教育规律,为实现一定社会要求的教学任务开展有效教育教学活动的本领。在教学实践中,如果教师不认真备课,对所授课教材内容不熟悉,或一知半解,讲不清楚道理,则课堂上只能照本宣科,

无疑会误人子弟，对思想政治理论课来讲尤其如此。因此，教师必须充分重视备课环节的重要性，并充分发挥课堂教学这一重要平台的有益作用，不断改进、完善思想政治理论课教学体系和内容。同时，教师还应采取多样化、生动化的教学方法和技巧，使课堂更加具有亲切性、活跃性、科学性和完备性，让学生在学习中感到身心愉悦并使其受益匪浅。

1. 备课是对教学活动的精致构思与艺术创作

备课即通过对教材的深度了解与熟悉，以教材内容为依据对课堂环节进行细致科学的设计，备好课是上好课的重要前提。在备课过程中，教师需要深入挖掘教材内容，查阅多方资料，善于引用经典案例、历史故事等丰富多彩的事例和素材，使课程设计更加具备科学性、严谨性、先进性与生动活泼性。尽管现在高职院校使用的教材是中央马克思主义理论研究和建设工程重点教材，教材的科学性、权威性、针对性非常明显，但是，有了好的教材并不意味着教师就可以上好课。高职院校以青年人为主体，是各种思想和社会思潮的聚集地，大学生处于世界观、人生观、价值观形成的重要节点上，很容易受到各种错误思潮的干扰，给教学工作造成不小的挑战。因此，教师要在备课环节上多花工夫，钻研教学大纲、教材，领会教材的内容和精髓，争取做到对教材有自己的独到见解，分清重点、难点，把教材体系转化为自己所拥有的知识、价值体系，也就是内化为自己本身所具有的知识智能结构。这一过程就如同烹饪，教材好比好的"食材"，本身具有营养价值，但其价值要靠厨师发掘利用，通过师傅的创造性劳动，使之成为"盘中餐"。同样，只有教师对教学内容精心设计，把所授知识融会贯通，加以适当的教学方法，才能让学生产生共鸣，唤醒学生求知的欲望。备课不仅可以独立进行，也可以以集体的方式进行。集体的力量是大于个人的，通过群策群力、同心协力的方式更有利于备课效率和效果的提升，有利于教案的更加完善。

2. 备课必须关注学生内心世界及思想动态

影响人思想品德形成的因素是多样的，不仅受家庭教育的影响，还会受到社会环境乃至个人自身学习、阅历、体验的影响。因此，在思想政治教育过程中，教师应关注学生主体的多样性，关心学生内心世界，洞察其内心深处的需求并掌握其思想动态，从而更好地指导教育实践。教学是解疑释惑的过程，了解学生的思想状况是非常必要的，因为教学活动是对学生进行社会主义核心价值体系、核心价值观教育，与学生的思想状况密切相关，不了解学生所思所想所惑，教学是不可能有亲和力的。教师要在施教过程中尽可能地观察了解学生的思想政治表现、道德法律意识行为价值取向，以及对国内国际形势及社会热点问题的看法。当然，在课堂上教师也能观察到学生的一些思想变化，课后与学生交流也可以了解学生的一些真实想法。但是，这些学生思想变化的零碎信息，只能作为课下思考探究的素材。真正了解学生的精神生活世界，走进学生内心世界，是在教师备课过程中，结合对教学内容的思考，选择学生接受的角度，来逐步完成的。当代大学生，生活在科技发达的信息网络时代，关心国家大事，思维活跃，视野开阔，追求个性生活，价值趋向尚不稳定，在某种程度上缺乏对网上各种信息的分析辨别能力，自律意识不强，表现出急功近利的浮躁心态。因此，教师需要了解学生的兴趣爱好、已有的知识能力水平、需求与思想状况、学习方法和日常生活习惯等等。教育教学的根本目的在于以人为本，我们要确立人在教育中的崇高地位，关心人、尊重人、理解人，让教育教学成为人的生命和心灵发育成长的过程。在看到学生共性的同时，我们还要关注学生的个性发展，培养学生思想道德素质，促进德智体美劳全面发展。

总之，在备课环节的过程之中，教师必须坚持以学生为教学主体的基本原则，培养和谐友爱、融洽自如、平等民主的健康师生关系。同时还应充分发挥学生的主观能动性，调动其学习热情，使其能主动进入学习状态，规范自身不良学习习惯，并时刻保持高度的自律性和自省能力。

3. 备课应融会贯通多种教学方法

思想政治理论课各门课程教学目的有差别，教学要求不一样。在备课过程中可以充分利用各种教学资源，精神的、物质的、实体的、虚拟的、校内的、校外的等，理论联系实际，使教学内容更加接地气。教学过程不仅是实践、认识的复杂过程，也是一个社会活动过程，现代信息网络技术的发展，为教师充分利用各种教学资源提供了十分便利的条件，教师可以把多媒体课件制作得更加符合学生学习的习惯。备课，除了把握教材的内容要求，了解学生的思想动态，还要思考如何把已经掌握的知识传授给学生，也就是如何根据教材教学内容，选择和确定教学方法。根据不同的教学内容，教师应采取不同的教育方法，例如讲授法、讨论法、直观演示法、谈话法、练习法等，通过对这些教学方法的合理选用有利于提高教学的效率并使教学效果达到最大化。针对课堂中可能会出现的问题，教师也应在备课时事先作出合理预设。

4. 撰写教案是掌握备课能力的基础

教案是教师教学的重要工具和指导性文件，它承载着教学内容、教学方法和教学活动的编排等重要内容。教案对于教师而言就像是一张精心绘制的地图，指引教师如何引导学生理清知识之间的逻辑关系，使学生能在知识的海洋中扬帆起航、顺利航行。教师在备课过程中，通过学习研究教材，收集教学资源，对教学大纲、教学内容、教学方法等有了新的理解和认识，就要把备课的成果通过教案体现出来。在撰写教案时，要分析和考虑教学内容的重点、难点、章节之间的内在逻辑，怎样实现教学目的，教学怎样导入，运用什么教学方法及教学资源，设计课堂提问的问题，教学活动的具体步骤，学时的分配等。一般来说，一个教案包括这样几个方面：班级、学科、上课时间、课题、课的类型、教学目的、教学方法、教学内容、课的进程和时间分配等。在教案的构成中，教学进程部分是"重头戏"，应当花工夫写好，对教学内容作出详尽的设计。有了好的教案，还要处理好教案与制作多媒体课件的关系。由于信息科技的发展，多媒体技术广泛应用于思想政治理论课教学。多媒体课件是一种为展示特定教学内容、辅助开展教学活动的多媒体技术教学程序。它可以看作一个"简约版"教案，但是，不能将教案全部"移动"到多媒体课件上。

（二）蓄势待发，正式开展课程

上课是高职院校思想政治理论课教学活动的核心环节，无论是教案的编写还是教学技巧的研习都是为了上课这一目的所服务。上课也是检验教案合理性、有效性最直接的方法。同时，教师应在上课的过程中尽可能地将知识传授给学生，培养其专业技能。但是，由于教师在课堂上面对的是一个个有思想的学生，因此要灵活多样讲授，不能局限于教案。"学生不爱听，老师不好讲"是当下很多高职院校思想政治理论课老师的共识。在信息化时代，与思想政治理论课有关的很多知识，学生都可以很方便地获取，还有很多网络课堂可以学习，但学生上课的积极性似乎不高。其实，不仅思想政治理论课学生不爱听，据观察，上专业课也是一样，教师常常要在提高学生"抬头率"上下功夫。

怎样上课才能让学生喜欢听，或者说上课应该从哪些方面着手，才能够产生好的教学效果呢？在教学实践中，对于怎样上课效果好，也是意见不一，可谓"仁者见仁，智者见智"。我们可以从以下几方面入手，提高授课水平。

1. 见兔放鹰，教学目的明确

各门课程及一门课各章节的教学目的都有所不同，教学目的一般包括传授知识、发展智力、培养能力、塑造价值。教学活动要有明确的教学目的，教学目的是上课的"中心"，把课堂教学统领起来，使教师的"教"与学生的"学"有机统一，有的放矢。与其他自然科学课程不同，思想政治理论课教学要解决"为谁培养人、怎样培养人"问题，在传授科学理论过程中，不是简单让学生理解教学内容，更重要的是引导学生培育和践行社会主义核心价值观。在教学过程中，一方面要发挥理想信念教育、价值引领作用；另一方面要发挥在学生科学世界观、人生观、价值观和思想道德修养方面的影响力，把科学理论内化于心，外化于行。

2. 毫发不爽，教学内容准确

思想政治理论课有较强的科学性、理论性、针对性，教师一定要准确地讲授理论知识，讲清楚概念、基本理论及理论发展脉络，注意理论的完整性、系统性，在讲解、板书、提问、答疑等方面都要准确熟练地运用理论知识，使学生感受到理论的魅力与价值。注重在历史与现实的结合上把握事物发展变化的规律，在理论与实践联系中答疑解惑，增强学生理论自信。熟练掌握教学进程，放得开、收得拢，师生互动，有效调动学生听课、回答问题、思考的积极性。

3. 随机应变，教学方法多样

上课效果好，离不开适宜的教学方法。从上课的角度看，内容与方法是相辅相成的，内容决定方法，方法服务内容。教学方法的运用必须符合师生和教学内容的特点、学校现有的教学条件，这样有利于实现教学目的。任何教学方法都有其长处，也有其不足，要一切从实际出发，因地制宜选择合理的方法，不能千篇一律。在教学实践中，方法的选择使用力求使教师教学的主导作用和学生学习的主体地位得到凸显，充分调动和发挥教师"教"与学生"学"的积极性，方法是为学生掌握所学内容服务的，方法是否有效也要由学生学习效果来检验。不论使用哪种教学方法，都要有利于激发学生学习兴趣，提高教学的针对性。

4. 其乐融融，教学氛围和谐

在教学的过程中，教师和学生都是课堂的参与者、组成者。教师作为课堂的引导者，不仅要传授知识，还应激发学生的学习兴趣，而学生作为获取知识的主体，需要积极主动地参与到课堂讨论和互动之中，由此形成双向奔赴的和谐课堂氛围。教师上课应声情并茂，深入浅出，旁征博引，动之以情，晓之以理，有吸引力、感染力，引起学生思想共鸣。从教育心理学的角度看，课堂氛围和谐，能够让学生的学习主体地位得到充分"唤醒"，使其学习积极性提高，大脑皮层处于并保持适度的兴奋状态，从而更容易接受教师讲课及多媒体课件传递的信息，在不知不觉中受到教育和启发。学生认真听课，注意力集中，能够踊跃回答教师提出的各种问题，更能激发教师教学的主导性。

5. 有条不紊，教学进程合理

在课堂上，教师授课是按照课前准备的教案、多媒体课件进行的，教学内容会有相应的时间安排。在调动和发挥学生学习积极性时，要注意把握课堂进度。当然，也可以根据具体的教学情况，对上课进程做出适当的调整，以提高教学效果。教学效果是教学追求的目标之一，良好的教学效果表现在课堂上，就是学生不做与课程学习无关的事，注意力比较集中，认真听讲、做笔记，积极回答问题，能够理解讲课内容。当然，要全面了解学习效果，还需要通过作业、测验、考试做进一步的观察。最终，我们希望实现的教学目的是学生能把所学理论知识内化于心、外化于行，即能够做到知行合一。

第二节 高职院校思想政治理论课教学体系构建

高职院校思想政治理论课教学体系是指为了达到一定的教育目标和培养高素质应用型专门人才的需要，由学校依据高职院校教育教学大纲、专业培养方案等文件要求，结合传授理论知识、思想政治教育和现实案例分析等教学内容，理论结合实际，通过教学设计、师资配备、教学资源保障等一系列的教学组织安排，形成的系统完整的课程体系和教学模式。同时高职院校思想政治理论课教学体系的内涵包括教学目标明确、教材内容系统完整、教学方法多样灵活、教学管理科学规范等要素，其是高职院校思想政治教育的基础和核心，是培养德智体美劳全面发展的社会主义建设者和接班人的关键环节。

一、高职院校思想政治教学体系构建

（一）高职院校思想政治教学体系构建的目标和要求

高职院校思想政治教学体系的构建具有十分重要的意义，其不仅体现为有利于培养学生正确的世界观、人生观和价值观，更在于其能引导高职院校的学生在知识的海洋里树立正确的人生航向，激发学生的社会责任感和使命感，培养学生的国家意识和全球视野，为其成长奠定坚实的思想基础。同时，在高

职院校思想政治教学体系的构建过程中应当确立客观、科学、真实、合理的目标价值，使实践教学活动得以顺利开展。思政理论课实践教学的总目标是培养学生将思想政治理论与实践相结合，培养实践技能，使学生具有较强的理论创新精神，具备运用理论创造性解决实际问题的综合能力，提升相关理论素养并锻炼具有可持续发展潜力。因此，高职院校思想政治理论课实践教学将以构建知识目标为基本、能力目标为拓展和思想目标为境界三者融合的目标为追求。

1. 教学体系构建的目标

（1）实践教学的知识目标

知识的传授在高职院校思想政治理论课教学体系中扮演着至关重要的角色，它不仅是实践教学的基石，更是点燃学生智慧之火、引领其思想追求的最初驿站。实践教学的知识目标不同于理论教学对知识、概念、原理等的记忆，更重要的是在社会实践中的深入理解、掌握和运用。在实践教学中，思想政治理论课中属于工具性的知识运用在帮助学生认识问题、解决问题；思想政治理论课中属于常识性的知识在实践教学中能帮助学生拓宽视野，了解常识与常态，对社会大环境有更好的认识和思考。另外，思想政治理论课中的专业知识在实践教学中能将理论进行转化，有助于拓宽认识视野，在解决问题时有助于触类旁通。理论在社会实践中往往会遇到一些复杂多样的难题，因此，需要借鉴不同类别的知识进行解读，学会融会贯通。特别是思想政治理论课中理论性很强的问题更需要同学们在实践中进行形象认知。

（2）实践教学的能力目标

在实践教学知识目标之上的是能力目标的实现。高职院校思想政治理论课实践教学要帮助学生完成从书本到现实、从课内到课外、从理论到实践的发展，使学生通过实践教学可以提高运用马克思主义理论认识、分析和解决现实问题的能力，不仅有"鱼"，而且还会"渔"。

在实践教学中将锻炼学生对政治理论的实际应用能力，怎样将理论与社会实际联系起来，用所学的理论解释实际问题、解决实际问题。当然，在实践教学中还能锻炼学生的拓展能力，包括能够终身不断学习的能力。另外，思政理论课的实践教学对学生的综合素质能力的锻炼极为丰富，包括基本公民道德、符合要求的思想政治素质、良好的身体心理素质、遵守职业道德规范等道德素养；爱岗、敬业、忠诚、奉献，有强烈的职业责任心，严谨求实的工作作风，遵守职业工作规范、安全规范等职业素质；科学技术发展日新月异，大学生还要具备积极进取精神，以及不断学习钻研新业务的意识。

在实践学习过程中，学生能从一个检验理论到理论创新的飞跃，不仅在实践中对理论潜移默化的掌握，更能在实践中开辟反思与创新的新天地。更广义地讲，学生在实践教学中能接触不同的事物，涉足多方面的领域，学习和掌握一些技术和技巧，并积累一定的实际操作经验，这对培养学生的组织能力、表达能力、辨别能力等都大有裨益。因此，在实践教学中，不仅仅是思想政治理论知识的狭义实践，更是丰富多彩生活的广义实践。

（3）以思想目标为核心

高职院校思想政治理论课实践教学的终极目标是提升学生的思想境界，培育积极的世界观、人生观和价值观，也就是说，思想政治理论课实践教学要更加凸显"德性培育"，这是思想政治理论课实践教学最为突出的特色目标。

2.教学体系构建的要求

高职院校思想政治理论课实践教学体系的构建离不开理论教学的相辅相成，二者在教学内容上的有机融合、在教学模式上的协调互动、在教学功能上的优势互补，实现理论教学与实践教学的一体化，这是思想政治理论课丰富和发展的必由之路。

（1）理论教学与实践教学融合

思想政治理论课的理论教学是通过课堂讲授的形式，向大学生传授马克思主义理论、中国特色社会主义理论体系的知识，培育社会主义核心价值观的过程；实践教学是通过一定的课内课外形式，结合当下社会现实和学生的实际，组织学生体验、参与具体的教学过程,加深学生对马克思主义理论的理解和认知,培养学生观察问题、解决问题的实际能力。因此,理论教学和实践教学的优化整合则是实现知识与能力的有机结合。

(2)理论教学与实践教学协调互动

思想政治理论课理论教学多以课堂教学为主,教师在固定的时间和地点讲授理论观点,这是大学生最熟悉的思想政治理论课课堂,但在这样的课堂教学模式下显现的教学效果却又让大学生倍感陌生。而实践教学既有课内实践教学,也有课外实践教学,主要是学生参与体验不同类型的实践活动,将学生变成真正的主体。这种理论教学与实践教学的协调互动是大学生不熟悉但却会喜欢的教学方式。

(3)理论教学与实践教学互补优势

思想政治理论课理论教学和实践教学各具不同功能,在教学过程中要实现大学生对马克思主义理论学习的"入脑、入心",需要二者共同发力,形成互补。首先,理论教学与实践教学的动静结合、主体效应能促进大学生对马克思主义基本理论的主动认知,做到对马克思主义理论的真学、真懂。其次,理论教学与实践教学能为大学生提供坚实的马克思主义理论基础与运用于实践的机会和平台。

(二)教学体系构建的主要内容

高职院校思想政治教育的体系构建主要建立在马克思主义哲学、政治经济学、科学社会主义和中国特色社会主义理论体系之上。这些理论为思想政治教育提供了丰富的营养和坚实的理论基础,使其具备了科学性、系统性和持续性。通过思想政治教育,学生将树立正确的世界观、人生观、价值观,树立正确的政治立场和情感认同,具备正确的政治理论素养和政治思维能力,促进学生成为德智体美劳全面发展的社会主义建设者和可靠接班人的价值追求。因此,高职院校的思政理论课的实践教学体系应充分彰显出其思想政治教育的重要性和必要性。

第三章　高职院校思想政治理论课教学体系

1. 实践教学思想体系的建设

高职院校思想政治教育的实践教学思想体系不仅注重理论知识的传授，更强调学生在真实环境中的实际应用、合作能力和创新能力的培养，其融合了高职院校大学生们强烈的社会需求，因此其也具有丰富、广泛而又深刻的思想内涵。

第一，实践教学不是为了完成实践教学而进行实践教学，而是与理论教学乃至整个"大思政"的价值目标是一致的，即为提高大学生的思想道德水平、政治理论素养和创新能力，培养较高的思想政治素质和较强的职业素质的合格人才，与当前高等教学的整体需求和终极目标是契合的。

第二，实践教学是促使大学生从"知"到"行"的转变，在实践中激发学生学习理论、运用理论和创新理论的积极性、主动性；实践教学不是理论教学的补充，而是与理论教学共同构成思想政治教育的有机内容，是综合评价大学生思想政治教育的完备性、科学性和实效性的重要指标。

第三，实践教学不是、更不能停留在实践操作的层面，它需要在实践中运用理论，并丰富和发展理论，因此实践教学的思想体系与理论教学的思想体系一脉相承，共同服务于大学生的思想政治教育。

因此，从教育主管部门到学校，再到每一位老师、学生，都需要认识到实践教学的思想性，重视并积极落实实践教学工作，将实践教学的思想性贯穿于实践教学的始终。

2. 实践教学管理体系的建设

思想政治理论课实践教学从总体上讲目前已经得到了普遍的认可，但重点操作层面还不尽如人意。所以，从学校层面，加强对实践教学的管理非常重要。

第一，制定规范化的实践教学管理制度。建立实践教学的总体性制度，规定实践教学课时分配、学分划分、课程开设、机构设置、教学监控、教学考核等。然后依据总体性制度修订完善各个实践教学环节的管理制度。在完善各个实践教学环节的管理制度时，要注明管理细则，制定可操行的管理标准，以便于对管理中各种违规行为起到约束控制作用。最后，制定实践教学管理文件，包括大纲、计划、课表、指导书等，这些都属于纲领性文件，在教学中起引导作用。这些实践教学管理的纲领性文件由校内和校外专家共同制定，以统筹实践教学的校外、校内管理，确保管理的全面性、科学性。

第二，从校（院）级设立实践教学最高管理者，主要负责学校整体层面的决策、组织、指挥、协调与监督，拟定指导性意见与合适的质量考核标准，负责学校机构内相关人员的任免，对实践教学实行过程控制。教务部门积极配合上级并作好与中间管理层的协调沟通。根据上级作出的重要决策与传达的重要精神，细化并制成具有操作性的管理制度；指导思想政治理论课教学部门拟定好各类实践教学计划、实施方案，协调教学资源在各个院系之间的分配，提高资源利用率优化管理效益；组织专家学者作好对各个院系思想政治理论课实践教学效果的考核，并将信息反馈给学校、思想政治理论课教学部门与各个院系，以便调整实践教学计划，根据考核结果作好激励与惩罚工作。实践教学具体的管理层次是思政理论课教学部门与各院系，负责根据校级层次的决策，结合各专业特点特色，制定各专业的实践教学目标、教学计划及实施方案，并联合实践基地的校外导师对实践教学进行监督、考核，这也符合思政理论课与"专业学习同向同行"的要求。对于实践教学具体的落实和实施主要由思政理论课教师与各专业的带头人负责，根据上级精神确定本专业各个实践环节的具体实施计划，及时向上级汇报实施情况并经常进行反思、总结。

第三，完善实践教学监控机制。在繁杂琐碎的实践教学管理中，监控可以说是其中的关键一环，通过密切监督教学运行情况可以随时发现问题，从而调整、完善以实现预期目标。实践教学还应当建立实践教学激励机制，改变学校对思政课重视程度不够、实践教学处于边缘地位的现状，为此需要重新调整师生认识，运用恰当的激励措施鼓励师生主动参与实践教学中。

3. 实践教学方法体系的建设

思政理论课实践教学方法是根据实践教学的价值目标进行落实实践教学要

求、实现实践教学效果的重要手段,是教学质量的重要保障手段之一。正确、科学、合理的教学方法能够顺利实现教学目的,充分优化教学结构,不断提高教学质量。

高职院校在思想政治理论课实践教学中应根据实践教学的内容、教学对象和教学环境,充分利用教学条件而能动地进行运用。比如,"马克思主义基本原理概论"课中,运用问题导入性的教学方法在实践教学中具有启发式教学的特点,能充分发挥学生的主体作用,让学生回归实践教学的阵地;又比如"思想道德修养与法律基础"课程的操作性教学法是实践教学中对理论的反复运用,对方法的反复推敲,落实从"知"到"行",最终实现真正的"知"。另外,发展性教学法、范例教学法、合作教学法、团队教学法等都是实践教学中经常采用的方法。

需要指出的是,教学方法是不断发展变化的,要积极处理好以下几个关系:教学目的与学生个性的关系、教学内容与教学手段的关系、方法的既定性与教学过程的不确定性之间的关系、教学策划与学生认识程度的关系、继承传统优秀教学方法与创新的关系、课堂教学方法与课外教学方法的关系,等等。

教学目的是实践教学体系建构的目标和归宿,教学内容是实践教学体系建构的基础,教学结构是实践教学体系建构的关键,教学方法是达到实效教学目的和效果的途径。当然,以上分析主要是从学校课程教学层面去分析,思想政治理论课实践教学体系还包括思想政治理论课的实践教学基地的积极参与、实验实训基地的建设、政府及相关行业的大力支持以及实践教学理论的不断改进和发展,等等。

4. 实践教学过程体系的建设

实践教学是一个持续性的教学活动,从实践教学的开始就一直呈现出过程性的特点,从唯物辩证法的角度讲,甚至可以说实践教学是一个没有终点的教学模式,因为从理论到实践、再升华理论、再回归实践是一个循环往复的过程。因此,重视实践教学过程体系的建设是正确把握实践教学的特点,是正确采用实践教学方法的重要依据。

　　实践教学的过程体系包括以实践教学的目的为指导，从实践教学的整体性出发，制定详尽的实践教学大纲、落实实践教学内容、灵活运用实践教学的方法，层层推进，分步落实，一定要把实践教学作为一个整体性、动态性的内容进行，重视过程性的表现和评价，不能将最终的实践教学结果作为唯一追求的目标和评价的指标，切勿陷入功利主义的陷阱，或者只停留在完成实践教学任务的表面层次上。实践教学的结果固然重要，但实践教学过程中的思考、收获乃至失败都是实践教学的果实，有的教训或不解甚至是激励师生更加深入研究的动力。因此，思想政治理论课的实践教学动态性的特点决定了实践教学的常教常新，这也是思政理论课永葆生机与活力的砝码。

二、高职院校思想政治实践教学的设计

（一）教学计划、教学大纲

　　鉴于当今社会多元化和文化多样性的发展，高职院校思想政治实践教学对人才培养的重要性也日益凸显。其思想政治理论课不仅仅是灌输知识，更是培养学生的社会责任感和思辨能力。这一教学形式不仅可以激发学生的爱国情怀、社会责任感和公民意识，更能够培养学生的学术能力和社会适应能力。并且，通过实践教学，学生们可以更加深刻地理解理论知识，在实践中感受到思想与现实的碰撞，并将其融入实际工作生活之中，实现知行合一的目标。因此，高职院校应充分认识到其思想政治理论课实践教学的卓越价值，并将其纳入人才培养的全局规划之中。

　　高职院校思想政治工作是一个系统工程，要求各门课程、各类教师相互配合。这需要除了思想政治理论课程之外所有高职院校课程的同向同行，既要发挥思想政治理论课课堂教学在大学生思想政治教育中的主渠道作用，又要充分发掘综合素养课程、哲学社会科学课程、自然科学课程的思想政治教育资源，使各门课程与思想政治理论课同向同行；既重视辅导员、班主任这支思想政治

教育的骨干力量，又调动思想政治理论课教师、专业课教师等参与日常思想政治工作的积极性，真正体现全员育人的教育理念。在我国，高职院校培养社会主义事业的合格建设者和接班人，这是高职院校人才培养职能发挥中的重要内容。而思想政治理论课的理论教学和实践教学则是高职院校坚持社会主义办学方向、培养社会主义事业人才的重要环节。因此，高职院校要充分认识思想政治理论课的重要性，目前，思想政治理论课的理论教学已经得到高度重视，但实践教学的重要性还没有真正得到高等学校的重视。

（二）教学布置、动员、宣传

在大学生开始进行思想政治理论课的具体社会实践之前，十分有必要将思想政治理论课实践教学的相关内容向大学生进行一次详细的布置、动员和宣传。大学生的社会实践活动需要理论上的指导，需要具体开展思想政治理论课实践教学的教师给予详尽的指导。这样能够保证大学生在开展思想政治理论课的社会实践时能够有的放矢，保证正确的方向，也为大学生答疑解惑，解答很多具体的细节问题。

（三）检查、督促、指导

思想政治理论课实践教学教师在对各自所指导的班级进行前期的相关准备工作和召开动员大会后，要重点就大学生参加实践教学的目的及意义、学分学时、方式方法进行分析和研究。由于社会实践开展形式的多样化，地域的多元化，教师无法详细跟踪每一位大学生的社会实践情况。在现有条件下，教师也无法亲自参加参与几十位、上百位大学生的社会实践过程。因此，在思想政治理论课实践教学实施过程中，教师更多的是从远程监控、远程督查和远程指导的角度对大学生进行实践教学实施过程的把控。教师要尽量保证电话的畅通，也要提醒大学生尽量保证电话的畅通，以保证能够及时有效的联系。

除此之外，思想政治理论课实践教学教师不应独自指导学生实践，而应与学生的班主任和辅导员形成合力，这样不仅有利于学校教育资源的整合，也有利于提高实践教学的质量和效果。并且,学生在思想政治理论课实践教学的过程中不仅能够受益于学科专业知识的实际运用,还能够得到教师们更全面的指导和关怀,有助于学生综合素质和能力的培养。因此,在思想政治理论课实践教学中应高度重视教师间联络机制的畅通无阻,发挥班主任和辅导员重要的辅助作用。

(四)突出实效性和针对性

在思想政治理论课实践教学的实施中,应当注意实效性和针对性。实效性就是指思想政治理论课实践教学实施过程中要遵循教学客观规律,把思想政治理论知识学习和实践运用结合起来,把转变学生的思想和解决实际问题结合起来,达到思想政治理论课实践教学实际效果的最大化。针对性和实效性紧密相关,高职院校思想政治理论课实践教学应当在思想政治理论知识指导下让大学生有具体目标和具体指向地进行实践。

思想政治理论课教育要让大学生全面掌握马克思主义的基本原理和立场、观点、方法,不断提高大学生的思想觉悟和政治理论素质,培养合格的社会主义事业建设者和接班人。因此,思想政治理论课本身就与其他知识类、技能类课程教学存在着根本性的差别。思想政治理论课强调的不仅仅是思想政治理论知识和技能的传授,还要将科学理论内化为大学生的自身信念与修养,实现其思想上的升华。这种知识理论的内化过程需要有实践的依托,有了实践才有内化科学理论的途径和场所。实践教学的内容、形式等要与大学生所学习的具体课程相结合,根据各门思想政治理论课的具体特点及教育任务,设计有针对性的、个性化的实践教学内容和形式。要和大学生的本专业、高职院校的定位及所在区域的特点相结合,充分利用高职院校所在区域的各种社会资源,真正激发大学生的参与热情和兴趣,调动大学生主动进行思想政治理论课实践教学,积极参加各式各类的实践教学,让大学生从自己熟悉的领域去感知实践教学给自己带来的收获和感悟,让思想政治理论课实践教学真正鲜活起来。

（五）校内实践与校外实践

思想政治理论课教学涉及全校的学生，人数众多，还涉及经费的问题，所以要采取灵活的方式组织实践教学活动，要校内实践与校外实践结合起来。校内实践与校外实践相结合的模式具有可操作性的同时，又能把每个学生的积极性和主动性调动起来。校内实践，即统一组织学生进行校园内实践教学，明确实践教学的场所和实践的内容，由老师带领整个班级集体进行的一项实践教学活动。社会实践具有直接性、生动性的特点，相比较理论教学而言，会更让学生喜欢。社会实践对于促进大学生了解国情、民情，增强社会责任感有重要的作用。通过校内的参观考察，由教师结合思想政治理论课，充分利用校内教育资源，组织学生参观校内的实践教育基地、校史馆、图书馆、档案馆等场地，然后由学生完成参观的感想和体会等。

思想政治理论课实践教学重在让学生关注社会、走向社会、了解社会，开阔眼界，进一步锤炼思想、提高认识。与此同时，也应该利用了解社会的机会对学生进行提高服务社会能力的训练，也就是要把了解社会与服务社会有机地结合起来。只有这样，才能使学生真切地体会到社会生活，在社会实践中真正形成劳动观念、群众观点、集体主义观点。因此，校外实践则可以更加丰富，通过思想政治理论课实践教学教师的组织，让大学生参观博物馆、纪念馆、革命烈士馆、监狱、法庭、大型国有企业、社会实践基地、贫困地区以及改革开放的前沿地区等，然后要求学生完成参观的感想和体会等。

（六）部分人员实践与全员实践

思想政治理论课实践教学实施过程中，大学生的全员参与、全员实践是高职院校开展思想政治理论课实践教学的应有之义。但是在高职院校开展思想政治理论课实践教学的进程中，部分人员的实践成为一种过渡性、暂时性的选择。因为很多高职院校没有条件或者需要实践教学更加科学合理之后才能实现全员参与的实践教学。部分高职院校由于对实践教学的组织还没有形成科学化、系统化的体系，面对思想政治理论课实践教学需要教育的数量众多的大学生，因为经费的有限，时间的有限，只由部分大学生参与实践教学活动，以部分人员参与取代全员参与，还没有实现实践教学的过程和结果惠及所有大学生。每一位大学生在党的教育事业面前都是平等的，教育也应该让每一个人平等地接受教育、提高自我。因此，思想政治理论课实践教学的部分人员实践只能是高职院校的暂时性选择、过渡性政策，从实践教学本意来看，全员参与的实践教学才是真正的实践教学。

（七）过程与结果并重

高职院校思想政治理论课实践教学实施过程中，组织者、管理者要高度重视实践教学开展中的过程与结果并重。实践教学是相对于理论教学而言的，应该是在教师的指导下，采取实践的方法，使学生亲身参与各种活动，学生通过眼、耳、手、身等感官亲自参与和感受客观世界，学到课堂上难以获取的东西。这样的实践教学实施过程，其过程本就十分重要，因此，实践教学的实施过程和结果都要得到教育者的重视。

（八）实践教学实施准备工作

1. 为大学生提供社会实践的前期指导

教师应当熟悉思想政治理论课的基本原理和内容，为大学生提供有效的前期指导。例如，实践方向的确定、具体实践内容的指导、理论的支撑、具体社会实践题目的选择，等等。思想政治理论课实践教学本就是教师根据和结合思想政治理论课的基本内容，密切联系社会实际和学生实际，通过有目的、有计划的各种社会实践活动，不断提高学生的思想觉悟和认识能力，磨练意志，使学生从思想上和行为上强化思想认识，提高政治素养。有的高职院校组织的社会实践，需要在平时设计好跟学校所在城市或者社区需求相关的活动项目，给学生提供利用空余时间参与的这种社会实践。

2. 强化大学生在社会实践前的诚信意识

一定要在大学生开展思想政治理论课实践教学前不断强化大学生的诚信意识。要让大学生在完成社会实践和撰写社会实践调查报告前，明确了解学校的有关规定，恪守学术规范，告诫大学生一定要在个人完成社会实践的基础上认真并独立地完成社会实践调查报告。调查报告所使用的相关资料、数据、观点等内容要真实可靠，所有引用他人的观点和材料、数据、图表等都要进行注释并标明来源。教导大学生撰写社会实践报告不得抄袭、剽窃他人的成果。可以在社会实践前签订学生社会实践调查报告诚信承诺书，明确内容，告诫学生；也可以在调查报告完成、定稿时由学生自行签订。

3. 要树立大学生的安全意识

在正式开展思想政治理论课的社会实践之前，一定要强调整个社会实践过程中的安全问题，做到防患于未然，杜绝安全事故的发生。大学生在开展社会实践活动的过程中，一定要严格遵守国家的法律法规，尊重各民族的风俗习惯，自觉遵守实践单位的各项规章制度，特别是保密、操作规程和劳动纪律等方面的制度。在大学生开展社会实践期间，高度重视自身的人身和财产安全，在实践过程中避免违纪违法行为和安全事故的发生。要注重培养大学生的礼仪礼节，培养其礼貌待人，使其能够体现出当代大学生应有的素质。要对准备进行社会实践的单位、所在地区的情况有一定了解，对可能存在的风险和安全问题有清楚的了解。建议为大学生购买人身意外伤害保险，建议在开展社会实践活动前签订学生社会实践安全承诺书。

第四章 信息技术下高职院校思想政治理论课的探索

第一节 高职院校网络思想政治教育的特征

与传统的信息传播相比，现代信息的传播具有如下的特点：一是信息传播的及时性，各种信息能够依托现代互联网技术进行及时性的传播；二是信息传播的跨界性，各种信息突破了传统的信息边界，利用现代互联网技术在全世界范围内进行相应的传播，信息传播更加具有隐蔽性。因此，现代信息技术的发展打破了传统思想政治工作的路径和方式。传统思想政治教育工作主要是采用线下灌输的方式来加以展开。因此，高职院校必须充分认识到互联网时代下信息传播的新途径新方式，意识到互联网技术将会对思想政治教育工作产生巨大的影响和使其变革。高职院校必须迎接新的挑战和机遇，做好网络意识形态话语权的夺取工作。

一、高职院校网络思想政治教育创新的内涵

创新是时代发展进步的不竭动力。文化只有经过不断的创新发展才能够保证其生命力，才能够顺应时代的发展。先进的文化必然是一种创新性的文化，是一种符合历史前进方向的文化。只有符合历史前进方向的文化才具有时代的价值意义，才能够让人折服，才能够实现文化自信。

就高职院校网络思想政治教育创新而言，用科学的理论搭建网络思想政治教育新平台，用高尚的精神塑造人，从而保证和强化网络思想政治教育的针对

性、实效性和长效性。以互联网为媒介，通过观念创新、内容创新、形式创新、机制创新，有目的地对高职院校的学生施加意识形态影响，以转变其思想，从而指导他们的行为的一种社会活动。其主要方式是在了解互联网和多媒体知识、掌握现代传播手段的基础上，通过制作、传播和控制网络信息，引导网络受众在全面客观地接触信息的基础上，选择吸收正确的信息，从而达到思想政治教育的目的。

高职院校网络思想政治教育有助于提高高职院校网络思想政治教育工作的现实性作用，提升其质量。高职院校教育成功的关键是提高高职院校网络思想政治教育的教育质量和教育作用，通过提高学生的理论政治素养来提高自身素质。只要着力抓住教育质量，不断提高高职院校思想政治教育的作用，就能更好地发挥互联网在思想政治教育建设中的作用。

高职院校网络思想政治教育有助于探索高职院校网络思想政治教育规律和教育方法。通过研究网络与思想政治教育结合的可能性和现实性，探索网络思想政治教育诸要素之间相互运动的规律、特点与矛盾，研究网络与思想政治教育的传播原理，充分利用网络来开展思想政治教育，有助于探索高职院校网络思想政治教育的教育内容和教育方法。

二、高职院校网络思想政治教育创新的特征

（一）观念创新的科学性

高职院校网络思想政治教育创新必须以先进的理论作为指导思想。只有以先进的理论作为指导思想才能够确保其具有时代意义，才能够指导思想政治教育工作的有序开展。高职院校网络思想政治教育工作的创新性首先就体现在理论指导上，不同的时代产生不同的思想和理论。只有这样，思想和理论才具有先进性，才能够切实解决当下高职院校网络思想政治教育工作中存在的问题。创新性的高职院校网络思想政治教育工作主要集中解决了以下方面问题。一是处理好个人价值与社会价值二者之间的关系。思想政治教育并不否认个人的思

想价值和意识形态，而是强调在价值共识的基础上来进行思想政治教育，在互联网时代下，在尊重个人价值的基础上注重社会价值的共识。二是处理好思想政治教育唯意识形态的问题。思想政治教育属于意识形态教育，意识形态是由所属客观现实来加以决定的。思想政治教育必须处理好客观现实同主观需求之间的关系，主观需求要符合客观现实，以客观形式和主观需求来开展思想政治教育工作。三是处理好教育者与被教育者二者统一性的问题。在科学思想政治教育工作中，教育者要从心理上认同思想政治教育工作，主动承担思想政治教育宣传责任，实现受教育者和被教育者二者的有机统一。高职院校在开展网络思想政治教育工作中必须以先进的科学理论作为指导思想，确保当下思想政治教育工作出现的新问题能够得以有效解决。

（二）内容创新的方向性

高职院校网络思想政治教育工作的创新必须以社会主义核心价值观为指导思想来进行内容方向的创新。社会主义核心价值观是社会主义意识形态的内核，体现着一个民族、国家的价值追求。高职院校网络思想政治教育工作必须始终以社会主义核心价值观作为指导思想，以社会主义核心价值观来凝聚社会共识。社会主义核心价值观从国家、社会、个人三个层面上进行了具体性的概括，为社会的建设和发展指明了方向。用社会主义核心价值观作为指导思想和理念，能够将个人的责任更加明确具体，便于个人从"爱国""敬业""诚实""守信"等角度履行自己的责任与义务。在社会主义核心价值观的指导下，网络思想政治教育工作主体将会更加明确具体，学生将能够更好地承担自己的时代责任和义务。

（三）形式创新的新颖性

高职院校网络思想政治教育创新利用网络多媒体等新技术，呈现出新颖性的特点。网络改变了传统思想政治教育受众的局面，使多个受教育对象同时接受教育成为可能，高职院校网络思想政治教育创新运用多媒体技术集声、色、光、画、电等多种信息为一体的综合的立体的教育方法，使得教育内容的形态从现实空间转换到超时空，将社会主义主旋律、集体主义价值观、爱国主义主题等政治性、思想性的内容隐含在历史文化知识和现代科技信息之中，化抽象为具体，化枯燥为兴趣，化不解为理解。

三、高职院校网络思想政治教育创新的原则

（一）坚持正确导向的思想性原则

正确导向思想性原则主要指的是高职院校网络思想政治教育工作必须坚持正确的政治导向，服从中国共产党的政治思想领导。高职院校网络思想政治教育工作必须同中国共产党的思想政治教育工作进行紧密结合，要以社会主义核心价值观作为核心内容，要强化对学生的理想信念教育，确保培养出来的人才能够爱党爱国，将自己的人生发展同国家的发展进行紧密结合。

（二）坚持以人为本的主体性原则

现代网络技术的发展对思想政治教育工作产生了深刻的影响，思想政治教育工作更加尊重人的需求，从人的发展角度出发落实思想政治教育工作。具体而言，网络思想政治教育工作更加贴近"人的社会性"。人是政治性的动物，在社会交往中产生命令与服从。思想政治教育工作则是将命令与服从合法化和权威化。现代网络技术的发展则是将这种命令与服从的合法化、权威化进一步弱化。受教育者信息学习的内容突破了传统的时空上的限制，学习的内容不再是单纯的唯一供给，信息的来源将会是多样性的。因此，思想政治教育工作者的权威性将会受到较大的挑战。在新的形势下，思想政治教育工作者必须根据权威性弱化的新特点来开展网络思想政治教育工作。简单来说，就是要从"人的社会性"层面来开展思想政治教育工作，要从人的政治性活动中开展思想政治教育工作。思想政治教育工作者要将思想政治教育的内容以生活化的方式呈现出来，根据学生的学习发展需求来开展思想政治工作，要尊重人的社会性的需求。

（三）坚持互动共进的平等性原则

互动共进的平等性原则就是把互动共进作为高职院校网络思想政治教育过程的基本特征，以平等为前提，形成共进状态，促进主客体角色互换，使教育者与教育对象在地位平等的基础上，平等地进行思想交流，在多维度、多层次、多媒体和超文本形式的信息互动中进行疏通引导，努力形成思想和情感的共鸣。

（四）坚持贴近实际的服务性原则

贴近实际的服务性原则就是指高职院校网络思想政治教育必须坚持一切从实际出发，贴近学生、走进生活、寓教于乐，按照学生的思想行为规律和网络思想政治教育规律，透过语言行为看思想情感，透过网络看现实，透过现象看本质，透过假象看真相，透过现状看走势，透过个体看群体，把解决学生思想问题和解决实际问题有机结合起来。

第二节　高职院校网络思想政治教育的新方法

一、提高网络思想政治教育工作者综合素质

信息时代下的思想政治教育工作者必须不断地提升自我，积极主动地利用现代网络技术来开展思想政治教育工作。具体来看，思想政治教育工作者应当通过以下方式来不断的提升自己综合实力。一是不断学习和掌握先进的科学技术。思想政治教育工作者要积极主动掌握人工智能（AI）技术，懂得人工智能技术在思想政治宣传教育工作中的作用。二是思想政治教育工作者需要不断转变观念。思想政治教育工作者要意识到线上思想政治教育工作同线下思想政治教育工作的不同之处，要适应线上思想政治教育工作的特点。三是思想政治教育工作者要强化其思想引领能力。思想政治教育工作者要懂得如何利用网络平台开展思想政治宣传，强化同学生的心灵思想沟通，保证思想政治教育工作的有效性。

二、打造高效网络思想政治新平台

现代信息技术的发展导致高职院校思想政治教育工作的场景、方式发生了重大的变化，传统的思想政治教育工作主要集中在课堂中加以展开，思政教师直接面对面同学生开展思想政治教育。该种面对面的教学方式主要是以灌输式的方式加以展开。学生学习的积极性受到了极大的影响，学生缺乏主动学习的意识。现代信息技术的发展则使其发生了变化，思想政治教育工作采用线上线下相结合的方式加以展开，思想政治教育工作的内容更加丰富多彩，能够以视频、图片等多种媒体形式加以展开，极大地激发了学生思想政治教育学习的积极性。教师在开展思想政治教育工作中，要积极利用现代信息技术来加以展开。

第一，要创新思想政治教育工作的内容。教师要积极利用现代 MOOC 等学习平台让学生进行自主性的学习和探究，激发学生学习思政的积极性。同时，教师要积极在网络平台上开展讨论区，以理论知识讨论、新闻评论讨论、时事政治讨论等模块来将学生组织起来，鼓励学生利用所学的思想知识进行互动交流，强化学生对于思想政治理论知识的实践运用能力。

与此同时，在网络思想政治教育平台上，还要设计出学生比较关心的内容板块，比如：职业生涯规划板块、就业指导板块、心理咨询板块等等，让学生可以在网络思想政治教育的平台上，既能学习知识，又能解决问题。

第二，拓宽教育形式，并结合相关软件开展教学活动。随着网络技术越来越深入教学活动当中，思想政治教师要实现教学拓展，通过微信群、QQ 群、微博等形式，与学生沟通学习过程中的真实想法，同时也可以关注学生的日常生活和学习情况，掌握学生的思想政治学情，为进一步制定教学计划提供基础支撑。

第三，实现网络思想政治教育移动化教学。随着智能手机、平板电脑的广泛应用，教师根据学生善于运用手机、平板电脑的特点，将网络思想政治教育转移到手机和平板电脑上，既有效帮助学生规划学习时间，又可以促使网络思想政治学习打破时间和空间限制，进而提高学生的学习效率。

三、丰富网络思想政治沟通互动新内容

理念指导实践。只有在先进理念的指导下才能够确保实践活动的科学性、有效性、精准性。高职院校网络思想政治教育工作的开展必须以先进的思想和理念作为指导，避免高职院校网络思想政治教育工作跑偏走样。思政教师网络思想政治教育工作的开展应当尊重以下方式或者理念来加以实践。思政教师思想政治教育工作的开展必须立足于高职院校学生主体性的需求来加以展开；思政教育要主动同高职学生展开沟通与交流，及时了解其思想政治价值动态，有针对性地开展思想政治教育工作；思政教师网络思想政治教育工作要积极从网络舆情事件入手展开；思政教师要主动利用网络空间中的舆情事件对学生展开教育，鼓励学生对于舆情事件阐述自己的观点和看法，引导学生深挖现象背后的根本原因；思政教师网络思想政治教育工作的开展必须以专业化的方式加以展开；思政教师要积极主动地学习政治传播方面的专业知识，懂得如何利用传播学的知识展开思政教育，强化对学生的政治引领。

高职院校思政教师在开展思想政治教育工作中要注重方式方法上的创新，要积极主动地利用现代网络平台来开展思想政治教育工作。思政教师要主动利用网络平台来让学生进行自主性的学习。教师可以通过采用问题导向的方式来展开教学，设置相应的思政问题让学生以小组合作的形式进行自我探讨、自我学习。在网络平台的有效运用下，学生的思想政治理论水平能够得到有效的提升，能够主动地开展思想政治实践。除此以外，教师要积极主动地引导学生对时事政治热点展开点评，要求学生利用所学的思政知识进行价值性的判断，给出自己独特性的见解。通过上述方式来强化学生对于思想政治知识的利用能力，打造出符合学生学习发展需求的网络平台。

四、加强校园网络管理，普及法律知识

在信息多元化的时代下，网络平台上充斥着各种思想、文化、价值。多元化的思想、文化、价值将会对学生的价值观产生不同的影响，学生将会面临众

第四章 信息技术下高职院校思想政治理论课的探索

多的思想判断和价值选择。高职院校思政教育工作者必须保证占领意识形态话语的主导权，实现对思想意识形态的有效控制。思想政治教育要借助意识形态的话语权积极对学生开展思想政治教育和法律教育，帮助学生形成正确的世界观、人生观、价值观。在开展思想政治教育工作中，教师要注重对各种价值理念进行控制，强化学生的集体主义精神和社会主义法治教育。

为了防止不良信息影响学生的思想、行为，首先，学校方面要运用技术手段，设置"防火墙"，屏蔽不良信息进入校园网络。其次，学校方面要完善网络思想政治教育的相关制度，对学生实施网络道德教育活动，让学生深刻认识到不良的网络信息不利于自身的发展与提升，从而培养学生正确运用网络的意识和技能。最后，思想政治教师要通过普及法律知识的手段，让学生认识到不良的网络使用习惯和方法，会影响自己和他人学习思想政治课程，降低网络学习的效率。通过网络思想政治教育中渗透法律知识，可以帮助学生在意识和行为上得到约束，为进一步优化网络学习环境、提高学习效率提供基础支撑。

第三节 信息时代思想政治教育中的网络构建

在信息时代下，高职院校要积极主动地借助网络信息平台来开展思想政治教育工作。思想政治教育工作者要积极主动地进行思政资源的开发，打造网络思政教育基地，利用网络思政教育基地来对学生进行全方位、多领域的思政教育，促使学生形成正确的世界观、人生观、价值观。

一、校园网建设在学生思想政治教育中作用及意义

在网络信息时代下，思想政治教育工作者必须牢牢把握网络思想政治教育工作的主阵地，要充分发挥主阵地的作用，积极对学生开展网络思想政治教育工作。思政教师要借助网络平台对学生编织全面的思政政治教育网，让学生全天候、不知不觉地接收思想政治教育。

网络技术的不断发展和延伸运用极大地改变了人们的生活和沟通方式。网络平台的沟通和交流已经成为学生日常生活必不可少的内容。思想政治教育工作者必须要对其现有的思政教育方式进行创新，要积极借助校园网来开展思想政治教育工作。

（一）校园网络建设在学生思想政治教育中的成效显著

高职院校校园网是学校信息的重要传输纽带，将学生的日常学习生活有效地联系起来。在校园网的作用下，传统原子化的状态向蜂窝式的状态转变。因此，校园网在学生的日常生活学习中发挥着关键性的作用，是对学生展开思想政治教育的重要抓手。思想政治教育工作者要积极借助校园网将党的路线、方针、政策进行相应的宣传，强化对党的认识；积极利用校园网讲述校园内发生的各种事情，增强学生的主人翁精神；积极利用校园网讲述和点评时事政治，强化对学生的政治引导，以潜移默化的形式影响学生的思想价值观，促使学生能够形成正确的价值判断。

目前，许多高职院校校园网站都建有重大理论研究专栏，把现阶段党的政策与学校的中心工作和重大部署相结合，定期开展理论宣传、研讨、征文等活动，通过多种手段和形式，激发了广大师生的理论学习热情，积极营造浓郁的思想政治教育氛围，有效地发挥了校园网积极的舆论导向优势。学生在校园网的大力宣传和科学引导下，在校园网络文化的熏陶下，结合自身的现实情况和未来发展动向，逐步树立科学的价值观念、人生取向和培养高尚的品德素养。

（二）校园网络建设在学生道德和法律认识中发挥防火墙功能

网络现实和虚拟的集中体现，具有明显的"信息茧房"的效用。"信息茧房"一旦形成将会影响到学生的思想价值判断。高职阶段的学生正处于生理和心理的高速发展时期，学生的自主意识将会得到不同程度的强化。学生在利用网络平台的日常学习时往往会有针对性地选择其所偏爱的信息或者价值内容。长此以往，学生将会陷入"信息茧房"，学生的心理认知将会出现问题。学生对于现实生活的认知同自己理想的世界一旦产生冲突将会导致学生逃避现实，沉溺于自己构建出来的"信息茧房"之中，学生的思想价值判断将会受到极大的影响。因此，必须强化对高职学生的道德和法律认知教育，帮助学生构建起正确的认知，形成正确的价值判断。

青年学生作为网络社会的拓荒者，他们有条件也有资格参与网络道德建设。教育工作者要与青年学生共同探讨网上道德建设问题，让青年学生懂得，虚拟社会和现实社会一样，都要有一套道德规范网络才能正常运转，不能因为网络的隐蔽性而随心所欲、忘记了起码的行为准则。高职院校思想政治教育工作还应当介入网络法规的建设，规范上网行为，尤其要针对青年学生"网民"，一方面，其必须接受有关道德伦理、法律教育和培训，注意上网的法律意识和责任，做"网络社会"遵纪守法的公民；另一方面，青年学生也应当成为网络道德、网络思想政治教育建设的积极参与者。新时期高职院校网络思想政治教育建设要实现由单一的道德法律传递向道德法律建设和道德法律传递并举的工作任务的转型；实现由单一的青年学生向兼顾思想政治教育者和青年学生工作对象的转型；实现由传统手段向利用信息网络技术手段和传统手段共用的工作手段的转型；实现由单一的现实世界向虚拟世界与现实世界并举的工作环境的转型。

（三）校园网络建设可以净化高职院校网络信息来源

传统的思想政治教育工作主要是从信息源控制的角度出发开展思想政治教育工作。思想政治教育工作者成为唯一的信息源或者信息的传播者，利用广播、电视、报纸等传统媒体对受教育者进行单方面的灌输和植入。在信息源有效地垄断下，教育者能够选择思想政治教育的内容，对教育者的思想意识形态进行有效的控制。传统信息技术的限制则为信息源的控制提供了相应的技术支持，能够有效地控制受教育者的信息内容，从而保证思想政治教育的唯一性。

从现有信息技术的使用和发展来看，信息技术的高度使用极大地改变了信息源的传递形态和方式。传统单纯的信息源供给主体已经不复存在，信息源供给向多元主体方向迈进。因此，谁掌控着信息源的传递谁就在思想政治教育工作中占据主导地位。高职院校必须强化对信息源的控制，要通过积极开展网络思想政治教育工作来强化其信息源的控制能力，实现在网络意识形态工作中占据主导地位。

（四）校园网络建设促进新型高职院校思想政治教育者的培养

网络广泛而深入的影响使得教育主体的非主体化现象十分突出，也使得教育者和受教育者的交流更加直接和开诚布公。在传统的思想政治教育中，传播者与受众的关系是一种教育与被教育的关系，不论是政策宣传还是面对面的思想工作，受众总是处于被动接受的地位。网络为新时期的思想政治教育提供了新的行之有效的途径。在网络思想政治教育中，教育者不再是高高在上实行灌输的思想权威，而是制造、传播、监控网络信息，兼有信息传播和思想政治教育的双重身份，呈现出主体地位非主体化的色彩。他们和教育对象的地位是平等的，不具有以往意义上教育者与受教育者的层次性。

（五）高职院校网络建设符合校园文化建设实践活动的需要

高职院校校园文化作为校园生活的重要组成部分，作为在网络时期学校思想政治教育的一种有效载体，越来越引起了人们，特别是思想政治教育工作者的关注。高职院校校园文化建设与高职院校网络思想政治教育建设是一种相辅相成、互相促进的关系。高职院校网络思想政治教育建设是校园文化建设的重要组成部分，其基本的内容包括：共创校园网络精神文明，促使智能发展，培养健全人格，丰富文化生活。其中最核心的内容就是校园网络精神文明的创立，而校园网络精神文明又是校园人的共同理想和价值观的建树。显然，高职院校网络思想政治教育建设只有唱响了社会主义、爱国主义和集体主义的主旋律，才能鼓励校园人树立远大理想，强化成才意识，增进奋发动力，抵制不良思潮，建设良好校风。

二、高职院校思想政治教育网站建设现存问题及对策

高职院校思想政治教育网站是使网络成为弘扬主旋律、开展思想政治教育的重要手段。经过几年的努力，我们已拥有一批思想上过硬、技术上成熟、深受学生喜爱的网站。但从总体上看，网站的影响力和吸引力还比较有限，处于低水平运作，这与网站发展不平衡、内容不优质、形式不活泼、技术不先进、宣传不主动等因素有关。

（一）高职院校思想政治教育网站建设存在的问题

1. 发展不平衡

在网站数量上，理工类高职院校优于其他高职院校。在网站质量上，综合性大学的网站建设起步较早而且比较规范，已建成的网站基本拥有独立的域名，有专门制作维护的机构，网站栏目较多，资源比较丰富，更新比较及时。专科院校的网站建设相对薄弱，网站数量少，有网站的也存在着内容单薄、没有独立域名、没有专门的制作维护部门、页面不美观、维护更新不及时等问题。

2. 内容不优质

有些网站信息含量小，实用性不强，甚至干脆就是"内容建设中"一类的提示，成为"空站""死站"；有些网站虽然规划设置了多个板块和栏目，但多数是教科书和政策文件的"电子搬家"，内容的"平摆浮搁"现象严重；有些网站内容繁杂，缺乏必要的精炼、分类、组织，以致重点不突出，主次欠分明；特别是有的网站监管不严，对有害信息处理不及时，在高职院校和社会上产生不良影响。

3. 形式不生动

有些网站过分强调政治性，忽视艺术性，网页风格、栏目、设计呆板、单调，缺乏强烈的视觉冲击力、感染力；有些网站为渲染气氛，追求效应，滥用色彩，堆积图片，华而不实；有些网页栏目过多，结构杂乱，不利于检索与利用；有

的同一网站内前后网页风格迥异，界面相差很大，缺少关联和指引。

4. 宣传不主动

网络思想政治教育不能只是建立一个网站，填入内容，然后就坐等用户来点击，还应该加大宣传和推广力度。只有这样，网站才有持久的生命力，才能发挥网站在宣传教育、信息服务、互动交流中的功能效应。但是，目前很多高职院校在宣传推广方面的意识比较淡薄，师生们很多不知道自己学校网站的名称、网址。

（二）加强高职院校思想政治教育网站建设的对策

如何提高网站的点击率、吸引力，提高网络思想政治教育工作的实效性，是当前各高职院校面临的紧迫课题。对于网站建设而言，服务器、数据库的配置很重要，但更重要的是一个综合的、看不见、摸不着的配置——观念。网站能不能建成，要看资金、看设备、看技术，但能不能达到思想政治教育的预期目的，则要看认识、看管理、看素质。高职院校各级党组织要切实加强对网络思想政治教育工作的领导，解决好领导体制、监管机制、人员编制、经费投入等实际问题。同时，要十分重视对网站内容建设的直接指导和经常性检查，加强网站建设水平评估工作；要让网站真正发挥思想政治教育的作用，走出一条有中国高职院校特色的、构筑和谐网络环境的网站建设之路。

第五章　信息技术对高职院校思想政治理论课的影响

第一节　新媒体对思想政治教育的影响

一、教师对新媒体的话语掌握能力不足

思想政治课教师在运用新媒体教学时，在网络环境中一直没有形成强大的媒体场域，没有形成强大的话语权，导致思想政治课教学效果不甚理想，究其原因有以下几个方面。

（一）话语权威遭到质疑

在传统媒体时代，教育者占据主导地位，依靠国家和党媒可以拥有丰富的信息来源，而在新媒体时代，新媒体改变了传统大众传播的方式和环境，改变了思想政治教育大环境下的话语权。新媒体的传播方式使得学生接受的信息和内容具有大众性和即时性等特点，从一定程度上来说，这些内容尚未接受道德和价值的判断和选择，容易受兴趣和情绪或者是谣言的影响，使得许多大学生盲目接受错误的思想政治教学内容，使得思想政治教育者在教学时无法进行正确的引导，甚至对其内容进行纠正和引导时，权威解释遭到质疑。

（二）话语效果降低

现如今，互联网和新媒体的大环境正在影响着大学生的价值观选择。在新

媒体时代，信息瞬息万变，学生对未知的向往远超思想政治课教学带来的内容。当今的高职院校思想政治课教学没有能力完全面对新媒体带来的挑战，没有能力对文化的大众化和传媒的信息化作出及时反应。网络迅速发展，信息的选择性增多，学生可以根据自身兴趣进行自由选择，功利主义等思想对学生产生了较大的影响。随着日韩文化全球化战略的影响，大学生哈韩哈日人群不再是少数，而对我国传统文化的兴趣则表现较低。

（三）话语主体引导尚不到位

在实际教学中，思想政治课教师与学生掌握的新媒体信息还存在着一定的差距，学生处于获取信息的主体，而教师则处于较为被动的地位。在新媒体中，一些娱乐、休闲、日常的生活占据了学生的大量时间，热播的韩剧、美剧成为学生津津乐道的话题，近几年来，学生的民族热情、爱国主义思想逐步提升，但学生对偶像的追逐仍然很强烈。

二、大学生主流意识形态的认同危机

其一，一些大学生不相信官方言论和声音，轻信网络谣言。在各类新媒体中切换自由的大学生，不可避免地接触到各类网络谣言。但是，并不是所有的大学生对于网络谣言都有辨识能力，能做到"不传谣、不信谣"。在网络谣言的传播者中，就不乏大学生的身影。不少大学生转发这种谣言抱着"提醒家人和朋友没有坏处"的心理，看似无害的动机却淡薄了是非观念，混淆了真与伪的界限，助长了谣言的泛滥和传播。大量网络谣言在融媒体环境中扩散，必然挤占主流意识形态的传播空间。

其二，一些大学生不崇尚中华民族的传统美德，却被拜金主义、享乐主义等消极观念所左右。新媒体中到处充斥着"金钱至上"及追求感官快乐的内容，比如"晒"的文化。新媒体就是年轻人热衷的一个超大"秀场"，在朋友圈里，在微博上，在抖音、美拍等各种APP上，随时随处都可以见到晒物、晒房、晒车、晒奢侈品、晒旅游、晒男（女）友的帖子。年轻人特别是大学生热衷于看这种帖子，这种帖子给人以感官上的赏心悦目的感觉，让人看了有羡慕的感觉。如果仅仅处于交流或者放松休闲，这类发帖和看帖都无可厚非，但是对于"手机不离手"已经成为一种生活方式的大学生来说，这种帖子看得多了，不免就会产生一种"心向往之"的感觉，就会渴望一种"有钱""享乐"的生活，视传统美德如草芥。

三、信息时代"互联网+"背景下的思想政治教育融合

（一）"互联网+"的特征

"互联网+"与互联网概念从本质上来说大致相同，两者除了具有时间空间上的不限制、多资源整合等传统特点以外，前者还具有如下特征。

1. 跨界融合

"互联网+"不同于以往双向地互动或者连接方式，它融合了各行各业与之产生联系并协同发展。"互联网+"具有一种力量，能够推动社会各部门、各行业通过融合发展开辟一条全新道路，为此，在高职院校思想政治教育方法的创新发展上，我们可以通过"互联网+"万物互联的特性与其他学科进行融合发展，从而发挥合力，同向同行。

2. 共同共享

"互联网+"是一种存在于每个人之间的联系网。在现代社会生活中，我们似乎已经离不开互联网了，它已经变成了我们生活的一个部分。不管是出行、吃饭、购物，还是生活用品等都已经处于共享经济中了。因此，在大学生思想政治教育中运用共同共享的理念，不仅拓宽了思想政治教育渠道，也让其成为大学生乐于接受的互联网式的教育方式。

3. 尊重人性

在"互联网+"的巨大的网格背后，每个人都是平等的存在，不因社会身份的不同而产生阶级上的差距，并且都可以自由地表达出自己的观点。这是"互

联网+"的独特特征，同时也符合大学生群体对思想政治教育的诉求特征。传统的老师自上而下地向学生灌输知识的模式，似乎已经不适应现阶段的大学生学习方式。

4. 创新驱动

新时代之所以称之为"互联网+"的时代，是因为每一个巨大发展的节点都有其全面创新的特点。不再是单纯的聊天、查阅资料、购物等单一行为方式的互联网，已经因为创新驱动方法发展成了改变人们生活生产方式的重要因素。从环境层面讲，"互联网+"已经在点面线上全面创新了生活方式；从要素层面讲，"互联网+"创造出了新的认知、新的需求。

（二）"互联网+"的教学方式

1. 资源整合

用于思想政治教育的相关内容很多，这些资源在互联网上比比皆是。高职院校思想政治教育在网络思维的冲击下，必须向多元化方向发展。因此挖掘优质的资源、方法势在必行。首先，要竭尽全力，挖掘一切可以挖掘的教育资源，丰富思想政治教育内容；其次，要正确整合、分析、处理这些资源。比如在课堂教学时，仅仅是依靠单纯的教学课程知识讲授与教学课本知识的输入，难以达到良好的教书育人教学效果，而通过网络搜索，挖掘与课程内容相关的各种教育资源、信息资料，经过加工整理后，在课堂上积极进行综合性教学，不但可以丰富学生思想政治素质教育的内容，还可以提高广大学生自主学习的参与度，激发广大学生的学习积极性。"互联网+"时代的到来，有利于充分发挥在线开展思想政治宣传活动，提高思想政治理论教育的宣传效果。如设置本校专门的教育微博、微信公众号等，打造优质的教育网络平台，提升学生思想政治理论在线教育教学实效性。此外，在各类智能终端应用程序不断出现的情况下，高职院校思想政治教育也可以针对应用程序进行专门设计开发，并将一些学生的网络实践与应用程序相关联，这样就可以将创新实践教育渗透到思想政治教育中，最大限度地发挥思想政治教育的实效性。

2. 沉浸式体验

虚拟现实技术（virtual reality，VR）、增强现实技术（augmented reality，AR）等虚拟智能提供了沉浸式体验，通过营造氛围让参与者享受某种状态，使用户有一种身临其境的感觉。网络思想政治教育既是教学形式，又是教育内容；既是教育手段，更是教育目的。要想实现内容与形式的统一，手段与目的的统一，就要运用"互联网+"的学习优势、教育特征，坚持以习近平新时代中国特色社会主义思想为核心内容，加强教育选题设置和教育内容的资源提供，建设思想政治教育虚拟仿真实践平台，加强网络思想教育过程的资源整合利用、技术支持和协作创新，加强虚拟网络仿真教育，重视思想政治教育的沉浸式体验教学。

"互联网+"条件下高职院校思想政治教育的沉浸式体验学习还可以结合模范事迹和英雄精神展开。以模范人物、英雄事迹为依托，建设相应的虚拟仿真实验课程讲述典型人物事迹，沉浸体验故事情境，通过模范示范法来达到思想政治教育的目的。

3. 注重线上和线下的配合

线上思想政治和线下思想政治的完美配合，才能让思想政治教育更上一层楼，让线上和线下变成"你就是我，我就是你"的完美状态，方能体现出全程育人和全方位育人的特点。一方面，学校应在顶层设计上考虑线上和线下活动的相辅相成关系，如：活动的海选可以采用网络的形式，活动的评选也可以采用网络投票方式等。另一方面，线上和线下在时间上的配合关系，如高等院校可以开展"党建思想政治进宿舍"、大学生"三走"活动、"艺术党建进社区"等品牌活动，有效地扩展了传统思想政治阵地，也为"微思想政治"降低了压力，从而实现了全方位育人的理念。传统的思想政治教育和"微思想政治"教育都十分重要，需要两者相辅相成，共同努力才能做好思想政治工作。

（三）"互联网+"对思想政治教育的影响

1. "互联网+"对思想政治教育的积极影响

（1）教育理念的开放性

任何教育理念都不是凭空产生的，都有一定的现实基础。互联网的发展使得高职院校学生获取信息的渠道拓宽了、速度提升了，诸多信息摆脱了传统信息传播阶段的垄断现象，高职院校学生能够自主选择信息和知识，而不是被迫接受。传统的教学时空限制与校际隔阂被彻底打破，高职院校间的"围墙"正在逐渐消失。教育过程既要有启动环节也要有跟踪反馈环节，既要有效果自评也要有效果他评，不能是教育者一个人自弹自唱表演"独角戏"。

（2）教育主客体的平等性

在传统思想政治教育课堂中，思想政治课教师以单向思维模式掌控着整个教育过程，按照其既定的教育方式和教育内容，对高职院校学生进行信息传递和价值灌输。这种一元教育格局在信息闭塞、教育资料单一的时期收到了较好的效果。"互联网+"时代，信息的生产、传播、获取方式跟之前已经大不相同，迅猛的科学技术和多样的学习媒介使得高职院校学生能够突破时间和空间的限制，实现自主学习。当下，思想政治教育者面对的高职院校学生是"00后"，他们学习力强，善于在网上展示观点、交流思想、表达诉求。

面对互联网上即时生产的层出不穷的信息，高职院校学生和教育者都是平等的接收者，甚至部分具有超前学习意识的学生，其通过互联网所得到的知识储备比教育者还要多。互联网打破了教育者在资源方面的权威性和地位的中心性，缩小了教育者和受教育者的知识差距，为二者的平等交流提供了可能。地位的平等让教育者获得更多尊重，也让受教育者更好地吐露心声，使其内心的诉求及时得到关切和回应。

互联网的发展使得学生有困难可以和老师线上沟通交流，在这里创造了师生平等的空间，学生获得了充分的话语权，也促进了师生教育观念的双向互动交流，随时随地进行信息共享和情感宣泄。

第五章　信息技术对高职院校思想政治理论课的影响

（3）教育内容的多元性

当今时代，互联网当之无愧地成为全世界信息传播最大、最快的平台，网络信息资源多元多变、形式多样、快速无界，使思想政治教育的内容从封闭逐渐走向开放，这促进了高职院校学生的知识延展、个性张扬、兴趣培养。但是随着信息数量的剧增，流速的加快，不可避免地出现了信息泛滥、良莠不齐的现象，对高职院校思想政治教育提出了更大挑战。

"互联网+"不再囿于固化的课本知识，突破了传统教学内容的有限性和被动性，高职院校学生可以在获取最新的信息资源后，对突发热点新闻事件等进行实时的讨论，不再受到课堂固定设置的内容的局限。这极大提高了高职院校学生的学习热情和主动性。

学校使用大数据云技术平台，将纷繁复杂的教学资源、教学教务、教研课改、校园安全等校内日常应用转变为智能化、个性化、多终端兼容性应用，能够使用户获得更好的体验，云平台给广大学子提供了一个包容性的学习平台。数字化的线上学习平台、微课等网络课程阵地，使教学延伸至课堂之外，实现师生线上线下随时互动，使思想政治教育课堂活跃起来。

开放的教育资源也对思想政治教育带来了更大挑战，因其打破了原有的知识垄断格局，导致传统思想政治教育的可控性降低，教育资源让高职院校思想政治教育得以充分延展的同时，也打破了固有的文化欣赏习惯，在这种复杂的文化碰撞中，教育者需要坚持灌输原则，牢牢掌握意识形态在网络空间的主导权和话语权。

（4）教育方式的丰富性

传统思想政治课教学围绕课堂展开，虽然传统课堂具备了成熟的教育理论和教育方法，但是其传播渠道单一，传播范围极其有限，学生学期兴趣不高等弊端也逐渐显现，这种被动接受式的大班授课方式学生并不喜欢，因材施教成为一句空话。

正当教育者捉襟见肘时，"互联网+"教育的崛起改变了这种机械式的灌输方式。教师可以通过慕课、微课、教育 APP、云课堂教学等多样化的方式，深度整合教育资源。而网络中的教学数据可以帮助思想政治课教师更好地了解高职院校学生的态度、认真程度、理论学习情况，从而实现因材施教。

（5）教育反馈的及时性

四通八达的网络在教育者和高职院校学生之间架起了互动的"桥梁"，教育者利用大数据、云计算、人工智能等技术手段，通过网上数据分析，可以快捷正确地把握学生的最新思想动态、心理困惑和行为特点，从而及时与学生交流信息沟通思想，解答心理困惑，改变不良行为，建立和谐亲密的师生关系。此外，微博、微信、QQ等软件为加强师生的了解提供了媒介，拉近了师生的距离，有助于教育者实时跟踪学生的思想变化、情感痛点、行为表现，有助于快速、全面地观察，前瞻性地做好思想政治教育工作。

2."互联网+"对高职院校思想政治教育的负面影响

（1）由海量化信息所产生的负面作用

海量化信息具备自身特殊性，受众在面对时易感到迷乱，难以辨清信息的真伪。而高职院校学生在面对这些海量信息时，缺乏主动思索且易遭受诱惑，从而对高职院校学生正确价值观念与品质理念的创建造成直接影响，这无疑背离了高职院校思想政治教育的价值观，影响了教学成效，弱化了思想政治教育能力。

（2）难以快速适应的教育模式

以灌输为主的传统教育模式依旧是当前教育的主流，老师讲授、学生接受的学习方式使得学生的主体性被限制，学生的自主学习能力逐渐丧失。随着互联网的发展，学生有更多选择权，学生的主体性、自主性被更好地凸显出来，学生作为思想政治理论课教育主体，以自我引导、自我总结、自我安排的新模式，完成自身思想的提升、内容的完善与接受。

思想政治课教师的角色得以转变，根据学生的需求科学分配教学任务，循序渐进地引导学生开展学习。这种由"授"到"学"的主体权利关系的转变，以及教育观念和教育方式的差异，大大冲击了传统高职院校以教为主的教育观念，也加大了学生学习的压力，因此绝大部分高职院校师生在短时间内难以适应。

（3）教育的思想性受到一定损害

教育的思想性受到损害也是"互联网+"所带来的负面影响，在教学中主要表现在：一方面，部分高职院校的思想政治教师仍坚持传统的教学理念而不接受新媒体，导致他们思想政治教学的内容和方式难以被高职院校学生所接受；另一方面，部分高职院校的思想政治教师尽管对新媒体的运用仍不适应，但其在教学中却为了迎合学生的需求动摇了自身的信念。这两类教学方式在很大程度上阻碍了新媒体在思想政治教育中的应用，也使得思想政治教育教师自身忽视了教育中思想引导的重要作用。

（4）社会道德标准游戏化

"互联网+"背景下高职院校学生的思想意识中一些事物均可被游戏化，而这同时也包括社会道德标准。例如，当代有部分高职院校学生在遇到别人需要帮助的情况时，只要事件与自己没有任何关系便不会选择去帮助别人，甚至还有部分高职院校学生会在一些新媒体公众平台上大放厥词，表示道德素质无足轻重，而中华民族传承已久的良好品质也逐渐成为部分学生调侃的对象。由此可见，在"互联网+"背景下，社会道德明显出现了被游戏化的现象，高职院校学生道德素质的培养已然成为现今至关重要的话题。

第二节　社交媒体对思想政治教育的影响

一、当代大学生的特点

当代的高职院校大学生是在移动互联网的飞速发展中成长起来的一代人。他们人手一部手机，随时上网。以2018年为临界点，彼时的"00后"已经成年，已经参加高考，中国大学校园开启了"00后高职院校大学生"的时代。由此,"90后"将很快从大学本科生范围里"超龄退出",大学本科生中将不再能看到"90后"的身影,取而代之的是"00后"这一代新人。"00后"是诞生于千禧年前后的一代人,这本身似乎就给了他们更多的与众不同。当代高职院校大学生有以下几个方面的特点值得高职院校思想政治教育工作者关注。

(一)物质生活条件更加优越

"00后"的家庭收入更高,有研究显示,很多"00后"从小就有了走出国门的经历。这表明"00后"有更多的经济可支配自由度和由经济带来的选择自由度,在高消费能力的背后是更多的自己做主的机会。这是中国稳居世界第二大经济体后,全民共享发展成果的一个例证。

(二)成长于更加民主的家校环境中

当前社会背景下,无论是在家还是在学校,"00后"都有了更多的民主的空间和发声的机会。这背后的原因是"00后"的老师和家长以"70后"和"80后"为主体,他们是经历过改革开放的一代,是依然活跃在国家和社会舞台的一代,亲历了中国社会的民主化进程,鲜有思想僵化的"老古板",与"00后"一代的代沟较小。

(三)对"自我意识"有了新的见解

新媒体和移动互联网的发展,让这一代人有了更多的尝试不同领域的机会。因此,对他们来说,领域的广泛涉猎已经不能够给他们带来全面的成就感,他们倾向于领域的深度,甚至是创造性的程度来标识自我。

(四)习惯表达想法

"00后"的成长与更加民主的家校环境一致的是,他们更加习惯表达自己的想法。更加民主的成长环境,使得老师和家长都乐于聆听"00后"的意见,顾及他们的想法和感受,这让他们习惯跟任何人沟通自己的想法,甚至是国家和社会大事。这种特点也和他们同中国的融媒体共同发展起来有关。融媒体给了他们全方位、多角度了解国家和社会发生的大事的机会，使"00后"虽然大多数人目前还处于中学时代，但是他们并不会"两耳不闻窗外事，一心只读圣贤书"。同时，他们更加注重彰显自我的存在感，有了独特的想法并不太愿意"默不作声"，而是要发声将其表达出来。

（五）渴求对同辈的归属感

一方面，很多"00后"生活在城市，家庭条件相对这一代人大多处于中等以上水平，所以他们中的很多人从小学起，就有了利用寒暑假和同学、同伴一起参加冬夏令营，甚至是出国游学的机会，这很好地锻炼了他们的社交能力；另一方面，新媒体及移动互联网的发展，使他们有更多的机会通过微信群、在线视频等主要手段进行交流。"00后"已经形成了不同于"80后""90后"的独特的交往手段。

（六）接受、尊重他人的不同

在时代快速变化发展背景下成长起来的"00后"，有着比以往的人更为强烈的包容感。"彰显自我"与"包容不同"成为"00后"典型的特点之一。

二、微博与高职院校大学生思想政治教育

（一）微博概述

微博以其自身的特性、强大的用户规模和飞速扩张的影响力日益成为重要的社交媒体。随着高职院校大学生微博用户的增多，微博的正、负两面性的影响也日益凸显。应用微博进行高职院校思想政治教育必须充分发挥微博在信息方面的优势，克服其消极作用。

应当从提升高职院校大学生的"网络素养"、弘扬"主旋律"教育、加强教育者的微博教育思维、增强教育者与学生的沟通交流意识、加强微博领袖的

作用和加强微博法制建设等多方面，探索出应用微博开展思想政治教育的对策。

微博，是微型博客的简称，是一个基于数字通信技术和用户关系构建的信息分享、传播和获取的广播式社交网络平台。微博作为一种新兴的、为年轻人广为接受的网络科技社交工具，具有平台多元化、内容碎片化、注重个体性，交往对象具有互动重叠性等特点。

第一，微博接入平台可以是电脑浏览器或者移动终端，方便用户在一天中的任意空闲时间，哪怕是吃饭时、等候时都能进行微博浏览和更新；第二，除了"长微博"以外，一条微博最多输入140个汉字，"微"的特点使得其表达效果不求全面，甚至不求语法的通顺，只求表达，哪怕是一个字或一个词，这种特性与当今受众的碎片化的人际交流心理需求正好契合，这种表达方式特别适合表达内心感受或者生活某一细节；第三，微博能够发布的不仅仅是140个字的文字，微博还有独具特色的图片、视频等处理功能，这种多媒体性可以让用户更加直观地发布或接收信息；第四，微博因为其特有的"关注"功能，使用户可以进入一个又一个嵌套式交往圈，举个例子，一个用户关注了另一个用户，就可以随之关注他的朋友、朋友的朋友，这种互动重叠的交往方式是人们在现实中交往很难实现的；第五，对于有其他上网习惯的网民，微博可以实现网民与自己以往上网工具的对接，举个例子，在很多论坛、网页上都添加了"分享到微博"按钮，因而使微博可以实现与多种网络工具的对接。

（二）微博开展思想政治教育应坚持的原则

1. 坚持微博思想政治教育正确的政治方向

思想政治教育工作者在使用微博时，往往要突出自身"教育者"的微博人格，弱化自己"普通微博用户"的微博人格，保证其微博的政治方向绝对正确。思想政治教育工作者要具有对微博言论和微博舆情的基本判断能力，切忌在微博上意气用事、人云亦云，切忌传播可能是谣言的言论，切忌言论过激，保证学生看到的思想政治教育者的微博都是政治方向正确的、客观的、正面的、积极的、经得起推敲的言论。

2. 坚持微博思想政治教育与传统思想政治教育相结合的原则

传统思想政治教育不外乎思想政治课教学的课堂教育与辅导员全程思想政治辅导两种主要手段。微博思想政治教育与传统课堂思想政治教育应当是相辅相成的，在应用微博进行高职院校思想政治教育的同时，不能放松课堂思想政治教育的教学改革，不能厚此薄彼，思想政治教育工作者有义务探寻两种教育渠道的结合点，做到两者相得益彰、齐头并进。同时，要将微博思想政治教育与辅导员工作紧密结合起来，利用微博增加辅导员的亲和力，其可以及时关注学生的思想动态，与学生沟通交流。

3. 坚持微博思想政治教育以人为本的原则

科学发展观的核心是以人为本。同样，在高职院校思想政治教育中也应该坚持以人为本，即坚持以学生为本。马克思主义哲学认为，矛盾的普遍性寓于特殊性之中。作为教育客体的高职院校大学生有其"00后"青年一代的共性，也有其每个人特有的个性特征。因此，在运用微博进行思想政治教育时，思想政治教育者除了要有面向所有学生的微博教育言论，还要因材施教，应用微博的私信等功能对个别学生实行特定的教育。

4. 坚持微博思想政治教育与其他融媒体教育形式相结合的原则

目前，除了微博以外，微信、抖音、视频号等很多融媒体，各主流官方网络平台同样可以辅助进行思想政治教育活动，如各个高职院校的官方主页、新华网、人民网等一些官方网页等。思想政治教育工作者可以将多种网络资源结合起来，如将官网上正面的主流的声音转发到微博上，使学生从多种网络平台受到启迪。

三、微信与高职院校大学生思想政治教育

（一）微信概述

随着网络信息技术的日新月异，智能手机越来越普及化、平民化，几乎

每个家庭都至少有一部智能手机。据相关数据调查研究，中国使用智能手机的网民呈逐步上涨的趋势，其中涉及不同的年龄阶段。可以说，智能手机是新时代背景下人们不可或缺的通信工具，而微信则是众多智能移动通信APP的"宠儿"。

1. 微信公众号

通过建立高职院校官方微信公众号，由专业的教师担任管理者，结合微信的功能与优势，思想政治教师需对传统的思想政治教育内容进行优化，并采用影像、视频等多种高职院校大学生喜闻乐见的方式对教育内容进行发布，定期向订阅用户推送，引导学生通过关注、订阅微信公众号获取教育信息，初步实现思想政治教育信息在微信平台的发布、获取与共享。思想政治教育的内容是多方面的，为了促进思想政治教育的针对性，高职院校可以借助微信公众号进行模块化教学，为高职院校大学生提供多样化的学习选择，提高学生的学习意愿。借助微信公众号设置专门的问答板块，帮助学生有效地解决学业发展、职业规划、心理咨询等问题，在为学生的学习、生活服务的过程中切实贯彻思想政治教育。

2. 微信群

思想政治教师要建立管理有序、良性互动的微信群，通过合理利用微信社群的形式定期组织学生就思想政治教育展开讨论交流。还可以在群里通过多种方式为学生进行实时的答疑解惑，有效地解决学生在学习和生活中的困扰，使微信真正成为高职院校大学生和高职院校教师沟通、促进学生发展的优质平台。

（二）微信公众号的创建和利用

1. 组织建设专业团队

对于"微信公众号"的板块建设方面，相关专业团队可以根据现有的微信平台技术，以学校和辅导员的相关工作内容为核心，为学生设立起更加全面的、具有整合性的事务办理信息汇总模块，除此之外，还可以适当增添一些周边高职院校的相关讲座、学校活动信息、学工工作内容，以及专门的学生问题解决模块。

对于内容筛选与编辑，可以由专业团队进行相关思想教育工作的专题信息推送，不断贴近与联系学生的学习生活实际。举个例子，公众号可以针对奖学金获得者荣誉展示、优秀学生工作表现寄语、校内外相关教授名人发布的优秀文章等进行推送，不断丰富微信公众号信息传播的内涵和价值，帮助学生获得更加丰富多样的思想政治教育信息。

2.优化调整传播策略

辅导员要通过微信公众号来实现更加优质的思想政治教育工作，其中工作效果实现的条件和前提是学生具有较高的参与度和关注度，微信公众号应当吸引更多的学生关注，才能不断实现其功能和作用。因此，需要高职院校辅导员及相关团队进行微信公众号信息传播和宣传的策略优化调整，培育和提升思想政治教育工作者的品牌推广意识，让学生能够更加充分地了解到学校的新媒体教育思路，使微信公众号能够获得学生的广泛支持和关注，不断增强学生的阅读学习参与度，为学生能够在微信公众号中进行更加深入的思想政治教育创造条件、奠定基础。

辅导员和相关教育团队可以从优化推广方法入手，不断选择和寻找更加符合学生实际需求的方式来进行微信公众号的宣传。举个例子，在进行学校迎新时，面对新生可以加强对微信公众号的宣传，呼吁学生进行相关平台的关注，并且告知学生各类活动将通过平台进行，同时建立更加丰富的活动类型与平台相关联，拉近学生与平台工作的距离。通过此种主要手段能够不断保障平台的活跃程度，提高学生的参与和关注度。除此之外，还可以根据各种文艺、宣传、体育竞技、相关比赛等活动在微信公众号设置投票环节，增强微信公众号的存在感和参与感，不断增加学生的兴趣点，推动学生进行主动分享和传播，以此来获得更多的学生关注，推动微信公众号的思想政治教育能够进行更加优质地实现。

除此之外，微信公众号作为信息传播的重要媒介，微信社群作为能在短时间内进行快速传播的工具，将其应用于高职院校思想政治教育的过程中，需要注重对高职院校大学生的思想引导。高职院校思想政治教师在利用微信平台进行思想政治教育时，其传播的内容必须抓住思想政治教育的重点，有针对性地向高职院校大学生输送优质的学习内容，在向学生传授知识的同时注重引导学生对海量的信息进行正确研判，使学生通过学习能够自觉坚持正确的政治立场，以辩证的思维看待人物、事件，对所接触的事件进行尽可能客观地分析和评论。帮助学生树立正确的世界观、人生观和价值观，促进思想政治教育工作的顺利开展，使高职院校大学生能够自觉抵制不良思想的侵蚀。

3. 保障推送时效质量

在当今的互联网时代，信息的传播速度较快，其中包含的信息量较大，学生会在日常生活中面临各式各样的网络信息传播和推广，因此学生的注意力会呈现出碎片化的趋势，学生在进行网络信息浏览时视线会被分散。在信息量繁多的网络平台下，学生进行浏览时会呈现出浏览迅速等特点，但学生会根据自身所感兴趣的相关内容进行重点查阅，举个例子，一些娱乐信息、游戏项目等，会更多地吸引学生的目光，而对于一些具有教育性质的文章学生则不会进行过多的关注，这将不利于辅导员通过微信公众号对学生的思想政治教育，会降低信息的生命力。因此，要实现新媒体思想政治教育质量的提升，应当充分保障推送时效和推送信息的质量，提高信息内容中的趣味性和有效性，尽量避免内容信息过载。

4. 创设分步推进的发展版图

辅导员微信公众号的建设非一日之功，应当结合辅导员自身职业能力发展进行分步培养。

（1）培养基础性能力

主要是通过笔试入围、面试选拔、拟聘前培训、聘任后反复实践，以及后期的定期与不定期考核，使辅导员具备基本能够完成微信公众号管理者具体任务所需要的基础性理论知识和能力结构，能够结合微信公众号开展基本的思想政治教育及事务管理等工作。

（2）提升发展性能力

具备基础性能力的辅导员可根据自身特征、意愿及专业学习经历、兴趣爱好、特长优势等构建自身专业领域，并以辅导员微信公众号为平台推进自身政治理解能力、信息察觉能力、组织管理能力等能力的专业化发展，形成自我发展的优势。

因此，当前的主要任务是通过校内选拔辅导员组成微信公众号建设队伍，重视利用心理咨询和就业指导两支队伍，以及辅导员职业能力发展的经验，在"经验复制"的基础上努力实现创造性传承与创新性建设，逐步打造以思想政治教育专业为学科基础的专业化辅导员微信公众号团队，并把经验普及化，以加强各大高职院校辅导员队伍的交流。

5.挖掘分析数据反馈

微信公众号平台中的数据反馈是帮助辅导员实现更高质量的思想政治教育工作的重要途径之一，学生在进行微信公众号的浏览和使用之后，会呈现出相关的后台数据分析，并且学生也可以进行自主的留言和评价，这些功能和作用能够帮助辅导员在新媒体教育环境下，对思想政治工作教育进行全面了解，为辅导员推进工作顺利有效进行提供更好的数据支持条件。因此，相关工作者应当充分重视微信所具备的后台数据分析功能，充分利用这一现有价值和数据收集途径，不断挖掘和分析学生的反馈意见，更加关注和全面理解学生的思想动态变化和需求。

（三）微信对思想政治教育的影响

1.增强了高职院校思想政治教育的实效性

微信作为当下流行的社交工具，为高职院校大学生和高职院校教师提供了一个表达意见、交流信息及分享思想的重要网络平台，也对高职院校思想政治教育产生了重大影响。高职院校大学生通过微信平台，随时随地接收和发送信息，能够通过各类公众号和学校、学院、班级等微社群获得思想政治教育方面的学习资源并进行互动分享。微信借助自身实时互动和动态化的特性为高职院校大学生提供了更加便利的学习条件，一定程度上满足了高职院校大学生在知识获取、情感熏陶、职业规划等方面的多样化需求。微信平台资源的合理利用，能够在很大程度上为高职院校思想政治教育提供便利，促进高职院校思想政治教育质量的提高。既能够达到扩展思想政治教育路径的目的，又能够提高高职院校大学生对高职院校思想政治教育的认可度。

2. 丰富了高职院校思想政治教育的形式

教师可以借助微信搭建授课平台，对学生进行线上授课。以云课堂为例，即便大家在不同的地点，也可以通过同一课程号码登录，进行统一的课堂学习，学生有任何问题可以通过发送弹幕的形式进行反馈，同学们也可以在弹幕中就老师提出的问题展开交流，这样的上课方式既新颖又提高了教学效率，不失为一种良好的授课方式。

四、"微时代"对思想政治教育的影响

（一）丰富了思想政治教育内容

"微时代"的出现和发展，为高职院校思想政治教育的发展提供了很多获取资源的渠道和手段，为高职院校思想政治教学提供了丰富的素材和内容。"微时代"带动了智能手机、智能移动终端设备，以及APP客户端的普及和广泛的应用，将人们之间信息的传递、交流和沟通，拉近了一个没有任何限制和障碍的时代。

微博作为"微时代"具有代表性的媒介，有利于丰富高职院校思想政治教育的内容。当前高职院校思想政治教育工作的首要任务就是要让马克思主义思想体系成为众多信息的主力军，让马克思主义思想政治教育的经典书籍成为高

职院校大学生的必读之物，让高职院校大学生自觉养成对马克思主义理论的爱好。生活在"微时代"下的广大青年要坚定不移地用马克思主义的基本理论观点、社会主义核心价值观，以及中国梦为引导，坚持传播正能量。利用微媒介的强大功能，实现信息资源之间的共享和交流传播，从而弥补传统思想政治教育模式中内容落后、信息不对称等缺陷，激发学生对于新思想的学习热情和积极性，拓宽高职院校大学生的视野，激发高职院校大学生对思想政治教育学习的强烈求知欲，丰富高职院校思想政治教育的内容。

微博的主要特点就是互动性，高职院校微博一改传统思想政治教育的交往模式，把藏在内心的话语以虚拟和隐蔽的形式，倾诉给思想政治教育工作者，双方处在相对平等的地位进行无障碍的交流，高职院校大学生把真情实意呈现在高职院校微博上，教育者可以接触到受教育者的内心深处，这样的思想政治教育才更有说服力。

（二）创新了思想政治教育方法

传统的思想政治教育方法主要是通过教师在课堂上的讲授课程、召开讲座等单一的形式进行"填鸭式"教学或者"满堂灌式"的教学，其思想政治教育的形式枯燥乏味，大大地降低了高职院校大学生的学习兴趣。教师作为思想政治教育的主体，传授知识的方法受到课本和课堂教育形式的限制，高职院校大学生和高职院校教师之间缺乏交流沟通，降低了高职院校大学生课堂上参与的积极性，教学的理论体系不能真正地被高职院校大学生及时地掌握，不能贯穿于高职院校大学生的头脑中，高职院校大学生只能被动地接收教师传递的信息，造成了高职院校大学生和高职院校教师之间出现了对立的现象，拉开了高职院校大学生和高职院校教师之间的距离。

随着微博、微课等的出现，逐渐将文字、图片、视频等形式与传统的思想政治教育教学结合起来，增强了高职院校思想政治教育教学方法的灵活性，提高了高职院校大学生主动学习思想政治教育的积极性，教学成果也得到了显著提高，从而使思想政治教育的理念深入高职院校大学生的内心，实现高职院校大学生思想由外化向内化的飞跃。"微时代"下，信息的传播还具有互动性强的特点，各种信息鱼龙混杂，高职院校大学生可以通过微信、微博等自由地表达自己的思想情感、看法及观点立场。高职院校思想政治教育工作者可以及时地了解和掌握学生的思想动态和心理诉求等。高职院校大学生和高职院校教师之间的交流不再只局限于课堂上，高职院校大学生和高职院校教师可以通过微信、QQ等建立群聊或通过微博互相关注，及时就高职院校大学生的学习、生活等方面的问题进行随时的交流和沟通，从而促进高职院校大学生和高职院校教师之间建立良好关系。情感交流与理论教学相结合，不仅可以增加高职院校大学生和高职院校教师之间的双向互动，还可以使高职院校大学生在思想水平上不断得到提升的同时，教师也赢得了学生的信赖和尊重。

"微时代"下信息传播的内容具有极强的吸引力，传播速度快，高职院校思想政治教育工作者要善于利用微平台对典型教育事件进行宣传和报道，传统的报纸、杂志等所传播的信息具有滞后性，且信息传播的范围也较为有限，无法及时发挥榜样的示范力量，导致典型教育被弱化。对高职院校大学生进行思想政治教育借助典型教育法，可以使高职院校大学生潜移默化地接受熏陶，更容易被高职院校大学生所接受。应坚持及时地更新高职院校思想政治教育教学的主要手段，不断地取得高职院校大学生的信任和支持，这才是思想政治教育能够真正取得实效的关键。

微博的便捷性，适合随时随地开展思想政治教育。微博无需发布人有多深厚的文字功底，只需要在日常发表只言片语，而且，微博可以依托于多种终端，学生可以在宿舍用电脑浏览微博，也可以在外面随时用手机浏览微博。这种便捷性，增加了用微博开展思想政治教育的可行性，使学生随时随地接受教育，可以从单纯地在学校主动接受思想政治教育，变成日常潜移默化——"润物细无声"式的接受思想政治教育。

（三）拓宽了思想政治教育渠道

在高职院校的传统思想政治教学过程中，受教育者获取信息的主要途径是通过教师面对面的讲授，以说教的方式进行知识的传授，信息的传递比较单一。教师一个人的输出严重地抑制了学生的求知欲，造成了高职院校大学生和高职院校教师之间地位的不平等，使学生缺乏质疑精神和探索创新精神，缺乏独立思考的能力。"微时代"的到来改变了高职院校思想政治教育教学的传统模式，为高职院校思想政治教育工作开辟了一条全新的渠道，微电影、微视频等为思想政治教育工作注入了新的元素和活力。

"微时代"下传统教师的主导地位受到了挑战，学生从被动地接受知识，慢慢地变成了主动去接受知识的一方，学生的求知欲得到了激发。"微时代"下人们的交流可以在虚拟的条件下进行，打破了必须面对面交谈的形式，人们可以随时随地地进行语音、视频、短信等，也可以借助微媒介随时随地地发表自己的看法和意见，可以自由地表达自己的内心最真实的想法的意见，可以随意地关注自己感兴趣信息，拥有较大的自主性和主动性。

高职院校微博的开通，更是开启了高职院校网络互动的时代。在高职院校微博中，经常可以查找到学校的有关宣传信息和开展活动的内容，还不时与粉丝进行互动，增强学生的亲切感。

研究者从相关资料中了解到，现在绝大部分高职院校大学生经常通过微信、微博、微视频等微媒介了解国家大事和形势政策，只有一小部分高职院校大学生还是通过广播、报纸、电视等传统媒介进行相关资讯的了解，通过思想政治教育理论课去了解相关知识的学生更是寥寥无几，由此可见，大部分学生更加倾向于通过微媒介这一渠道进行信息的获取和传播，这就打破了传统媒介信息来源单一的格局，同时以微信、微博为代表的微媒介越来越得到高职院校大学生和高职院校教师们的喜爱和广泛应用。

（四）优化了思想政治教育环境

人的全面发展和进步总是离不开环境这一要素，不管是个人思想品德的形成，还是开展思想政治教育的活动，都受到自身所在环境的制约。但是，人具有主观能动性，这使得人们能够通过自己的努力在遵循客观规律的基础上去改变环境，为人们的各项活动包括思想政治教育活动提供优良的环境。在"微时代"背景下，高职院校思想政治教育工作的整个环境体系，随着时代的变化发展发生了天翻地覆的变化，微媒介的广泛普及和应用，扩充和丰富了高职院校思想政治教育的教学资源和内容，打破了传统知识局限于书本、校园的局面。

思想政治教育能否取得良好的效果，取决于教育者与受教育者之间的交流和沟通。在传统的思想政治教育环境之中，学生和教师之间的地位一直是不平等的，教师一直处于高高在上的地位，而学生则处于被动地接受知识的地位，由于二者之间的地位不平等，使得在传统的思想政治教育课堂上，思想政治教育教学的效果一直不明显。"微时代"环境下的高职院校大学生思维活跃，有很强的独立意识，他们渴望被接受、被认同、被尊重、被理解，希望可以得到公平对待。所以，教育者要结合受教育者自身的特点，真诚地倾听他们的心声，时刻关注他们的动态，尊重他们的地位，与受教育者建立亦师亦友的良好关系。

（五）促进了思想政治教育资源共享

教育资源分布不均衡，是制约我国当前教育发展的主要问题。"微时代"的到来，有效地解决了教育分布不均衡的问题，"微时代"下信息的大众化传播，促进了信息资源的共享，打破了传统思想政治教育理论课堂单调乏味的氛围，弥补了我国高职院校一直以来思想政治教育资源单一不平衡的缺憾。

"微时代"的到来促进了高职院校思想政治教育资源从现实走向网络，从单一走向多元，面对面口述的知识授课方式逐渐被淘汰，"微时代"加速了传统书本和口头传授知识的速度，使静态的书本知识变得生动有趣。"微时代"下的信息传播具有瞬时性和开放性，使得思想政治教育工作者能够在第一时间进行选择和使用，而微博更新的速度更是以每秒钟数以万计次进行的，通过网页、信息门户等传输到网络空间，为高职院校大学生学习思想政治教育的内容提供一个阅读、浏览、学习、分享的平台，"微时代"所传递的信息量是以往所有的传统媒体都无法比拟的，大大提高了思想政治教育工作的效率，促进了思想政治教育资源的合理分配和共享。

以微博、微信、QQ 等为代表的微媒介应用，瓦解了传统的点对点、面对面的教育形式，高职院校大学生可以自主地查找更多的学习资源，自己可以在网络上搜索相关的学习资源，高职院校大学生和高职院校教师之间可以随时进行交流，学生可以有针对性地与教师开展交流、讨论，及时地发表自己的看法和见解，有利于克服学生在课堂上胆怯的行为。思想政治教育者本身也可以从不同的教学资源中获取更多有价值的信息，不断地完善自己的教学目标和方法，使教学资源更加贴近高职院校大学生的生活。"微时代"促进了高职院校思想政治教育内容从传统的静态教授走向了动态的互动交流，从现实走向网络，从平面走向立体，促进了高职院校思想政治教育资源的共享。

第三节　高职思想政治课面临的新环境

一、移动互联网时代的特点

移动互联网，是互联网的技术、平台、商业模式和应用与移动通信技术结合并实践的活动的总称。移动互联网时代主要具有碎片化、场景化、及时化的特点。

（一）碎片化

在移动互联网时代，人们对时间的利用变得碎片化。随时随地的连接性使得人们可以在等车、排队或休息的间隙通过手机进行活动。然而，这也使得人们更容易被各种应用程序和娱乐内容吸引，导致时间被分散和浪费。

（二）场景化

与 PC 时代互联网传播相比，移动时代场景的意义大大被强化，即对场景（情境）的感知及信息（服务）的适配，此时场景成为移动媒体的新入口，在移动流量场景化的背景下，场景成了虚实交互融合的核心，因此，学生以前关注的是教室的硬件设施条件，如今更关注的是网络的畅通。

（三）及时化

及时化指及时获取信息和及时反馈。教师在教学过程中所讲的案例、热点事件，学生可能获得更为深入地了解并阐述自己的观点，及时作出反馈（如发帖、点赞），学生对教学效果的反馈也可以及时向外部传播。

二、信息时代对思想政治课教学的冲击

随着现代信息技术的广泛应用和发展，大学生接收信息多维化、接受方式多元化以及自我追求主体化冲击着课堂教学的有限空间。尤其是互联网对于学生的思想观念、道德规范的影响越来越大。教育信息化、网络化，不仅是教育手段的改变，而且是教育思想、教育观念和教学结构、教学模式的转变。以计算机网络为代表的现代通信技术的发展，给高职院校思想政治课教育带来了全新的信息传播和教学观念，充分利用这些新媒体和新的信息传播技术，可以突破传统的教学模式，构建一种新的教学模式——传统教学与网络相结合的模式，将传统教学模式与网络相结合，以建构主义学习理论为基础，研究适合我国实际的高职院校思想政治教育网络教学模式。

三、移动互联网时代对高职院校思想政治课教学环境的影响及改进

（一）教学模式的影响

传统思想政治课教学模式存在弊端是迫切需要改革的一个原因。传统的思想政治课教学模式以教师为中心，教师主要以讲解作为教学的手段和方法向学生传授知识，学生被动地接受教师传授的知识。教师的作用只是起到一个外部刺激作用，教学中忽视学生的心理反应，学生成了知识的灌输对象，学生的学习偏重于机械记忆、浅层理解和简单应用。这种学习方式十分不利于学生创新

精神和实践能力的培养。在网络环境下，思想政治课教学不能再就事论事，教师必须结合网络信息，调整教学内容，把课堂教学与现实紧密结合起来，增强学生对思想政治理论的把握和运用，切实增强课堂教学的实效性。

（二）教学难度程度的影响

随着信息技术的发展，网络对学生的政治观、道德观，以及心理和行为方式都带来深刻的影响。有人利用网络发布一些无聊或无用的信息，制造"信息垃圾"；有人利用网络污蔑、诽谤、恶意攻击他人；有人甚至利用网络进行信息欺诈和网上犯罪等。这些都给大学生带来了不良影响，增加了思想政治课的教学难度，使传统的思想政治课教学模式不再适用，因此，高职院校思想政治课教学改革迫在眉睫。

（三）信息获取与传播方式的改变

移动互联网为学生提供了更便捷、即时和广泛的信息获取途径。学生可以通过搜索引擎、在线课程平台、社交媒体和数字图书馆等途径获取各种资源和资料，使得他们能够深入研究和了解不同的思想政治课主题。同时，教师也可以借助网络平台将教学内容传播给更广大的学生群体，提高教学效果和影响力。

（四）现代教育的发展需要现代教育理念和技术与之适应

高等学校思想政治理论课要解放思想、实事求是、与时俱进，不断更新教育理念，因此，对于当代大学生要继续开展马克思主义立场、观点、方法教育，增强思想政治理论教育教学的针对性、实效性、说服力和感染力，进一步培养大学生的创新意识和创新能力，思想政治课要紧密联系学生生活和社会实际，积极改进教学方法和形式，充分利用网络资源和网络技术等方式，适应现代教育发展之需要。

第六章　信息技术下高职院校思想政治理论课的开展

第一节　信息时代高职院校思想政治理论课的内涵

一、信息时代多媒体对高职院校思政教育的影响

（一）信息时代对教育观念的影响

1. 开放观念

网络世界很精彩，人们足不出户就可知外面的世界，这有利于促进人们从封闭观念向开放观念转变。其中之一就是促进了教育观念的开放性。在过去，教育往往是通过传统的教学方法和书本知识进行传授，而信息时代的到来打破了这种传统模式，引入了更加开放和多样化的教育观念。互联网和数字技术使得学生可以获得来自世界各地的教育资源，包括在线课程、教育视频、电子书籍等。这种开放性使得学生不仅可以接触到更多的知识，还能够选择符合自己兴趣和需求的学习内容。这种开放性的教育观念有助于培养学生的创造力、批判性思维和适应未来社会的能力。

2. 自律观念

互联网上的内容丰富、生动，是人们喜闻乐见的，这能促进人们从他律观念向自律观念转变。虽然信息时代的知识爆炸给学生带来了更多的学习选择和机会，同时也带来了挑战。如果学生没有足够的自律意识，无法区分有价值的

信息和噪音，那么就不能很好地制定学习目标、制定计划、管理时间等。因此，信息时代要重视培养学生们的自律能力。通过培养学生的自我约束、自我激励和自我管理能力，帮助学生在面对信息时代的诱惑和挑战时保持专注力。

3. 选择观念

互联网上的内容十分丰富，人们可以自主选择，而不是"你说我听"，这促进人们从教化观念向机制观念转变。在过去，学生的学习路径往往是由教育机构或老师来规定和指导的，而信息时代给予学生更多自主权，学生在信息时代拥有更多选择权利，可以根据自己的兴趣、能力和学习风格来选择学习内容、方式和时间。这种选择观念激发了学生的主动性、独立思考和自主学习能力，促进了个性化教育的发展。

（二）信息时代对教育资源及其传播方式的影响

互联网的普及让教育呈现出不同的面貌。过去，教育采用的是按照工业模式建立起来的统一教学模式，难以实现个性化和因材施教。然而，在当今信息网络化的时代，教学可以借助信息资源的共享和选择的优化，这使得教育拥有了更多的选择，从而让个性化的教育发挥最大的教学作用。互联网的开放性在极大程度上改变了校园内的教育形式，互联网的多样化和互动式的传递结构打破了传统电视的金字塔式知识传递方式，逐渐形成了全方位的知识传授和能力培养新体系。因此，互联网的应用丰富了学校的教育资源，使教育更加精细化和个性化，赋予教育开放性，并提供了更多教育方式的选择，从而改变教育的面貌。

互联网使现代教育信息的传播方式发生了如下变化。

（1）教育资源的丰富性：信息技术的快速发展使得各类教育资源得以数字化、在线化，如电子书籍、在线课程、教学视频等。学生可以通过互联网轻松获取海量的教育资源，这为高职院校的思政教育提供了更加广泛的学习内容。

（2）传播方式的多样性：信息技术的普及与应用使得传统的教育传播方式不再局限于纸质教材和面授课堂。现在，高职院校可以通过多媒体手段进行教学，包括利用幻灯片、教学视频、网络直播等形式传达知识和思想。这种多样化的传播方式可以更好地满足学生的个性化学习需求，激发学生的积极性和创造力。

（3）学习平台的建设：学校可以利用信息技术构建学习平台，为学生提供在线学习和交流的环境。这些平台可以包括在线课程管理系统、教学资源共享平台、学术讨论社区等，为高职院校思政教育提供更广泛的交流与互动空间。

（4）自主学习的推动：信息时代给予学生自主学习的机会和能力培养。通过互联网和多媒体技术，学生可以根据自己的学习进度和兴趣，在不受时间和空间限制的情况下进行学习。这种自主学习的模式有助于培养学生的自主思考、独立解决问题的能力，提高他们的终身学习能力。

最后，在进行观点讨论时，人们有自由在互联网上发表意见的机会。这种方式扩大了教育的受众。随着教育信息传播方式的变化，一些传统的思想教育方法已经明显过时，必须采用现代化的思想教育方式来取而代之。

（三）信息时代对教育方式的影响

随着互联网通信技术的发展，人们得到了全新的交流手段，教育也因此获得了前所未有的资源和途径，实现了远程教育的可能。理想中的远程教学系统类似于会议系统，打破了师生必须在同一教室里进行面对面授课的限制，消除了空间的局限。未来，师生有望通过终端设备在全球范围内进行教与学活动。这项技术赋予教育更大的灵活性，学生可以自由选择教师，多个教师可以协同在不同地点上课，同时将多种信息资源引入课堂。远程学习的出现突破了传统教育在时间、空间和受教育环境等方面的限制。

（四）信息时代对教育模式的影响

不同的信息手段决定了信息的量和传播模式，这对教育产生了巨大影响。在农业时代，由于缺乏现代化的传播设施，人们的流动性很小，教育无法突破这个现实限制，因此人们对世界的了解和知识非常有限。而在工业时代，人们接触到信息的渠道得以扩大，工业化带来了教材、报纸、广播和电视等群体传播工具，使人们获得了更广泛的信息，并且知识的生产具有大规模、批量化的特点，这可以看作是文化和教育领域的"工业化"。然而，在多媒体时代，互联网和信息高速公路的出现挑战了传统的"工业化"模式。网络技术的广泛应用使得信息高速公路延伸到世界各地，"选择"成为网络教育和学习的重要特征。通过网络化的方式，学校和个人可以获取来自世界各地的教育资源，全球的教育资源都可以为某个班级或个人提供服务，教育内容变得更加精细和多样化。

二、信息时代多媒体环境中的思政课的变化及特征

（一）思想政治理论课的变化

网络技术的迅速发展，使多媒体时代高职院校思政教育出现了一些新变化，主要表现在以下几方面。

1. 信息时代多媒体环境中教育主客体关系发生了变化

在信息时代的多媒体环境中，教育主客体关系正在经历着深刻的变化。传统上，教育被视为一种单向的、线性的过程，教师作为知识的源泉将知识传授给学生作为接收者。现如今，学生不再是简单地被动接受知识的对象，而是成为主动参与者和积极构建者。多媒体技术的广泛应用使得学生可以自由地获取和探索大量的信息资源，这使得教育从"教师导向"转变为"学生导向"，教师更多地充当着指导者和引导者的角色。教师不再是纯粹的知识传授者，而是帮助学生理解和应用知识的引路人。

2. 信息时代多媒体环境中客体的特性发生了变化

在信息时代的多媒体环境中，客体（也就是学习者、学生）的特性发生了显著的变化。传统上，客体在教育过程中被视为接受者和被动的知识消费者。然而，随着科技的进步和多媒体技术的普及，客体可以自由地选择学习内容和

学习方式，根据自己的兴趣和需求进行个性化学习。这种自主性和主动性使得客体能够更好地适应信息时代的学习要求。通过多媒体技术和在线平台，客体可以与其他学习者进行交流、讨论和合作，共同构建知识和解决问题，同时培养了客体的信息素养和批判性思维能力。这种变化使得教育变得更加灵活和个性化，促进了客体的学习效果和能力的提升。

3. 教育的手段、方式发生了变化

网络思想政治教育手段在吸引力、传递速度和传播范围等方面与传统方式不同。通过互联网，受众可以自由获取信息并进行思想交流，可以激发受众求知欲和想象力，提高其主动性、自主性和参与性。网络平台为思想政治教育提供了更多传播途径，使教育空间变得开放且广阔。基于网络的思想政治教育工作效率更高，信息网络技术的运用提高了信息传播的效率。多媒体技术让受众身临其境，多感官感知学习的效果优于单一感官感知学习。

总之，多媒体技术和网络技术为改变传统思想政治教育单调的内容和形式提供了便利。因此，我们要充分利用这些信息技术，全面地、精心地筛选思想政治教育信息，并进行精心设计与制作，将声音、文字、图像、数据等元素融入其中，使思想政治教育内容具备集成性、同步性、交互性和形象性的特点。这样就能够改变传统思想政治教育单一枯燥、"书本+黑板"的说教模式，真正实现教育内容与教育形式的完美结合，实现教育的艺术化。同时，通过这种方式，不仅能够坚持理论灌输的原则，还能够增强思想政治教育的可信度和亲和力，使思想政治教育内容更加丰富、更加生动。

（二）多媒体环境中思政教育理论课的特征

多媒体环境中的高职院校思政教育的特征主要表现在以下几方面。

1. 教育内容方面

互联网中的思想政治教育具有以下特点：首先，多媒体技术使教育呈现立体化、动态化，并且超越了现实时空的限制；其次，网络所承载的海量信息赋予教育内容丰富性和全面性，并且具备客观性和可选择性；再次，思想政治教育融合了高度的文化和科技元素，其中一些政治性内容潜藏于历史文化知识和现代科技信息之中。因此，通过声音、色彩、光影等多媒体技术手段，可以将社会主义主旋律、集体主义价值观和爱国主义等主题以生动有趣的方式呈现，帮助学生将抽象的概念转化为具体理解。

2. 教育目标方面

网络思想政治教育的目标主要体现在以下几个方面：首先，通过在互联网上进行科学有效的教育，宣传党的路线、方针、政策，激发人们参与中国特色社会主义事业建设的积极性和创造性。其次，帮助广大网民正确认识国内外形势，坚定他们走中国特色社会主义道路的信心和决心。再次，对广大网民进行社会主义和共产主义教育，致力于提高人们的思想道德素质，推动中国特色社会主义现代化建设取得更大进展。最后，互联网媒体的运作准则始终是"用户至上"，网络思想政治教育改变了以往以自己为中心的陈旧思维方式，一切都围绕着用户需求展开，因为没有用户，再好的网络思想政治教育也将毫无意义。

3. 教育方法方面

网络思想政治教育的主要方式有以下几种：首先，避免使用传统的灌输方法，因为在网络中无法进行面对面、强制性的信息灌输。其次，通过多媒体手段向网民提供信息，并引导他们选择正确的思想信息。最后，在互联网上实现传统思想教育方法的现代化转变，将哲学、心理学和社会学等方法融入现代科技中。

三、信息时代网络技术对思想政治理论课提出了挑战

（一）信息时代网络技术对社会观念带来的挑战

从社会层面而言，网络技术的迅速发展使东西方两种社会道德观念和文化观念的冲突变得更为尖锐和直接。

在全球范围内，东西方社会的道德观念和价值观存在一定的差异。这种差异在过去可能并不容易被察觉，但随着互联网的普及和全球化的加速，这使得东西方两种社会的观念和价值观可以更直接地相互对比和影响。

网络技术虽然为个人提供了表达自己观点和经验的平台，这使得东西方社会的文化观念更加直接地相互竞争。通过社交媒体、博客和在线论坛等工具，个人可以分享自己的观点和体验，但同时也可能激起不同文化之间的摩擦和冲突。例如，东方社会强调传统价值观和道德规范，注重家庭、社群和个人责任，而在西方社会，个体自由、平等和个人权利则更受重视。当这些不同的观念通过网络碰撞在一起时，往往会产生冲突和争议。这种冲突不仅体现在个人层面的交流中，也涉及社会和全球层面的对话。在处理这些冲突时，我们需要增强跨文化交流的能力和理解，尊重差异，并寻求共同发展的平衡点。只有通过建立对话和互相学习的机制，才能促进不同社会之间的和谐共存和文化多元性的发展。

众所周知，信息内容具有地域性，具有鲜明阶级性的道德观和价值观作为信息的组成部分，同样是有地域性的，而网络的信息传播方式则是全球性、超地域性的。通过网络，人们可以轻松地获取来自世界各地的信息，了解不同文化和价值观的存在。这种全球性的信息传播方式既带来了许多好处，也引发了一些社会伦理问题。首先，全球性的信息传播可能导致文化冲击和文化侵蚀。当外来的文化观念和价值观进入一个特定地区时，可能会对本土文化产生重大影响甚至改变。这种文化冲击和侵蚀可能引发社会不稳定和文化认同危机，并对传统的道德观念和价值观产生负面影响。其次，全球性的信息传播也为不符合某些社会伦理观念和价值观的内容提供了平台。由于互联网上信息的自由流动，一些具有争议或极端观点的内容可能会广泛传播，并对社会产生负面影响。这种情况下，如何平衡言论自由和社会伦理的关系成为一个重要的问题。最后，全球性的信息传播方式也使得东西方文化和价值观的冲突变得更加明显。当这些不同的观念在网络上相遇时，可能会引发冲突和分歧，这需要我们面对这些冲突并寻求解决办法，以促进互相理解和包容。

从个体层面而言，互联网对个体道德观念产生了负面的影响。

互联网是由无数独立的小网络互联而成的。首先，互联网的信息爆炸使得个体容易接触到各种不同类型的信息，其中包括具有负面道德影响的内容。例如，互联网上存在大量的不良信息，这些信息可能会对个体的道德观念产生消极的影响。个体在接触这些负面信息时，可能会受到诱导或受到负面价值观的渲染，从而影响其自身的道德判断和行为。其次，互联网的匿名性和虚拟性使得个体更容易逃避责任和规范。在网络空间中，个体可以隐藏真实身份并采用虚假形象来进行言论和行为，这可能导致个体对他人的伤害和欺骗。由于缺乏面对面交流和监管，个体可能更容易违反道德准则和规范，从而产生负面的道德行为。最后，互联网的社交媒体也给个体带来了一些道德困扰。社交媒体上的虚拟关系和网络社交活动可能导致个体追求虚荣、自我展示或追逐点赞数等表面化的价值。这种追求可能使得个体的道德观念受到冲击，重视个人形象和社会认同度而忽略了真正的道德价值。因此，在享受信息时代带来的各种便利的同时，个体需要在使用互联网时保持警惕和理性，积极筛选信息，增强对负面影响的抵制能力。同时，社会应加强网络监管和教育，引导个体正确看待互联网以及其中存在的道德问题，从根本上促进个体的道德发展和互联网的健康发展。

（二）信息时代网络技术对传统思想政治教育模式带来的挑战

网络对思想政治教育带来的挑战主要表现在以下两个方面。

第一，互联网的出现使教育者把教育信息的控制权完全交给了学生，这对受教育者的"筛选能力"和"鉴别能力"是一个严峻的考验。在互联网时代，学生可以自由地访问各种信息资源，包括相关的思想政治内容。然而，并非所有的信息都是准确、可靠和有价值的。学生需要具备辨别和筛选信息的能力，以确定哪些信息是真实的、可信赖的，并能够理解和评估其背后的意图和立场。如果学生缺乏这种能力，则可能会受到错误或有偏见的信息的误导，从而影响其正确的思想和政治观点的形成。

第二，互联网的出现缩短了人们之间的时空距离，却拉大了人们之间的心灵距离。虽然互联网使得与他人进行沟通和交流变得更加方便和迅速，但这种便利性却往往带来了更加浅层次的交流关系。通过社交媒体、即时通讯工具等，人们可以随时随地与他人保持联系，但这种联系往往是片面的、表面化的，缺乏真正的深入交流和情感连接。人们可能只关注对方的外表和表面信息，而忽视了彼此的内心和真实感受，导致心灵上的距离增大。为了弥合这种心灵距离，个体需要重视真实的面对面交流和情感连接，培养深度思考和共情能力。此外，社会也需要重视互联网文化的塑造，推动正向和深层次的交流方式和价值观，促进人们之间的心灵联系和共享。只有通过个体和社会的共同努力，才能在互联网时代弥合心灵距离，建立更加紧密的人际关系。

（三）信息时代网络技术受教育者自主意识的增强使传统思想政治教育陷入困境

在信息时代，网络技术的快速发展和普及使得教育者面临了一系列挑战，导致传统的思想政治教育陷入困境。

第一，互联网的出现使得教育者失去了对教育信息的垄断控制。以往，教育者拥有权威性的教材和教学资源，能够通过课堂和教学活动来传递特定的思想和政治观念。然而，互联网的普及使得学生可以自由地获取各种信息，包括与思想政治相关的内容。这种情况下，教育者无法完全控制学生接触到的信息，并且很难确定学生所接触到的信息的可靠性和价值。因此，教育者需要更加关注学生的信息筛选和鉴别能力的培养，以引导学生正确理解和评估所获取的信息。

第二，网络技术的快速发展和社交媒体的广泛使用给学生带来了更多的选择和多样性。学生可以根据自己的兴趣和需求自主选择所关注的信息和观点，而不再被教育者强制性地灌输特定的思想和政治观。这反映了学生在教育过程中的自主意识增强，他们更加倾向于独立思考和探索不同的观点。然而，这也使得传统的思想政治教育面临困境，教育者需要更加灵活和开放地应对学生的自主选择和多元观点。

第三，互联网的虚拟性质给思想政治教育带来了新的挑战。在网络空间中，个体可以隐藏身份并表达匿名言论，这使得思想政治教育变得难以监管和引导。虚假信息、网络谣言和极端观点的存在可能会影响学生的思想和政治观念。因此，教育者需要通过教育和引导，帮助学生理解虚拟世界与现实世界之间的区别，培养他们对信息的批判性思考和辨别能力。

四、信息时代网络技术的发展给思想政治理论带来了机遇

（一）信息时代网络技术的资源共享

网络信息最显著的特点是信息的共有、共享，且具有内在的增值性和不因共享而减少的特性。

一是网络资源指南与搜索引擎。网络资源指南和搜索引擎是信息时代中最常见的资源获取工具。通过网络资源指南和搜索引擎，用户可以轻松找到他们所需的各种资源，包括文献、新闻、视频等等。这些工具提供了一个便捷的途径，帮助用户在海量的信息中快速定位到自己需要的内容。

二是图书馆网上公共目录。图书馆网上公共目录是另一种重要的资源共享工具。通过图书馆网上公共目录，用户可以查询图书馆所收藏的各种资源，包括书籍、期刊、报纸等。这使得用户无需亲自前往图书馆，就能够在线查阅和借阅所需的资料，节省了时间和精力。

三是快速查阅工具资料。网络技术还提供了各种快速查阅工具，帮助用户迅速获取相关领域的资料。例如，有许多在线百科全书和专业知识库，用户可以通过这些工具深入了解各个领域的知识。此外，还有一些在线工具和软件，提供快速计算、数据分析等功能，帮助用户在研究和学习过程中更加高效。

四是网络数据库。网络数据库是信息时代中重要的资源共享平台之一。通过网络数据库，用户可以访问大量的数据集合，包括文献、统计数据、实验数据等。这些数据库不仅提供了丰富的资源，还允许用户进行检索和分析，从而更好地支持研究和学术活动。

五是最新期刊目次。在科研领域，及时获取最新的研究成果是至关重要的。网络技术使得获取最新期刊目次变得更加便捷。通过订阅电子期刊的服务，用户可以及时收到最新期刊的目次，并可以进一步获取感兴趣的文章全文。这为研究人员提供了更多的资源，促进了学术交流和知识的传播。

六是电子报刊。除了期刊，网络技术也使得获取电子报刊变得更加容易。许多传统媒体已经将自己的内容转化为电子版，并通过网络发布。用户可以通过订阅服务或在线阅读平台，随时随地获取最新的新闻和报纸。这种方式不仅方便了用户，也节约了纸张资源，对环境也好。

信息时代中，网络技术的快速发展极大地促进了资源共享。网络资源指南、图书馆网上公共目录、快速查阅工具资料、网络数据库、最新期刊目次以及电子报刊等都成为人们获取各种资源的重要途径。这些工具不仅方便了用户，还提高了研究和学习的效率，给思想政治教育带来了机遇。

（二）传递信息

教育方式和内容的变化与信息处理和传递技术息息相关。信息传递的手段决定着信息传播量的多少和传播模式的类型，并深深地影响着教育的效果。在历史上，每次信息传递技术的重大突破，都会对教育产生巨大的影响。语言的创造，使人类获得了交流信息的手段；文字的发明，使人类信息可以长久保存；造纸和印刷术的发明，扩大了信息交流和传递的容量和范围；电话、电报、电视等通信技术的发明，大大加快了信息传输的速度，缩短了信息的时空距离；互联网和信息高速公路的出现，使文化和教育的信息传播更为方便、快捷，从根本上改变了人类加工信息的手段，增强了人类加工、利用信息的能力。这一变化给既有的教育观念、教育模式带来了一次新的革命，对教育的现代化将产生深远的影响。

在新时期，社会更注重思想政治教育的效率和效益，这要求我们必须树立思想政治教育的效率和效益观念。在当今社会中，思想政治教育扮演着至关重要的角色。它不仅仅是传授知识和技能，更是培养学生正确的价值观、道德观和思维方式。然而，随着社会变革的加速和信息技术的迅猛发展，传统的思想政治教育方式已经无法满足现代社会对于高效和高效益的需求。因此，我们需要重新审视思想政治教育的效率和效益，并将其作为教育工作的重要指标之一。首先，提高思想政治教育的效率意味着在有限的时间内，尽可能地传递更多的知识和理念给学生。这可以通过优化教学内容和方法来实现。比如，教师可以采用互动式教学，引导学生积极参与讨论和思考，从而提高学习效果。其次，思想政治教育的效益也是我们应该关注的重点。这意味着要通过教育使学生在实际生活中能够运用所学的知识和理念，形成积极的行为习惯和良好的道德品质。为了达到这个目标，我们可以加大实践教学的力度，让学生参与到社会实践中，亲身感受社会现实，并通过实践来巩固所学知识。只有树立起这种观念，才能不断探索创新的教育方式，提高思想政治教育的水平，为社会培养出更多具有高尚品质和创新能力的公民。

五、信息时代网络技术互联网技术下加强和改进思想政治理论课的必要性

（一）适应社会发展

新技术的迅速发展使社会正在经历一场意义深远的变革。社会的网络化趋势加强，社会将由纵横连接的网络体系构成。在这个新的时代背景下，加强和改进思想政治理论课成为刻不容缓的任务，以适应社会发展的需求。首先，互联网技术的普及和便利性使得人们获取信息的渠道更加广泛。无论是学生还是教师，都可以通过互联网轻松地获取大量的知识和信息资源。因此，思想政治理论课需要借助网络技术，拓宽教学内容的范围，并及时更新和补充最新的理论知识。通过在线学习平台、教育网站等方式，让学生能够灵活选择学习时间和地点，提高学习的自主性和个性化。其次，在信息时代，社交媒体等网络平台已经成为人们交流和表达意见的重要渠道。这也给思想政治教育提供了新的空间和机遇。教师可以利用微博、微信公众号等社交媒体平台，与学生进行实

时互动和讨论，引导他们积极参与社会热点话题的思考和讨论。通过网络平台，教师还可以及时了解学生的学习情况和问题，并有针对性地进行指导和辅导。最后，互联网技术的应用还可以提供更多形式多样的教育资源。例如，教师可以利用网络视频、在线课程等方式，为学生呈现生动有趣的教学内容，激发他们的学习兴趣和主动性。通过虚拟实验室、模拟演练等在线教育工具，学生可以更加直观地理解和掌握理论知识，提高学习效果。

总而言之，加强和改进思想政治理论课的内容和方式，适应社会发展的需求，不仅可以提高教育教学的效率和质量，更能培养学生积极适应社会变革的能力和素养，使思想政治教育实现网络化正是符合社会发展要求的现代化科学方法。

（二）培养新型人才

随着互联网技术的快速发展和普及，它已成为培养新型人才的重要渠道之一。互联网技术提供了广阔的学习资源和交流平台，为个人获取知识、发展技能以及进行创新提供了便利和机会。

互联网技术打破了传统教育的时空限制。通过网络学习平台和在线教育资源，学生可以在任何时间、任何地点自主学习。而且，互联网上还存在着许多优质的教育平台和学习社区，学生可以与来自世界各地的学习者进行交流和合作，分享经验和知识。这种全球化的学习环境，有助于拓宽学生的视野和培养跨文化交流的能力，学生可以基于这些资源进行创新研究和开发应用，这种开放式的创新环境，能够更好地激发学生的创造力和实践能力。

（三）培养创新能力

创新意识是在各种动力的驱动下产生的，其中最重要的就是"希望动力"。而思想政治教育在强化这一动力方面起着关键作用。通过加强思想政治教育，我们能够引导学生培养创造的欲望，激发他们的创新意识。通过系统的教学内容和方法，教师可以向学生传授开拓进取、勇于创新的思想理念。同时，思想政治教育还可以引导学生认识社会问题和正确面对社会挑战，从而培养他们关注时代发展、积极改变现状的责任感和使命感。

（四）培养新时期社会文化观念

加强思想政治教育，也是为了培养与新时期相适应的社会文化观，如多元包容、全球意识等观念。我们生活在一个多元文化的社会中，尊重并理解不同文化背景、价值观非常重要。通过推动跨文化交流、开展多种文化艺术活动等方式，可以增强人们对多元文化的认知和接纳能力。通过学习和理解不同国家和地区的历史、文化和社会制度，我们能够更好地认识到自己所处的位置和责任，并积极参与全球事务，为构建和谐的全球社会作出贡献。

第二节　信息时代高职院校思想政治理论课的现状

一、知识论视野中的高职思政课教学改革实践现状

从近些年思政课教学改革来看，涉及知识论、价值论、方法论等不同维度的改革，其中知识论是高职院校思政课教学改革的基础，不断完善知识体系框架，把握知识、能力和情感价值转换之间的关系，可以提升教学的针对性和实效性。

（一）知识视野下，高职思政课改革存在的问题

当前知识论视野下，高职思政课教学改革存在着几个方面的问题。一是教材体系向教学体系转化的问题。统编教材显示出了教材的科学性、权威性和学术性，需要教师在教学中结合学情、校情进行具体转化，密切联系实际，贴近学生生活，挖掘教学个性。这就要求教师要充分备课，掌握教材的知识点，形成全面的知识体系和教学框架。同时要加强与学生联系、与专业教师联系，找

到教学中的切入点。二是教学中重视理论教学忽视实践教学问题。实践教学是思政教学的重要组成部分，就目前而言，存在实践教学走过场、重形式等现实问题，未能真正把实践教学落实到位。更多的是重视学生知识的掌握，对知识的转化和内化研究不够；重视理论教育，轻视具体问题的解决。三是在教学方法中，重视发挥教师在知识传递中的主导性作用，形成以教师主导的教学方法，学生被动式学习，使教学效果大打折扣。学生是学习知识的主体，要构建以学生为主体的教学方法，激活学生的课堂主动性和积极性。

（二）从知识的属性看高职思政课教学特点

1. 知识选择服务于能力培养和价值观塑造

传统知识论认为能力的培养和价值的塑造离不开知识的学习。不同知识类型、性质直接影响学生能力培养和价值塑造的效果。教师在教学大纲的框架之下构建教学体系，要充分融入不同类型的知识，丰富理论教学，构建立体多层次的教学体系。在知识选择上需要把握几个方面的原则。一是知识的针对性。一方面，根据教学实际要求，构建相应的知识框架，符合课程要求，反映理论内容，培养服务能力和价值引领；另一方面，教师要深入了解学生，把握新时代学生的学习规律和特点，在知识选择上要紧密贴近学生生活和现实实际，增强教学的针对性。针对学生基础知识较为薄弱的现实，教师在知识选择中要注重把握知识的深度和难度，把握教学中不同难度的知识比例，用更多感性认识增强学生的可理解性和可视性。二是知识的广阔性。高职思政课教育要区别于中学时期的思政课教育，要形成更为宽广的知识视野，拓宽学生的历史视野和国际视野，不断提升学生的感性知识积累并将其转化为理性思考的能力。三是知识的时代性。当今的世界是积累知识与信息爆炸的时代，教师始终要坚持学习，保证知识的与时俱进，以最新的知识吸引学生、回应学生，满足新时代学生的学习诉求。四是知识选择的特殊性。教材为思政课教学提供了共性知识，思政课教师要根据专业特色、学校特点、区域文化、特殊节点等打造符合高职院校特色的个性案例，更好地服务于思政课教学。

第六章 信息技术下高职院校思想政治理论课的开展

2. 知识视野贯穿于思政教学全过程

思政课教学包括理论教学和实践教学两个部分。理论教学强调知识的理论性、整体性，实践教学强调知识的应用性和可操作性。教师进行教学设计时要注重区别两种不同的教学，把知识视野贯穿于教学全过程。课堂教学注重理论知识和拓展性知识讲授，实践教学更重视程序性知识、方法性知识以及综合性知识，重视培养学生在实践中深化对知识的理解，增强自身独立思考、解决问题的能力。

3. 知识学习和转化的规律性

思政课知识学习对于开阔学生视野，增强学生能力，引导学生树立远大理想和正确三观具有重要意义。思政课中，相关知识的传播过程和接受过程的质量直接影响了育人效果。在形成教学知识框架的基础上需要教师积极探索知识学习和转化的规律和特点，才能有的放矢。思政课教师要把高职教育特点和思政教学规律结合起来，采用更适合高职院校学生学习的教学方法，为更好地传播知识创造条件。

（三）知识论视野下高职思政课教学策略

1. 丰富知识内容

教材中的知识是思政课教材的基础，把握好教材是开展好思政课教学的前提和基础。同时应该有机融入其他思政元素，丰富知识内容，增加教学厚度，开阔学生视野，提升学习兴趣。

一是将优秀传统文化融入思政课。中华优秀传统文化包罗万象、意蕴深刻、影响深远，弘扬优秀传统文化对于增强文化自信、提升思想道德修养具有重要意义。优秀传统文化与学生的联系密切，更能激发学生兴趣。思政课教师要重视将优秀传统文化融入思政课教学中，通过开展集体备课、案例研讨，形成优秀文化案例集，开展优秀传统文化相关的实践活动，不断深化学生对优秀传统文化的认识。

二是"四史"教育融入思政课。历史是最好的教科书,以史为鉴才能走得更远,走得更好。把"四史"教育融入思政课不仅能拓宽思政教学视野,同时可以增加课程的学习性。在现有知识体系中,积极把党史、新中国史、改革开放史、社会主义发展史融入其中,可以增加思政课的历史厚度。要全面梳理"四史"的内容,找准结合点,特别是把地方红色文化资源融入教学中,加强对文化内涵的提炼和转化,形成更为生动鲜活的感性资料,引起学生的共鸣。

三是把"工匠精神"融入思政课教学中。培育高职院校学生的工匠精神,对于高职学生扎根专业、提升专业素养、面向未来,成为一名高素质、高能力的劳动者具有重要意义。首先要引导学生树立良好的职业态度。良好的职业态度是培养优秀劳动者的前提条件,建立职业发展信心和归属感,才能更好地为未来职业发展作好准备。其次要培养学生专注细致的职业精神,引导学生肯钻研、爱钻研,不断提升专业技术。最后是要提高学生的人文素养,提升学生的审美能力、创造能力以及沟通能力。为此,加强思政课与专业课课程思政衔接,形成培育合力,增强学生对专业性、职业性以及人文素养的认识。充分发挥思政课实践教学作用,培养学生独立思考能力和专注力,以及学生的价值创造和自我实现。思政课教师要立足学生专业特色,做好教学设计,增强教学的针对性,不断以身作则,在教学中展现出较高的职业素养和精神品质,以实际行动,践行工匠精神。

教师在教材的基础上,根据教学大纲和教学实际,选择不同的知识内容融入教学活动中。这就需要教师对知识进行不断总结和更新、分类,找到知识的融入点。

2.合理设置不同类型的知识比重

思政课教学中包括不同的知识类型,如基础性知识、拓展性知识、方法性知识、程序性知识、能力性知识等,并根据学生的学习实际合理设置不同类型知识在课堂教学中的比重,巩固基础性知识,适当增加拓展性知识,开阔学生的视野,实现情感的升华。

在教学中要特别注重理论知识和实践知识的统一。理论知识是指在课堂教学中涉及的基础知识、拓展性知识，反映学科的基本特点。实践知识强调理论知识的应用和转化，帮助学生加深对理论知识的认知。思政课教学要将理论课程与实践课程紧密联系，增强学生对知识的理解。

3. 依据知识传播规律调整教学方法

高职思政课教学有着其内在的运行特点和规律，教师应进一步帮助学生认识和理解理论及其相互之间的关系，并能够实现理论向实践能力的转化和情感升华。教师要引导学生构建知识形成、理解、运用的框架，形成自主学习的思维和习惯。在教学活动中，要充分发挥教师的主导作用，同时要坚持学生的主体地位。依据知识的传播规律，引导学习主体形成对知识的加工机制，不断促进知识的主体化，促进立德树人目标的实现。

二、价值论视野中的高职思政课教学改革实践现状

坚持正确的价值导向是高职院校思政课教学改革的重要方向，能更好地发挥思政课关键课程的作用。要牢牢把握和贯彻习近平总书记在学校思政课教师座谈会上的重要讲话精神，发挥思政课在立德树人中的关键作用。

（一）立德树人融入高职思政课的必要性

立德树人理念对思政课提出了新的要求，明确了思政课改革方向和改革的举措，更好地发挥出思政课在育人中的重要作用。从育人目标来看，立德树人对思政课提出了更高的要求，教师需要从教学内容、教学目标、教学方法方面注重立德树人目标的实现，并贯穿于教材体系向教学体系和价值体系转化的全过程。同时要充分提升专业课课程思政建设，专业课建设与思政课建设同向同行。以立德树人为理念，也为专业课建设提出了新的目标要求。思政课与专业课协同发力，对于提升学校高质量人才培养具有重要作用。从育人内容来看，把立德树人融入思政课对于弘扬社会主义核心价值观具有重要意义，由此，可推动社会主义核心价值观深入人心，提升公民素养。

（二）立德树人融入高职思想政治理论课教学存在的问题

思政课作为立德树人的关键课程，需要将"立德树人"贯彻到教学目标、教学内容、教学方法、教学评价的各个环节。通过对部分高职院校的实际问卷调查，我们发现落实立德树人任务在各环节依然存在着诸多问题，影响了立德树人任务的实现。从教学目标来看，教师在教学目标设置中，更重视知识目标和能力目标的培育，对情感价值的培育重视不够。情感目标设置不够具体，实现路径不明晰，常常未能体现在教学过程和教学结果中。从教学内容来看，教师对立德树人的理解参差不齐，对于"立德树人"的内涵、意义、要求以及实现路径不明确，缺乏统一的标准。因此，教师在教学设计中，对于案例选择、方法选择，存在失当行为，使得立德树人的推进缺乏统一性、系统性、逻辑性。从教学方法来看，各学校重视方法革新，引入一系列前沿的教学方法，对于提升思政课程质量具有重要意义。同时，也要看到在教学方法中存在重视技术手段大于教学内容，重视形式大于内容的问题，极大影响了立德树人目标的实现。因此，在教学中要以立德树人为出发点和落脚点，不断改进教学方法，增强育人的针对性和实效性。从教学评价来看，注重对知识、理论的考查，忽视立德树人方面的考查。课程评价是对学生学习效果的考量，能够引导和规范学生的学习行为，是检验思政课成效的重要依据。现有的教学评价体系不完善，对立德树人评价指标不明确，难以考查在立德树人方面所取得的成效。

（三）立德树人视域下思想政治理论课教学改革路径

把立德树人理念融入教学目标、教学内容、教学方法和教学评价中。

首先，要坚持把立德树人作为根本教学目标。教师要紧紧围绕立德树人的深刻内涵，构建立德树人的教学体系，把育人目标与育人手段结合起来。这就要求教师在教学目标设置之前要充分了解学生学情，了解学生的学习特点、专业背景和现实需求，同时要充分掌握教材体系，把握不同章节的内在关系，形成系统性教学目标，才能在教学中有的放矢。教师要在教学中把知识目标、能力目标、情感价值目标统一起来，强化立德树人目标。

其次，要构建以立德树人为核心的教学内容。教学目标的实现离不开教学内容的设计。教学内容是落实立德树人的载体，通过特定的教学素材把相关的立德树人元素融入教学中，并形成整体性框架，实现教材体系向教学体系的转化。教学内容的设计要坚持统一性和多样性的原则，在把握理论的重难点的同时要贴近学生现实、贴近实际，通过多样的现象认识事物的本质，有效落实立德树人目标。教学内容设计坚持专题性与整体性的统一。对教材内容进行重构形成相关专题，每个专题在立德树人方面各有侧重，同时把握专题之间的逻辑关系，构成整体性。

再次，要创新以立德树人为目标的教学方法。立德树人是思政课要实现的重要目标，需要通过显性教育与隐性教育结合的方式，不断改进教学方法。教师在教学过程中，要充分灵活地使用多种教学方法，引导学生开展课堂学习与课外学习、线上学习与线下学习、自主学习与讨论学习。在教学中要把理论教学和实践教学紧密结合，既要把理论内容讲透，实现情感升华，同时也要开展实践教学，通过创设情境，再现历史场景、人物、故事，引起学生情感共鸣，增强情感教育。

最后，要坚持以立德树人为考核核心的多元评价体系。制订以立德树人为目标的考核计划，是引导学生学习行为的重要因素。把立德树人作为对学生学习评价的重要指标，改变过去单一的理论考核方式，通过对学生实践活动、课堂教学参与等多种方式进行综合考评，而不是简单以理论成绩评定。从评价主体来看，可以建立师生评价、学生自评等多元主体的评价方式，把更多评价主体纳入立德树人方面的评价。从评价构成来看，把平时考核与期末评价相结合，加大平时考核的力度，引导学生在日常学习中注重行为养成。

三、方法论视野中的高职思政课教学改革实践现状

（一）创新课堂教学方法

革新教学方法和学生学习方法是思政课改革的重要抓手，也是打造新时代

思政"金课"的关键环节。过去，理论教学和实践教学中存在强调教师的主导性地位忽视学生的主体性地位，重视灌输式教学忽视启发式教学，重视理论教学忽视实践教学，重视显性教育忽视隐性教育等问题。

　　课堂教学方法是提升教学有效性的必要手段。教师采用单纯的讲授法，在当前越来越不能满足学生的认知方式和学习需求。为了取得更好的教学效果，需要从教学理念、教学方法、教学设计、教学手段、教学模式等不同方面进行创新。一是从教学方法来看，教学活动是教师主导性与学生主体性的统一，要充分引导学生参与课堂活动。通过对分课堂、翻转课堂方式，教师引导学生站上讲台进行学习分享，进一步解析重难点，实现教学内容的升华。在教学中，通过专题式教学和问题链教学方式，把教学要点转化为相应的问题体系，并通过问题解析逐步深化理论，形成对知识的整体性认识。二是从教学手段来看，积极探索混合式教学模式，积极引入相关教学平台，如超星学习通、学银在线等，开发微课教学资源、打造线上学习资源。积极利用新技术，例如利用VR、AR等新技术打造沉浸式教学，形成新资源，满足青年学生的现实需要。三是教师要积极打造具有自身风格的教学设计，实现教材体系向教学体系转化，从多个维度进行教学设计，贴近学生生活和现实，增强案例的鲜活度和剖析的深度，能够引起学生的思考和启发。通过深入浅出的方式，把理论问题讲透彻，回应学生困惑，认识现实问题。四是要加强课堂管理与互动。有效的课堂管理和师生互动，能够在规范学生学习行为的同时，营造出良好的学习氛围。

　　课程考核是对学生进行学习评价的重要方式，也是激励学生更好参与学习的重要手段。思政课教学不仅是要学生理解和掌握理论知识，更重要的是提升其能力以及加强情感价值教育。合理的课程考核方式进一步促进学生形成良好的学习习惯和学习方式。提升课程考核方式可以从以下几个方面着手。一是合理设置平时成绩、实践成绩、期末成绩在课程成绩中的比重。提升过程性考核所占比重，引导学生参与课堂讨论、发言，积极参与实践活动。教师在平时成绩考核中要明确各项目考核标准以及严格执行。二是创新教学考核手段。在平时成绩和期末成绩考核中，通过借助信息平台简化教师工作量，通过信息手段实现各项目的学生成绩统计,避免繁杂的工作量而造成各指标考核落地困难。

(二)创新思政课实践教学方法

1.创新实践教学项目

实践教学是思政课的重要组成部分,开展实践教学对于增强理论知识理解、提升学生解决问题的能力具有重要意义。实践教学项目按照实践场所一般分为课堂内实践教学、校园内实践教学、社会实践教学。在课堂实践教学中,学生依据特定实践主题,进行读书分享、演讲朗诵、作品展示、情景剧表演、红歌等。校园实践活动,就是学生开展校园调查、人物走访等。校外实践活动,学生可以通过参观走访爱国主义教育基地、深入企业、"三下乡"等形式开展社会实践。创新实践项目就是要把课堂实践、校园实践以及校外实践统一起来,依据学校条件和教学实际,开展结合专业特色的实践活动,贴近校园生活的实践活动,走入社区百姓的实践活动。从实践内容来看,实践活动方案设计要紧紧依托教材,通过实践加深对理论观点的认识和理解。实践活动主题设置广泛,一是可以贴近现实热点,弘扬社会主义核心价值观,传播正能量。二是立足中华优秀传统文化,特别是对地方优秀传统文化的弘扬,引导学生认识地方文化,增强文化自信。三是积极践行革命文化。中国共产党领导中国人民在革命、建设和改革的历程中,创造了伟大的物质成就,留下了宝贵的精神财富。因此,教师应当引导学生积极开展学习,践行革命文化实践教学,树立正确的历史观,自觉担负起实现民族复兴的历史重任。同时探索线上实践活动方式,通过新技术的应用,打造沉浸式学习体验,增强实践效果。

为了更好地提升思政课实践教学效果,可以采用以下几种方式。一是将思政课实践教学部分纳入教师考核的范围。将教师实践教学方案、实施效果、实施案例等纳入实践教学考核,激励教师开展高质量的实践教学活动并形成良好示范。教学主管部门要明确实践活动的实施标准和意见,要求教师高质量、高标准完成实践教学。二是建立实践活动实施保障体系。学校要为思政实践活动顺利开展提供基本的资金、师资、政策上的支持,有机处理思政实践活动和专业实践活动之间的关系，并形成良性互动。把思政元素与专业课元素紧密结合起来，帮助学生树立职业精神。三是提升实践活动成果展示效应。通过搭建多元的校园舞台，展示优秀实践活动成果，提升学生参加实践活动的积极性、创造性，达到更好的学习效果。

教师在实践教学项目上的选择要充分吸收学生意见和教学实际，制订出符合学生认知需求的实践活动方案。实践教学活动是过程与结果的统一，教师要积极参与到学生的实践活动中，帮助学生答疑解惑。学生要注重自身在实践过程中的认知能力的提升，同时要把在实践中的收获转化为成果。教师创新实践活动考核方式，注重对过程和结果的双重考查，提升实践教学的有效性。

2. 创新思政课学习方法

创新课堂学习方法。高质量的思政课离不开教师的教，更离不开学生的学。影响思政课教学发挥作用的因素是多方面的。从教师层面来看，教师上课吸引力不高，教学缺乏针对性，同时忽视对课堂的管理。从学生层面来看，学生学习基础薄弱，学习积极性不高，更重视专业学习而忽视其他课程学习。为了更好地提高课堂学习效果，要从师生两个维度着手，教师要引导学生参与到课堂活动中，发挥主体性作用，引导学生由"被动听"到"主动学"，通过信息化手段让学生充分参与到学习活动中，开展课堂讨论、回答相关问题。同时要把理论与实践紧密联系在一起，帮助学生形成相应的实践方案，并逐步实施到位，最终形成实践成果。通过学生参与，发挥学生主体性作用，增强学习效果。

充分利用网络资源进行线上学习。网络成为学生获取信息的重要平台，也是当前学生开展学习的重要方式，落实线上、线下混合式教学模式的必然途径，要引导学生树立正确的线上学习方法和培育良好学习习惯。一是完善校园线上学习平台建设，打造精品在线课程，丰富思政课学习资源，构建多类别、多层次、多维度的学习空间。既有丰富的文本资源，也有形式多样的视频资源等形式，覆盖课程资源以及课外拓展学习资源。二是引导学生学会选择资源。资源类型丰富多样，要根据教学和自身实际进行选择，找到最适合的资源。三是要学会对资源进行再加工。丰富的网络资源帮助学生开阔视野,加深知识理解,但更要培养学生对资源进行深耕,培养其透过事物现象看到事物本质的能力,把资源体系转化为自身话语体系,从而更深刻地认识所学内容。四是要学会做好学习笔记。学习笔记是知识内化的重要步骤,能够提炼重难点,总结学习心得,提出学习问题。这是线下交流、讨论,取得更好效果的关键因素。

3. 创新实践学习方法

实践教学是学生深化理论内容,联系现实生活的关键环节,要引导学生建立正确的实践学习方法,能够更好地提升实践效果,增强实践感悟,在实践中帮助学生形成正确的思维方式和解决问题的能力。

培养学生分析问题、解决问题的能力。因此,在改进实践教学方法的同时,也要提升学生实践学习方法。一是要转变实践观念,把实践教学作为对学生考核的重要内容,引起学生对实践教学的重视。围绕实践活动,要精心组织实践准备活动,制订翔实的实践活动方案。二是实践活动开展要紧密联系理论内容,用理论回应实际问题,在实践过程中要体现出对理论知识的应用。三是实践成果化。在实践中,既要关注学生在过程中知情意方面的收获,也要引导学生将实践成果具体化,通过实践报告、作品展示、调查报告等多种形式,实现显性成果与隐性成果的统一。

第七章　信息技术下高职院校思想政治理论教学创新

第一节　信息时代多媒体对思政工作的创新

相比传统单一的媒介，多媒体作为新兴的互联网媒介形式，能够通过手机、电脑和其他终端，利用互联网技术，提供即时便捷的信息传播渠道。当前，大学生几乎人手一部智能手机，通过微信、微博等平台，可以随时随地获取各种新闻资讯。

多媒体作为一种新兴的传播方式，在舆论引导、思想教育和用户互动交流等多个方面发挥着重要作用。一方面，它极大便利了知识学习和信息传播。但另一方面，多媒体环境也带来一定挑战，比如信息量大、质量参差不齐，容易出现失真等情况。在这种背景下，高职院校思政工作者需要根据时代发展特点，探索适合多媒体环境下的有效工作模式。一方面运用新媒介手段开展创新形式的教育活动，同时也要提高舆论引导能力，主导网络话语权，宣传社会主义核心价值观。另一方面，还应重视培养学生筛选信息、分辨是非的能力，让其在复杂环境下形成科学的价值判断。只有如此，才能更好地服务于社会主义现代化建设这一时代主题。

一、多媒体背景下高职院校思政机制现状分析

（一）多媒体为当前高职院校思政机制改革提供了重要机遇

多媒体的到来深刻改变了社会生产、生活的传统模式，同时也给当前高职

院校思政工作带来了前所未有的机遇，主要表现在以下几个方面。

1. 多媒体的发展突破了高职院校思政教育的时空限制

随着多媒体技术的深入应用，以智能手机为代表的多媒体终端智能设备在大学生中普及化，使人与人之间的交流通信更加频繁畅通，这为高职院校思想政治教育工作带来了前所未有的发展机遇，不再受限于传统的时间和空间限制，思政教育工作可以采取更丰富多样的方式开展，比如通过微信、微博等新兴社交平台开展在线学习互动，实现教师与学生随时随地的针对性交流。总之，多媒体技术的发展对高职院校思政教育工作的深入开展提供了重要技术支撑，为工作打开新的广阔天地。

2. 多媒体的发展拓宽了高职院校思政工作的手段

多媒体时代为高职院校思想政治教育工作带来诸多便利。一方面，通过多媒体技术支持，高职院校思政工作者能够与学生实现更便捷高效的互动交流，更快捷地了解学生群体的思想动态。另一方面，还可以利用多媒体平台开展线上教育，比如通过APP或微信公众号等形式进行在线课堂，丰富教育方式。这种交互互动的教育模式可以有效提升教育工作的趣味性和引导性，进一步激发学生学习思想的主动性。

3. 多媒体的发展增强了高职院校思政教育的效果

进入多媒体时代，高职院校思想政治教育工作已经不再限于传统单一的"一张嘴一支笔"的教学模式。通过多样化的多媒体手段，思政教育可以构建更为丰富多元的教育模式。这可以在一定程度上改变部分学生对思政教育过于简单枯燥的误解，利用互动性强的网络形式吸引学生主动参与，以积极开放的心态接受思想政治教育。相比传统模式，这种多维参与的工作方式可以显著提升思政教育的效果。

（二）多媒体为当前高职院校思政机制改革带来了巨大挑战

多媒体的发展对高职院校思政教育不仅存在有利的一面，同时也使其面临着诸多挑战，主要表现在以下几个方面。

1. 多媒体的发展对高职院校思政主体提出了更高的要求

随着多媒体环境的发展，大学生获取信息的渠道日益增多，信息量急剧增加，这无疑会削弱高职院校在思想政治教育上的传统信息优势。另外，部分教育工作者在理念和技能应用上还存在一定差距，未能充分利用多媒体手段开展教育，难以提供优质的个性化教学服务。这样一来，在多元信息环境下，如何巩固和提升思政教育的主导地位，保证教育质量和效果，就是一个不容忽视的问题。一方面，高职院校应加强对网络新媒体的监测与引导，引导学生作出正确的价值判断；另一方面，要引导教师广泛吸收新技术和新思潮，创新教学模式与表达手段，真正充分发挥多媒体在教育中的先导示范作用。

2. 多媒体的发展给高职院校思政的媒介要素提出了新的要求

传统媒介时代，高职院校思想政治教育主要依靠理论课堂、党团活动等单一形式进行，难以真正激发学生学习热情。多媒体环境为思政教育工作提供了新的发展机遇。高职院校和教育工作者必须积极探索，利用多媒体优势开展教学工作，以满足当前教育需求。

此外，在信息可以任意获取的多媒体背景下，高职院校思政教育不仅需要传达理论知识，还应关注学生在网络上的思想导向与价值判断。正确认识网络信息和正确使用网络事业，尤为重要。这同样需要我们拓宽教育内容，帮助学生养成科学的网络思想和道德观念，培养抵御不良信息的能力。

二、多媒体背景下高职院校思政机制的优化与创新

高职院校思想政治教育工作在多媒体时代面临重大挑战的同时，也蕴含着广阔的发展机遇。它涉及一个系统性的问题，即如何在立足时代特征的同时，也坚持思想政治教育理念和遵循学生心理规律，从而进行全面深入的工作。只有兼顾多方面要求，思政工作才能在新形势下持续深化，继续发挥其重要的引导作用。

（一）整合思想政治教育资源

虽然思政教师是高职院校思想教育的重要骨干，但党委宣传部、学工部和团委等也是重要的教育资源。多媒体时代可以帮助高职院校有效整合利用这些资源，高职院校应充分发挥多媒体优势，整合上述部门，构建起思政工作的合力新模式，如建设专题网站、构建教育资源库、录制网络短视频以及建立家校沟通机制等。只有充分挖掘各类资源并进行有效融合，思政教育才能在多媒体背景下发挥更大作用。

（二）优化思想政治教育内容

随着多媒体技术的不断发展，高职院校思政工作面临内容结构的全新调整需求，这应从以下几个方面进行内容设计优化。

一是帮助学生树立正确的世界观和价值取向。这不仅要通过传统理论渠道进行思想政治教育，更重要的是指导学生在网络环境下如何形成科学的观念体系，区分现实与虚拟。

二是培养学生的网络公民意识。这既包括引导学生主动参与网络社会的民主管理和法制建设，也要强调识别网络信息流的合法性与真实性。

三是推进现实社会价值观在网络环境下的弘扬。高职院校应重点指导学生如何在线上环境下树立和贯彻社会主义核心价值观。

四是加强网络道德与法律法规教育。让学生自觉掌握网络交往中的底线。

总之，思政内容设计需体现时代性与开放性，覆盖现实与网络各个层面，才能真正适应多媒体环境下的教学需求。

（三）提升高职院校思政工作者的多媒体素养

多媒体环境下，高职院校思政教育工作显然不再局限于传统课堂，教师需要主动占领网络舆论场开展工作，这必然需要更高的多媒体素养支持。因此，高职院校应以教育改革为契机，全面提高教师队伍的多媒体应用能力。具体来说，一是通过各种形式培训强化教师的信息意识和网络资源开发运用能力，以丰富思政教育渠道，二是提高自身理论水平和辨别能力，让教师能够在网络环境下更好地引导学生、维护社会的正面价值导向，三是只有实实在在提升思想和操作素养，教师群体才能真正为更多学生提供高质量的网络思政服务。

（四）正确引导高职院校网络自组织的发展

网络自组织是在多媒体背景下兴起的学生交流新渠道，为学生学习和信息获取提供快捷便利平台。随着其在高职院校的普及，作用日益凸显，一方面可以开阔视野促进人际交流；另一方面由于传播难以监督，也可能放大某些负面影响。

因此，高职院校需要从立项到日常运营全面加强对网络自组织的引导。结合其在思想教育中的价值，推广正面信息引导舆论导向，从管理层面及时下发指导意见，对潜在风险进行有效管控，借助组织影响力继续弘扬社会主流文化与价值观。只有充分发挥好网络平台在思政教育中的开拓性，同时加强指导监督，网络自组织才能真正成为高职院校文化交流的有生力量。

（五）提升大学生的信息鉴别能力

在当前以信息技术为代表的多媒体技术高速发展的背景下，文化得以实时向全球各地扩散，这已成为当前世界各国社会发展的一个重要特点。

在这一背景下，由于年轻一代大学生在社会实践经历方面相对缺乏，面对网络信息洪流难以准确判断真伪，很容易受到不良信息误导。鉴于上述情况，各高职院校需要采取有效措施，提高学生的网络信息识别能力，为他们提供相关培训和指导，以帮助学生弄清网络信息来源和推导逻辑，识别可能存在的偏差或误导。同时应引导学生认清不良信息可能产生的不利影响，从而自觉抵制和警惕。

优化高职院校思想政治教育是一个长期进程，这需要政府各部门，社会各界人士，以及高职院校自身通过各种渠道共同协作，不断调动积极因素，持续开展工作的革新创新,培养出德智兼备、适应社会需求的人才,以服务于中华民族伟大复兴的宏伟目标。

(六)创新教育理念

在当前多媒体技术日益成熟和广泛应用的背景下,传统教育方式难以适应新时代的需求。高职院校思想政治教育工作者需要重视多媒体在这一领域的巨大潜力,积极将其融入工作中。通过利用多媒体快速传播信息的优势,优化高职院校思政理论教学方式,同时借助多媒体科技手段持续开展丰富多元的校园文化活动,能够极大地提升学生的参与体验度,与时俱进地把握重要教育节点,进行有针对性的引导。

(七)改进教育方式

我们生活在一个信息网络日新月异的时代,传统的单一教学模式已经越来越难满足学生个性学习的需求。高职院校思政工作面临重大机遇与挑战,必须以更开放和包容的视角全面吸收互联网元素进行教学模式创新,深入挖掘多媒体在思政教育中的价值。

首先,思政工作者需要为广大学子打造一个功能完备的多媒体学习平台体系。这不仅要整合网络课程资源,构建一个系统的在线课程体系,并细分不同专业模块进行资源分类管理,还要根据学生的兴趣和专业特点开设一些具有参与度的网络讨论区,鼓励他们主动提出见解和疑问。其次,开发一系列专题短视频也是很好的选择,能够通过生动有趣的案例解读困难知识点。最后,线上直播也可以很好地解决地域限制,实现同步在线学习交流。

思政工作者还需要建立一个科学有效的多层级管理支持体系。一是构建一个实时高效的舆情预警机制,第一时间了解学生的关注点和网络热点事件,进行科学引导;二是建立牢固的网络安全防线,有效阻隔各种不良信息,保障网络环境安全;三是提前制定完整的应急预案流程,迅速有序地处置各类突发事件;四是定期开展安全教育和法律干预,培养学生自我保护意识。教育工作者本身也需要不断学习提升素养水平。比如学习掌握视频制作与PPT设计等传播技能，以提高表达效果。更重要的是，研习新闻传播理论并运用在实践中，掌握实施工作的科学方法。

只有全面体现互联网化特征，思政教育工作才能与时俱进，真正开展个性化服务，助推学生的全面发展，引导高职院校思政教育迈向新的台阶。

（八）优化思想政治工作架构

当前背景下，优化思想政治工作架构，是指全面发挥校内各部门资源的整合潜力。需要设立一个专门机构组织校园网络思政工作，进行本部门之间机制的升级改革。专门机构可以主导各部门探索协同配合的新模式，实现统一规划与协调管理。例如各学院可以根据专业优势，共同研发网上课程资源，形成互补特长。专门机构还应引领多媒体技术在校园内的广泛应用，充分发挥它在思想传播中独特的影响力。比如可组织线上讨论交流及制作短视频等产品，通过生动形象可触摸的手段传递核心价值观。

思政工作者还应充分发挥多媒体的优势，尤其是在舆论引导上的作用，牵头构建一个健康向上的校园氛围。让学生在互动学习中，逐步树立起正确的人生观与行为准则，使思政教育更紧密地融入日常生活中。

三、多媒体环境下思想政治教育为大学生双创课程带来的转变

（一）教学观念

当前，随着多媒体技术在教育中的日益普及，高职院校思想政治教育既要跟上时代步伐，也需要融合大学生的双创课程设计。教师须主动更新思维，以时代主流理念注入传统教学。

比如，部分学生在学习思政知识时，难免感觉些许乏味。此时教师若善用短视频等互联网元素，将理论研究如何指导信息技术助推国计民生的部分制作

成生动案例，学生便能更直观地认识到其实际意义。教师还可以通过网络交流平台，引导学生探讨相关课题，提出不同观点。这不仅有利于他们主动思考，也能激发他们对未来科技或政策领域的兴趣。

通过这类多元化教学，思想政治教育不仅能融入双创实践环节，同时也将理论知识植入学生生活实际。长此以往，定能真正实现教与学的融合，提升教学质量。

（二）教学方式

传统理论学习已不足以激发学生创新精神，思政教育应引领教改风潮，与双创课程融为一体。例如，在授课解读创新项目时，可以利用案例教学法，组织学生进行思想交锋，进而开展实战模拟，以此来培养他们解决问题的思维能力和团队协作精神。

同时，教师也可以在日常思政课堂中安排一定的双创实践环节，比如设计一个小型创业项目，鼓励学生共同参与完成设计。这不仅能提高学生参与实践的积极性，也能更好地实现"学以致用"的目的。这样有利于培养他们未来的就业能力和行业素养，有利于打下行之有效的基础。

通过结合实物与案例，理论与实践相互渗透，思政教育才能真正与时俱进，助推学生全面发展。

四、多媒体环境下思想政治教育融入大学生双创课程的主要表现

（一）为学生带来创业的机遇与挑战

随着多媒体技术在教育和商业领域的广泛应用，大学生的创新创业迎来了诸多机遇，但也面临一定挑战。在互联网时代，借助网络平台可以有效降低创业成本。比如利用短视频、直播等手段进行产品展示和销售，避免房屋租赁等开支。同时，政府也推出一系列扶持创业发展的政策措施。如创业创新基金、

降税优惠等，这为有愿景的学生提供了更广阔的发挥空间。而多媒体本身也能培养创业能力，如资源整合能力、沟通表达能力等，借此机会进行实践，不仅能开阔眼界，还可以锻炼实际操作能力。

（二）立足于多媒体理念为学生提供更多的双创实训平台

创业实训是创新创业课程的重要组成，旨在培养学生的创新思维和实际操作能力。高职院校应借此机遇，重塑创业实训模式，培养学生实际操作能力。可以借鉴游戏化教学理念，设计模拟实训项目。比如通过网络平台进行产品研发与商业运营全过程模拟、游戏化商业策划与管理训练等，学生可以体验不同场景，突破固有思维。还可以搭建开放式实训基地，于基地内集成各类管理软件与系统模拟使用场景，学生可以长期驻场实操。同时可以与企业联合开展项目合作，让实训真实贴近商业环境。高职院校通过整合校内外资源，搭建联合实训平台，提供在线互动课程与线下实习机会，能够帮助学生全面提升实战能力和解决问题能力。

通过多渠道实训实践，不仅可以激发学生创新思想，培养他们面对社会各类挑战的能力，同时也有利于提升科技成果转化比例和企业创新能力，推动思政教育与时俱进，助推青年创新创业事业。

五、多媒体环境下思想政治教育融入大学生双创课程的设计路径

（一）全力打造以双创教育为导向的思想政治教育模式

将思想政治教育融入创新创业课程体系，不仅深层次调整了其教学理念方式，更重要的是明确以培养学生创新创业能力为主导目标。一方面，教师在思政课堂上可以运用多媒体手段，引导学生们主动交流和探讨各自在创新创业理念和项目上的见解，这可以有效增强思政教育的实践性，让学生不断提升自己，同时教师还可以利用网络等平台为学生提供早期项目试运行机会，使思政教育

能与时俱进，真正助力学生创新创业。另一方面，在这样将创新创业理念整合进来的模式下，可以有效弥补以往思政教育过于形式主义的弊端。以创新创业为导向是深化思政教学改革的重要一步，可以更好地培养应对今日社会挑战的复合型人才。

（二）建立健全思想政治教育与双创课程相结合的实践平台

传统思想政治教育和创新创业教育在实践方面都存在不足。前者强调理论但忽视操作，后者多停留在概念层面而不注重真实应用。

高职院校目前应加强两者融合。一方面，思政教育需要兼顾理论知识传授与实际操作环节；另一方面，如何将创新项目研发成果有效转化成产品也值得探讨。高职院校可以建立"思政＋双创"联合实践体系。它可以全面利用校企合作资源，利用多媒体技术打造实战培训平台，例如线上课堂授业与线下项目实操相结合。学生不仅需要掌握理论知识，更要重视自主参与外部实习和实践，锻炼实际解决问题的能力。

此举旨在弥补单一课堂教学不足之处，帮助学生在真实环境中获得经验锻炼。长远来看，有利于激发其主动性，更好地使其成长为社会需要的应用型技能人才，以服务区域经济发展。

综上所述，在多媒体环境下，高职院校思想政治教学工作本来就是一项长期的、复杂的工作，因此，原有的教学模式及互动路径等都要随着多媒体要求的不断变化进行优化及调整，与高职院校创新创业课程进行有机融合，进而确保学生在未来就业及创业的发展道路上能够畅通无阻。

第二节　信息时代多媒体思政教育工作中的"微创新"

随着数字技术的不断发展，多媒体媒介迅速渗透进我们的日常生活中，它不仅借鉴和转化了传统媒介在信息传播上的优势，将文字图片实时同步推送到手机平台上，更是利用便捷的互联网，带来了任何时间任何地点的即时互动与娱乐体验。

如今，作为新生代的主力军——大学生，正处于这股新媒体浪潮的洗礼之中。微信公众号等"微传媒"通过个性化语言与视听效果，深深影响着他们的学习生活模式与思想认知的走向。与此同时，这也为高职院校进行思想政治教育工作提出了新的挑战，需要崭新的思考方法与目的。

高职院校应该主动开拓思路，顺应这股媒介环境的变化潮流。一方面可以借鉴"微传媒"平台的交互模式，开发新型互动教学，提高学生参与度。另一方面也可通过线上线下活动相互印证，建立统一的互动学习交流平台。此外，借助大数据与人工智能技术进行个性化细分，识别不同群体的心理需求节点，精准开展价值观引导。长此以往，能助力新生代大学生树立科学的世界观、价值观，并使思想政治教育更具可操作性和参与性，真正发挥其本该发挥的社会作用。

一、转变观念，注重"微交流"，提高"微素养"

高职院校在思想和意识形态教育中肩负重要责任，需要引导广大学生建立正确的世界观和价值观。随着"微媒体"在新时期的广泛影响，"微时代"也给传统教育工作带来一定挑战。教师们需要深入理解这一背景变化，及时调整工作方法，同时引导广大学子培养适度和明智的网络使用态度，让他们能在网络平台上传播更多正面信息。

教师只有自身主动融入微时代的新环境、新语言中，才能根据学生的实际情况及时作出适当调整。与此同时，思政工作队伍自身也需要持续进步，弘扬主流价值观，引导网络舆论走向正面健康方向。教师们需要学习网络传播规律，在确保信息安全的基础上，参与网络交流与讨论。高职院校需要从整体上规划思想工作队伍建设，注重理论研修与技能培养。教师应主动学习新的网络技术和交流模式，将新观念与思潮引入工作实践当中，保持理解学生的同时也充实自己，促进我国在新时期思想教育工作持续提升。

教师可以通过多种方式积极参与"微时代"，更新陈旧观念。比如说，可以组织微博点评、微信交流、微观生活等活动，深入学习使用新媒体语言。还可以开展以"适应微语言""掌握微视角"为主题的培训，帮助教师更好地适应工作新潮流，细致观察学生的网络生活。同时，教师自己也要主动学习掌握最新技术与思潮，并将这些带有积极倡导意义的观点融入实际教育工作中。例如新兴的微课和微讲座模式，如果运用得当可以提升互动性。总体来说，只有教师自身也深入参与"微时代"，才能在公共舆论环境的引导中发挥更大作用。

二、创新手段，搭建"微平台"，体验"微生活"

随着"微媒体"在高职院校普遍应用，"微时代"新特征对校园传播提出了新需求。许多高职院校已经主动利用多种新媒体平台进行交流，比如微信公众号、微博账号以及 BBS 论坛等，这成为校园教育工作的重要组成部分。学校应充分利用互联网多模式互动手段，搭建及时平等的师生传播平台。通过平台了解学生真实想法，及时掌握学生意识形态动向变化。学校亦应第一时间作好网络舆情引导，必须及时回应，以确保信息传播发挥出积极的引导功能。

同时，高职院校也要减少师生的距离感，主动使用多媒体工具倾听学生声音。只有这样，校园传播工作才能及早触及学生，给予他们准确有效的思想指导。新时代下，我们要注重学生参与度，弘扬核心价值观，引导网络舆论清朗和安全发展，为学生提供充满生机的思想教育平台。

随着数字技术的浸染，媒体环境的改变，这对思想教育工作提出了新的要求。高职院校需要基于此趋势动态，全面评估新的教育需求。多媒体为教育创造了更为灵活多样的互动格局。这不仅丰富了学习渠道，也打开了思想传播的新纬度。如何在保持根基的同时，调整工作方法跟上时代步伐，将是思政工作者需要长期关注的重要问题。相比直接利用某一新工具，更重要的是培养学生独立思考的能力。高职院校可以通过丰富的主题活动，促进学生主动参与和体悟。比如分享"微时代"风貌中的正面人物和故事，将人文关怀活动进一步渗透在学生生活的各个细节中。与此同时，多媒体也为管理工作量身定制了便捷的通道。但关键是如何利用网络交流，巧妙引导学生主动探讨课堂知识在生活中的应用。只有真正理解和满足学习者需求,思想教育工作才能真正跟上时代的步伐。

高职院校应当采取全面和持续的态度来把握新媒体潮流。以学生利益为依归,不断探索思想工作在数字化环境中的新形态与模式,这是推动工作质量持续提升的一个重要方向。

三、加强管理,探索"微模式",搞好"微教育"

保障"微平台"良性运行是一个系统工程,需要各方共同参与。高职院校作为直接管理端,应设计完善的支持体系。不仅需要专门团队进行日常监管,还要与学生共同建设信息互动规则。这不仅可以提升平台秩序,也能培养学生的自律意识。

高职院校还应发挥舆情引导作用。除了建立新闻发言渠道直播权威信息外,还要在各种教育场合中开展法律精神和网络规范教育,这将有利于学生树立正确认知。此外,鉴于微媒体环境的复杂性,高职院校也可以联合专家学者,形成相关政策研究支持。社会各界也应协同参与,政府部门可以完善相关法规支持体系,健全技术标准,及时监管不当信息。同时,媒体也应引导和监督,传播正面文明的价值观,这需要各方深入协作,共同研究解决难点。只有高职院校与社会各界都树立全面视野,形成多层次支持保障,才能使"微平台"管理工作持续深入有效。应秉持开放进取的态度,在推进工作的同时不断完善机制,以适应新媒体环境的不断变化,为思想教育工作提供良好的平台环境。

第三节　信息时代高职院校思政课程的"四个自信"教学

一、将"四个自信"教育融入高职院校思政工作的重要意义

高职院校思想政治工作是党和国家长期以来高度重视的战略任务。据"应

办什么样的大学以及如何办好大学,培养什么样的人才以及如何培养人才"等问题的强调,各高职院校都将立德树人作为重中之重,贯穿整个教育教学过程开展全面育人工作,为推动我国高等教育事业发展创造条件。当前,高职院校教育应深入学习和贯彻党的二十大精神,自觉用习近平新时代中国特色社会主义思想武装师生,树立"四个意识"、坚定"四个自信",在政治立场和原则上同党中央保持高度一致。为此,高职院校需要研究思想政治教育现状,加强互联网多媒体工具的应用。例如利用新技术手段,开展以"习近平新时代中国特色社会主义思想"为核心的教育工作,帮助学生全面掌握这一重要指导思想。

研究现状并创新工作模式,对提升思想政治教育质量具有现实意义,有助于培养更多高质量建设社会主义的人才,推动高职教育事业稳定和协调发展。

二、当前高职院校以"四个自信"为核心的思想政治教育工作中存在的不足

(一)对大学生开展"四个自信"教育的顶层设计不完善

加强对大学生的"四个自信"教育,是高职院校必不可少的历史使命,亦是树立人才根本可靠性的重要举措。然而当前,部分高职院校在此工作上的思考和部署,尚未形成系统整体性的顶层设计。"四个自信"教育的总体方向与路径缺乏明确阐述,相关制度也暂未妥善完备。此外,高职院校各学部之间在"四个自信"工作中的职能划分和进度衔接,尚需加强协同沟通与研讨,共同探索更高效率的办学路径。如果不能解决这些问题,长远来看,"四个自信"理念在学生心智根基形成的深度及程度,将难以得到充分提升。高职院校领导层需要成体系研究"四个自信"教育规划,明确各环节目标与步骤,使校内外部门协同配合,以期教育质量的提升。

(二)对大学生开展"四个自信"教育不够重视

第一,部分高职院校领导自身对"四个自信"的认识不够深刻,没有系统

地组织全校师生深入学习"四个自信"的相关内容,致使部分教师并没有将"四个自信"教育融入日常的教育教学活动中,也直接导致学生对"四个自信"理论体系缺乏全面的认识。第二,部分高职院校没有把"四个自信"教育作为学校的头等大事去抓,对中央文件精神的贯彻和落实存在着短期性和形式化的不足。第三,部分高职院校对大学生"四个自信"教育的认识存在误区,只是简单地把大学生的"四个自信"教育作为一项教学任务分配到二级学院或社会科学部,简单地由思政课教师在课堂上进行单纯的理论灌输。这种完成任务式的教育力量单薄、渠道单一,无法达到全方位育人的效果。

(三)对大学生开展"四个自信"教育的内容和方式有局限性

第一,思想政治教育的内容没有与时俱进。一方面,部分高职院校在对大学生进行思想政治教育时并没有及时融入"四个自信"的相关内容,导致教育缺乏时效性;另一方面,部分高职院校在开展高职院校思政工作时没有将理论教学与当下的社会热点结合起来,这使得思想政治教育与社会发展相脱节,导致大学生对"四个自信"的内容认识不到位。第二,思想政治教育的方法不新颖、载体不丰富。随着多媒体时代的到来,以微信、微博等为典型代表的多媒体工具已经深深地融入大学生的学习、生活中。但是有些高职院校的思想政治工作者在推进"四个自信"进校园、进课堂、进头脑的过程中,没有很好地利用多媒体工具,对一些富有时代气息的信息、技术、知识视而不见,师生之间缺乏互动,没有充分发挥学生的主观能动性,思想政治教育缺乏吸引力。

(四)多媒体时代高职院校思政教育者的话语权被弱化

多媒体传播采取开放共享的形式,学生能在上面自由表达观点,这给高职院校思政工作带来了一定挑战。一是权威信息传播的渠道已不再单一。学生可以通过多元来源获取信息,这给工作者的单向指导埋下隐患。二是学生主体意识得到飞速提升。他们不仅可以自由表达,且通过互动学习产生更深层次思考。这进一步弱化了工作者的主导地位。三是线上线下融合互动需要新的工作模式。

高职院校传统的指导手段难以应对,需要研发更人性化的个性化工作方式。

三、"四个自信"视域下创新高职院校思政工作方法的路径

(一)完善高职院校思政工作体系,构建校内、校外相结合的思想政治教育主阵地

高职院校想真正提升"四个自信"教育质量,需要全面部署内外两道防线。

一是校内方面,高职院校领导要把此工作提升到战略地位,统筹各部门资源,共同参与,破除壁垒,形成集体合作模式。高职院校需要制定长期而系统的"四个自信"教育规划,详细设计各个环节的目标任务和步骤,确保各项工作协调契合。

二是校外方面,高职院校可以探索将"四个自信"知识融入专业实践课程设计中,例如安排社会实习环节,让学生深入基层调研了解。这不仅有利于理论与实践结合,更能激发学生的责任心。此外,高职院校还可以依托社会力量搭建更多实践平台。如学生参与社区活动、企业拓展等,使其能够通过亲身经历理解"四个自信"在实际工作中的价值指导作用。高职院校应充分论证并积极开拓"四个自信"教育的校外实践平台,与各行业和社区深度衔接,培养学生社会责任心。

(二)完善高职院校"三全育人"机制,实现"四个自信"与高职院校思政工作的深度融合

首先,高职院校应积极构建"三全育人"机制,努力营造全员育人、全程育人、全方位育人的良好氛围。全员育人,指的就是高职院校里的所有教职员工(包括学校的领导、中层干部、专任教师、行政管理人员等)齐心协力,共同推进以"四个自信"为核心的思想政治教育;全程育人,就是要把"四个自信"教育融入大学生思政教育的整个过程中,从大学生进校后的专业教育、主题班会、团课、党课、专业课程学习、顶岗实习环节,到毕业时的就业指导教育,都要融入"四个自信"的内容,使其在潜移默化中产生效果;全方位育人,

指的是对大学生进行"四个自信"教育时,既要发挥传统思政课堂的作用,加强理论宣传,同时也要重视第二课堂的思想政治教育,把"四个自信"教育融入大学生的各种校园文化活动、社团活动、社会实践活动中。其次,还要占领网络宣传的主阵地,构建校园网络思想政治教育平台,把"四个自信"教育渗透到大学生的学习、生活中。

(三)加强多媒体思政队伍建设,为"四个自信"思想政治教育工作的推进提供人才保障

1. 提高高职院校思政队伍对"四个自信"的认识

高职院校思政工作者自身首先要加强对"四个自信"的学习和理解,要学得深、学得透,做到入脑、入心,提升"四个自信"水平,树立对"四个自信"的坚定信念,要做到真信、真学、真用,对"四个自信"要有整体的把握,要做到能够用马克思主义的科学观点和方法阐明"四个自信"的历史和实践渊源,解决高职院校思政工作中出现的新问题。

2. 提高高职院校思政队伍运用多媒体的能力

首先,思政工作者要认识到多媒体给高职院校思政工作带来的机遇,加强对多媒体技术的学习,提高自身的多媒体素养,掌握多媒体知识,了解多媒体的特征、优势、劣势,并创新性地将其运用到高职院校思政教育工作中。其次,思政工作者要创新教育方法,改变传统的"教师—学生"单向的灌输式教育模式,利用多媒体工具加强与学生之间的交流和互动,建立"教师—学生"的双向沟通模式。

(四)充分发挥多媒体的优势,增强高职院校思政工作的时代感和吸引力

1. 搭建多媒体高职院校网络思政工作新平台

一是信息基础建设。高职院校需要进一步完善校园 WiFi 网络覆盖,确保教育资源随时触及学生，同时也要重视安全管理，保障网络安全。

二是线上教育平台建设。高职院校可结合自身特色，在官网或APP上搭建"四个自信"在线课堂。定期互动式更新理论教学视频和答疑功能，促进学生主动学习。

三是公众号运营。高职院校研发专属"四个自信"微信平台，丰富多彩地展现理论知识，如解读时事、问答互动等。精准把控学生需求，提升其参与度。

四是线上线下结合。高职院校还应规划丰富的宣讲会、征文比赛等线下活动，汇集多种信息资源，实现教育深化改革。

五是效果评估。高职院校应建立长效监测机制，定期收集问卷反馈，全面评估工作质量和亟待改进环节，优化措施，深入挖掘互联网潜力，构建系统完整的"四个自信"教育体系，真正使其深入人心。

2. 建立多媒体高职院校网络意见领袖队伍

一方面，高职院校要有意识地加强对思政工作者的培养工作，提高他们的思想道德修养，坚定他们的政治方向，增强他们的社会责任感，提升他们的职业技能，让他们成为高职院校思政工作中的"意见领袖"，使教师成为大学生健康成长的指导者和引路人；另一方面，高职院校还要重视在大学生中选拔网络意见领袖，要关注校园论坛、校园博客、微博、QQ群、微信群等网络动态，以学生干部、学生党员为依托，选拔出一些思想上进、道德高尚、态度端正，并且有一定影响力的学生骨干，发挥他们的模范带头作用，使他们成为学生中的网络意见领袖。网络意见领袖要向大学生灌输"四个自信"的理论，对大学生进行正确的舆论引导。

3. 丰富网络思政工作平台的资源

高职院校要组建由思政工作者和技术人员共同组成的专业队伍，让他们共同开发、建设网络思想政治教育的资源库，从而丰富网络思想政治教育的内容。思想政治教育内容要健康丰富、形式多样、生动有趣，具有吸引力，要能够引起大学生的共鸣，教师要将理论带入生活中，增强高职院校思政教育的实效性。

以广西国际商务职业技术学院为例，其利用超星网络教学平台（"学习通"APP），实现在"四个自信"教育过程中师生之间的交互式学习和交流。比如，把以"四个自信"为主题的教学微视频、微课件上传到网络教学平台供学生学习，开设"四个自信"专题线上课程，邀请校内和校外的专家、学者、企业界的精英等就当前一些社会热点问题与大学生进行互动和交流，在网络教学平台组织大学生进行"四个自信"的专题讨论，通过各种方法帮助大学生形成正确的认知。

第四节 信息技术下高职院校思政课程的"四位一体"教学

高职院校进行"四个自信"教育工作时，应坚持"线上线下融合、理论学习与实践相结合"的教学模式。这在当前社会发展背景下意义重大：互联网的深入应用为教学带来新的渠道和可能。高职院校需充分利用网络资源进行远距学习，弥补传统模式不足。"四位一体"模式有机结合了线上线下优势，弥合了理论与实践的距离。学生可以在多元渠道学习，通过实践锻炼运用能力。通过科学进行"四个自信"教学改革创新，以学生为中心，根据时代变化打造具有时代特征的教学模式，使教学质量能够得到实质提升。

一、"四位一体"实践教学模式的内容

"四位一体"实践教学模式是在坚守思政课课堂主阵地的基础上，遵循"理实结合"和"整体育人"的教学规律，而构建的理论与实践、线上与线下、课内与课外相融合的教学模式。

（一）"四位"

1. 课内实践教学

高职院校思政课实践教学是一个系统项目，可以分为课内和课外两个模块

进行：一是课内实践教学。这一模块采取研讨式和案例分析等互动形式，帮助学生将理论知识运用于实践探讨中，发挥其主观能动性。二是课外实践教学。这一模块通过开展社区实习、企业实习等活动，让学生深入社会实际操作中吸收理论精神。该模块对硬件资源需求较低，校园条件基本可以支持。

两者应协同互补，课内着眼理论讨论，课外注重实际操作，教师需要给予科学的组织指导。

（1）分组教学形式

分组教学具有如下优势。

一是培养学生的团队精神。可以设定明确的分组任务，使各组成员在完成共同目标中培养合作意识。在实施分组合作前，需要明确项目任务目标和评价标准，使各组清晰掌握方向。

二是激发学习竞争。适度的小组竞争可以提升学生的自主学习，促进项目与社会实践的衔接。

三是发挥个性潜力。教师应采取无领导小组讨论，引导学生自主表达想法。通过案例模拟等，观察学生多方面的素质成长。分组时应考虑成员从专业、性别和个性上都更趋多元，促进交流学习。

教师在分组进行过程中需予以恰当指导。在保障讨论质量的同时要兼顾个性，同时采取互动评价，促进学习积极性。在分组进行过程中，教师还需要不定期进入各组了解进展情况，着力解决难点问题。

实施分组教学要遵循相关的流程：①思政课教师对相关理论进行讲授，通过理实结合帮助受教育者实现知行转化；②在教学目标指引下制定需要讨论的题目，进行分组讨论；③展示分组讨论的成果；④教师、学生、第三方参与者对每组的合作结果进行评价解析。分组教学对思政课教师的协调能力和教学素质有很高的要求，教师在教学主题设定、小组人员安排、教学节奏的把控方面都承担着重要的责任。

（2）小班教学

学习共同体的形成需要实现主体间性原则。主体间性即各主体之间的共生互动关系。高职院校思政课实践教学应推行小班教学模式，这更能体现主体间性，从而促进学习共同体的有效构建。小班教学通过控制较小的教学班额，有利于教师全面了解每个学生的学习状况和需求。相对于大班授课，小班模式下的教师可以更加个性化指导学生，结合不同学生的特点情况进行定制化教学。这有助于培养每一个学生的潜能。小班规模也更便于学生之间进行互动交流。在讨论中，学生可以主动表达自己的想法，同时也可以及时跟进其他同学的进度，相互支持帮助。这种互动学习有利于提高效率，同时也能培养团队合作精神。小班模式还可以通过各种项目学习来锻炼学生的实践能力。比如组织小组研究、实地考察等方式，使理论连接实际。在相对松散和谐的小班氛围中，学生的学习热情也得以最大限度挖掘。

2. 专业实践教学

高职院校思政课专业实践教学，旨在将思想政治教育成分有机融入专业学习与实践活动中。教师应致力于"课程思政"与"思政课程"统一发展的理念。"课程思政"就是在各门专业课设计和实施时，选择性地注入思想教育要素，促进思想教育渗透各专业，秉持"课程思政"理念，在各门专业课中适度加入思想内容，引导学生树立正确价值观，让各专业与思想教育协同发展，促进各专业与思想教育在全员、全方位和全过程水平上的协同，从而达到大规模育人的目标。

高职院校的核心使命是培育德才兼备的人才，而大学生的职业素养则以德行为基石。职业道德在社会道德体系中占据着举足轻重的地位，它对物质层面的影响以及整个社会的道德水平起着决定性的作用。因此，教师需要充分发挥思政课的主渠道作用。通过实施"课程思政"策略，强化思政课的实践价值，确保思政教育全面融入大学生的专业教育过程。

职业素养不仅是大学生个人价值的重要体现，也是他们为社会作出贡献的关键因素。一个人的价值取决于他对社会的贡献，而贡献的大小则取决于他内在价值在实践中的体现。在实现思政课、实践课和专业课三类教育资源协同作用的过程中，专业实践教学起到了至关重要的桥梁作用。

专业实践教学应根据每个专业的独特性，深入探索其与思政内容的内在联系，不仅重视提高学生的专业技能，更重视潜移默化地塑造他们的道德观念。我们应遵循教书育人的基本规律，推动全体教师共同参与育人过程。由于每个专业都拥有独特的思政教育资源，教师应特别关注"思政"与"专业"的有机结合，结合各专业的特色，使思政教育自然融入专业教学中，进一步深化思政课的教学重点。

3. 社会实践教学

我国高职院校大学生社会实践活动历经多年发展，成果丰硕。社会实践，即通过特定媒介和手段，有意识地改造外部世界的实践活动，对于大学生而言具有深远意义。在高职院校中，思政课社会实践尤为重要，其设计紧密结合各校育人目标，涵盖校外实践教学基地建设、理论宣讲、社会服务以及军民融合等多样化活动。这些实践旨在培育学生的奉献精神、国家意识，引导他们确立正确价值观，并发挥所学理论知识，增强服务基层、贴近民众、贡献社会的自觉性。

校外实践教学基地作为思政课实践教学的重要载体，依据不同教育主题，可细分为爱国主义教育实践基地、国防教育实践基地、艰苦奋斗精神培养实践基地等。这些基地为学生提供了身临其境的学习环境，有助于他们在实际操作中深化理论认知。

实践教学基地的建设对于培养全面发展的人才具有不可替代的作用。高职院校在推进基地建设时，应坚持具体问题具体分析，强化与社会各界的协作，努力实现实践教学的规范化和系统化。同时，应积极利用互联网技术，创新打造网络虚拟实践教学平台，为学生提供更加便捷、多样的实践机会。

大学生社会实践活动的主题丰富多样，包括国情政策研究、社会服务贡献、红色文化传承、专业技能志愿服务、基层调研考察、精准扶贫帮困等。这些活动主题均体现了社会主义核心价值观的精髓，与高职院校培养合格社会主义建设者和接班人的使命相契合。

4. 网络实践教学

随着科技的飞速发展，互联网已经渗透到人类社会的各个方面，对教育领域产生了深远影响。网络实践教学作为一种新型教育模式，为大学生提供了一个全新的、模拟的社会实践环境。这种教学模式的兴起，不仅改变了传统的教学方式，更在培养学生的实践能力、创新思维和社会责任感方面发挥了重要作用。

第一，网络实践教学极大地丰富了教育资源。互联网的普及使得教育资源不再局限于传统的文本形式，而是呈现出多元化、海量化的特点。大学生可以通过网络获取各种形式的资料，这种资源获取方式使得学生能够更加全面地了解各种知识，提高他们的综合素质。

第二，网络实践教学实现了实践教学基地的线上化。传统的实践教学往往受到场地、时间和经费等限制，而网络实践教学则突破了这些限制。这种模式大大降低了教学成本，提高了教学效率，同时扩大了教学覆盖面。

第三，网络实践教学有利于促进大学生自主学习能力的培养。网络环境赋予学生更大的选择权，他们可以根据个人兴趣和需求自行选择学习内容和参与项目，这种自主学习模式能有效激发其内在动机，培养其创新意识和实践能力。

第四，网络实践教学还具有评价方式的多元性。它不再限于传统机制上的论文总结和教师评定，更注重实时互动与多方评价。例如，可以通过网课和社交平台实现互动答疑、同伴评价等形式，使评价具有更广泛的参与主体和更科学的体现度。

网络技术赋予实践教学新的生机，也给评价机制带来革新，使教学效果得到更好呈现，为思政课程教学提供了全新的平台和载体。网络实践教学不断开拓创新的教学模式，如网络辅助教学模式、慕课模式、多元混合式教学模式等，能够充分利用网络资源和互联网技术来支持和提升思政课教学质量。这些模式给教师带来更大的灵活性。教师可以通过网络平台更好地组织教学内容和方式，如制作在线视频课程。同时也给学生提供了更多学习选择。学生可以根据自己的条件和情况，选择符合自己需要的网络学习路径和资源。网络教学也让教师能够进行远程互动教学。无论学生是否在校园内，都可以实时参与思想理论的交流讨论。这种新的平台给传统教学模式带来很好的补充，进一步增加了思政课教学的多元性。

在"四位一体"实践教学模式中，网络实践教学主要依托教学平台，对社会的热点、难点问题和社会实践成果进行虚拟的呈现，实现实践教学由点到面的"全覆盖"。

（二）"一体"

思政课程的教学是高等学校最重要的课程之一，它不仅强调理论知识的传播，更注重通过实践教学将学生培养成为拥有正确价值观和坚定立场的社会主义建设者。

在思政课程中，理论教学同实践教学同步进行，互相联系。教师需要采取互动式的教学方法，如依靠历史事件及社会热点话题进行案例解析，引导学生主动思考，理解事件背后的政治内涵和历史渊源，以此提升学生的学习兴趣和参与度。这种教学方式不仅能够有效提高学生的理论修养，同时也能够增强思政课程的说服力和逻辑性。

在理论授课的基础上，教师可以组织学生开展不同形式的实践活动，如组织学生参观相关基地和机构，增强理论知识的实践性，运用社交软件开展网络社区学习等，定期组织学生参与社区服务等公益活动，重塑他们的公民意识，安排实习项目，帮助学生将思想理论贯穿到实际工作当中。这些实践环节都应以理论知识为指导，以实际任务驱动，实现理论学习和实际应用的深入结合。

与此同时，教师也应充分发挥集体智慧和互动教学法在思政课堂上的巨大优势。结合课堂设置，鼓励学生组队研究社会问题，培养学生出色的沟通与合作能力。教师需要给予适度指导，并采用问答、辩论等方式激发学生主动思考的积极性。

将理论教学和各种形式的实践教学有机结合，并注重教师与学生的互动，才能真正实现思政课程教学质量和效果的提升，从而更好地培养学生成长为具有优秀思想理论素养和实践能力的社会主义建设者。

二、"四位一体"实践教学模式的原则

（一）主流意识原则

高等职业院校思想政治教学的根本原则是主流价值观导向。意识形态工作关系到国家长远发展，教师有责任帮助学生树立社会主义理想信念以及坚持社会主义核心价值观。

时下，国内外环境变化激烈。如经济体制改革深入、公众素质提高、文化交流互动等，都提出了更高的意识形态教育要求。

面对新形势新挑战，高职院校必须重视思想教育工作。教师应采取灵活方法，如利用互联互通手段进行互动教学，帮助学生自主学习与实践相结合，同时加强与社会各界合作丰富教学实践内容，共同引导广大受教育青年培养正确的意识形态理念。

（二）理实结合原则

高职院校思想政治课程注重理论指导下的实践能力培养，旨在促进学生全面发展，而单纯依靠传统理论教学模式已难以满足需求。高职院校思想课程应深化理论与实践统一的课程体系建设，强调理论与实践相互渗透。在保证建立完整的教学理论体系的基础上，重在与时俱进地优化内容设计。例如结合教育学新理论研究成果，注重培养学生质量素养，利用科技手段更新教学内容，培养实战能力。同时，不断丰富实践教学方式。可以组织学生参与社区志愿服务项目，体察社会难题并谋求解决方案，也可以依据学生专长，安排不同专题研讨，以展现个性。教师在指导中要重视学生的主体作用，鼓励学生团队协作，通过互相切磋促进学习，也可以设计线上线下融合的问题驱动学习模式，培养他们的自主学习能力。

第七章　信息技术下高职院校思想政治理论教学创新

（三）整体合力原则

高职院校实施思想政治教育不能只停留在单一方式上，需要整合各种资源与要素，形成合力，这就是所谓的"整体合力原则"。这一原则强调思想政治教育应当统筹规划，全面考虑各个环节之间的紧密结合。

首先，需要建立体系完整的思想政治课程系统，各个课程模块与教学阶段需要精心设计，保证思想素养培养具有层次性和连续性。其次，教学资源需要整合运用，可以利用校内外各种场馆和设施，丰富实习实践的载体。教学过程中也要充分发挥多种教学方法和教学模式的作用。最后，教与学各主体的互动也至关重要。教师应引导学生主动参与，形成师生共同学习、共同成长的良性互动格局。

（四）过程充足原则

教育的本质目的在于成就人格，思想政治教育应致力于引导个体社会化。教育的各要素需在教学过程中协调配合，使思想培养呈现出持续完善的趋势。包括理解能力、情感发展、主观意识培养以及行动能力等多个层面，都需要平衡发挥。

首先，注重理论指导。以深入浅出的逻辑进行分析，形成目标体系根基。其次，重视情感渲染。以案例感悟与互动沟通，培养青年优良情操。再次，关注实践应用。基于信念驱动，指导青年培育强大的坚定的执行力。最后，坚持长期耕耘。只有从小细水长流，个性特质才能不断丰富完善。

（五）个性化设计原则

高职院校在开展思想政治培养的时候，应根据青年学生个性和不同阶段需求进行科学规划。既注重提供优质资源，也重视满足个人发展要求，才能真正吸引广大青年学生积极参与。受教育者对内容的认同度直接影响教育效果。因此要根据青年学生不同方向和兴趣，设计个性化路径。让青年学生在学习过程中能找到自己，进而主动参与互动。比如可以以兴趣小组活动或者利用现代科技为不同专业开设对应的案例研讨课。同时也要注重建立学习反馈机制，及时把握青年学生的需求变化。

（六）多元协同原则

协同学习致力于发挥不同学科间的共性价值。高职院校思想政治工作需要课堂教学这个核心渠道支持，并不断完善与优化课堂教学。

思想课程需要根据青年学生发展规律及时调整内容，增强互动性和针对性，真正体现教育需求。与此同时，各门学科能互相补充优势，互为影响。高质量的思政教育需要保持各个环节顺畅衔接，在时间安排和教学载体选择上，都需保持一致性。高职院校应立足于青年学生的全面成长，构建多层次教育体系。可以通过多元路径配合多学科资源，形成动态互动机制。同时，也要坚持不断改进与优化。

三、"四位一体"实践教学模式的因素

（一）内部因素

1. 主体因素

思想政治教育的核心是指在整个学习过程中发挥决定性作用的关键参与方，既包括具有指导意义的个人，也包括具有组织协调功能的团体。教学导向者与受教育对象都应被视为教育进程的重要角色。受复杂环境的影响，实现思想教育需要交互推动。教师通过指导来激发学生学习主动性，学生通过学习成长也会影响教师教学理念创新。因此，只有充分发挥好各参与方的作用，并注重不同主体之间的互动机制，思想教育才能贯穿始终，并不断给予回馈，这就是教育双向参与的重要意义。

（1）教育者主体

高职院校思想政治教育的主导者是思政课程教师。教师不仅是理论教学的组织者，负责安排课堂教学顺序和内容，更是实践教学的主体指导者。作为实

践活动的组织者和参与者，教师直接决定实践教学的具体形式，如选择实践项目、设计实践任务、安排实践流程等。而良好的教师队伍不仅指具备坚实政治理论基础和丰富实践经验的师资力量，更重要的是他们能够形成协同互补的师资体系。这就需要高职院校注重教师队伍的训练与培养，使各教师在理论水平、教学设计能力和实践指导水平上形成友好互动、互相促进的教学氛围。

影响教师教学质量的主要因素有三个方面。

第一，教学理念。这包括教师对思想教育地位的认识、以学生为主的合作教学模式和带头引领的责任意识。

第二，理论水平。这需要教师不断学习更新知识，切合实际需求。深入掌握理论知识决定指导质量。

第三，实践能力。教师应注重各种学习形式的设计，采用多种案例与场景训练学生解决问题的能力。

教师的理论水平指其在各专业领域应具备扎实的知识体系，这是教学工作的基础。教师需要根据当前热点问题，运用专业知识进行课前准备，确保课堂信息充实系统。这样有利于情感交流和价值传导。在教学中，教师应明确目标、弄清理论基础，了解学生成长规律和管理学知识。这可以帮助其选择教学方法。

教师的实践能力体现在组织管理各项实习活动等具体方面。教师应科学安排实践环节，并利用各种辅助措施确保教学目标落地。在实施过程中，教师还需要根据实时情况灵活调整，并解决问题，让每一个学生都能真正实践和成长。

（2）受教育者主体

受教育者主体主要指高职院校中的大学生。受教育者主体的影响因素包括四个方面。

第一，学生的认知水平。这指的是学生对理论知识与实践教学重要性的深刻理解。好的认知能力不仅能提高教学质效，更可以拉动学生主动参与的积极性。主观上能够坚持自己的主体地位和坚守应尽的责任。

第二，学生的思想品德水平。这体现在学生价值观的形成程度和思想成长情况。高职院校思政课旨在内化理论，培养学生正确的价值观。可以从思想修养水平、道德素质、学习态度、日常纪律以及社会问题关注度等多个维度进行全面而深入的评估。只有将各个纬度都纳入考量，才能对学生品德水平作出一个准确的判断。

第三，学生的智力素质。主要指学生对理论知识的学习和掌握能力。理论知识为实践教学奠定基础，学生理论知识水平直接影响其实践能力，也更便于通过考核等手段进行评估。

第四，学生的能力素质。体现在参与实践教学过程中的各项能力，包括：分析和解决问题的能力、完成教学任务的组织实施能力、同教师和同学进行交流沟通的能力、在新情况下显示出的创新思维能力等。

（3）高职院校主体

高职院校主体的影响因素可以从认知和管理两个方面进行阐述。

在认知方面，高职院校要大力提升思政课教学工作在整个教学体系中的地位和重要性。要加强宣传，深入全面地解释思政课教学的深远意义，让学生真正意识到其在人才培养中的关键性作用。同时，还需要增加投入实践教学经费的重视程度。高职院校领导层和各部门都应具备理论指引教学的意识，引导教学管理的科学运行。

在管理方面，"四位一体"教学模式的运作离不开高级管理部门和基层执行部门的高效配合。教学管理要覆盖各个环节，如制定详细的工作流程、明确各部门岗位职责、建立顺畅的信息反馈机制等。此外，还应采取科学的监督评估方法，量化核查各项教学指标，及时总结经验教训，保证管理工作的实效性，综合采取以上方法，才能够激发学生的主体意识和积极参与度，共同推进教学改革。

2. 客体因素

思政教育过程中的客体是教育主体的行为对象，包含教育过程中的所有要素。客体可以具体分为两部分：①在教育过程中作为行为对象的教育者和受教育者，②思政教育的其他要素，包括教育环境、目标、内容、手段、活动。客体之间也是具有支配关系的，在客体中居于行为者地位的客体与其他客体要素之间是制约支配关系。客体诸要素间经过合理的匹配形成合力，进而提高教育效果。客体因素可以从实践教学的决策、实践教学的实施、实践教学的调节保障、实践教学的评价反馈四个方面进行分析。

（1）实践教学的决策

实践教学工作中的决策过程是一个在收集、分析思政教育各项信息的基础上，进行科学选择和优化的重要环节。决策可以根据参与程度分为集体决策和个人决策，根据决策的重要程度和信息完整程度分为战略决策、一般决策、确定决策和不确定决策，还可以从规范程度上划分为规范决策和非规范决策。

该决策过程具有一定的程序性，主要包括提出问题、理清主要问题和矛盾、制定决策目标、搜集各种可行解决方案、对比各种方案进行科学论证和优化等步骤。其中，提出问题是对实际教学工作中的重要问题进行分析抽象，理清主要问题和矛盾，为找到问题根源和解决方向奠定基础，制定明确的决策目标有利于评价标准的形成，搜集可行解决方案可以开阔思路，对比分析和优化不同方案可以找到最优解。

（2）实践教学的实施

实践教学的实施是建立在科学决策支撑基础上的关键环节，是对实践教学各类内容进行具体部署和开展的过程。"四位一体"模式全面贯彻实施需要涵盖多个维度的教学内容，这些内容的合理设置和开展，将决定"四位一体"模式在高职院校的实际实施效果。

（3）实践教学的调节保障

实践教学是一个复杂的教学过程，在实施的同时难免会出现意外情况，导致实际效果与预期目标的差异，这将给继续推进工作带来一定困难。因此，高职院校需要重视建立灵活有效的应变机制。

该机制主要从以下几个方面提供保障：一是制定周到的监管规定；二是强化教学资源投入，确保在出现问题时可及时优化环境设施予以支持；三是广泛联系社会力量，形成多方互助合作网络；四是注重教师队伍建设，培养他们面对新情况的反应能力。

（4）实践教学的评价反馈

实践教学是一个复杂而又不断优化的开放过程。汲取各种教学反馈，对问题立体分析根源，是其中重要一环。反馈主要是通过收集第一手教学过程数据，全面梳理信息，发现隐含的问题点和成因，以找到更好的解决方向。建立一个系统化的评价框架也至关重要，它应从多维度评估教学各个节点，不仅检视表层结果，更重要的是深层挖掘影响因素。

3. 安全因素

（1）文化安全因素

随着科技进步，今日的思想政治教育正在迎来全新的历史阶段，这背后蕴含着文化安全问题日益凸显的新考量。网络时代虽为信息流通带来许多便利，但也加剧了对传统文化认同的冲击。青年在各种外来文化影响下，很难树立起坚定的思想观念。而思政课作为引导他们展开价值观建构的重要平台，其文化内涵传承与加强便显得尤为重要。

实践就是理论生命力的检验。我们应通过丰富多彩的实践项目，深入浅出地向学生传达社会主义核心价值观与优秀传统文化的精髓。同时也要关注项目内容与执行流程是否具有足够的可控性，以防不可预见风险的产生。

（2）人身安全保障因素

实践教学活动的顺利开展直接关系到学生安全。通过反思以往发生的安全事件，我们意识到学校、教师及实践场地的安全保障能力都需要进一步提升。大多数事件的发生，都可以通过预先防控来避免。

高职院校应深入研究推进完善实践教学安全机制。一是事先制定各种可能风险的预案和应急处置方案，并不断评估和优化以提高可操作性。二是建立强制性的保险体系，为学生在各类活动中的安全提供经济保障。三是与长期可靠的社会基地深入合作，定期对其安全管理能力进行检查督导，及时协调解决问题，降低不确定性。

安全是教学首要前提。学校各部门需密切配合，全面评估安全隐患，加强协同防控。还需开展安全知识教育，让每一位参与者都认真负责。只有这样，实践教学才能在保障下稳步推进。

4. 环境因素

（1）课堂环境

教师在课堂教学中要营造师生共同参与和协作的学习氛围。应给予适度的表扬与引导，帮助学生树立自信，并增强自律意识。从物质方面，校方要确保课堂设施完善；从心理层面，教师要注重培养学生之间的学习互助。

（2）校园环境

良好的校园环境对学生的影响也很大。学校应关注校园建设的综合质量，如景观绿化、广播系统、标语等，弘扬正面思想。这些都是传播价值理念的物质载体，校方需营造充满正能量的校园环境来服务于思政教育。

（二）外部因素

1. 经济环境

经济环境指国家和地区的宏观经济状况及发展趋势。随着时代发展，经济与其他领域如文化教育等联系日益紧密。当前，经济工作也在迈向供给侧结构性改革。高等教育具有重要的人才培养功能，旨在树立正确价值导向、弘扬优秀文化。与此同时，教育产出也将直接反哺社会经济发展。两者的进展不应脱节，更应相互辐射互鉴。一方面，经济支撑教育向深层次和广泛领域发展；另一方面，教育也要不断调整供给方式，与经济需求保持良性互动。教与业深度融合，共同成长，方能各得其所。

2. 社会环境

社会是人类通过长期互动活动形成的共同体。在这一过程中，生成和发展着物质文化及精神文化等多种形式的社会文化，具有渗透性，能极大地影响个体。

高职院校开展思政课实践教学，其方向必须加以统一和引导。社会环境及其发展变化，应作为确定教学内容和目标的参考依据。教学中应贯穿和弘扬社会主义核心价值观，引导学生树立正确的世界观、人生观、价值观。

同时，多元文化在今天也日益增多。高职院校有责任帮助学生培养辨别能力，明智选择帮助自己成长的正面影响因素。在优良的社会环境指导下，思政教育工作能真正发挥其人才培养的历史使命，造就国家社会需要的人才。

3. 技术环境

技术环境包括教育技术的发展水平与网络环境。

（1）教育技术的发展水平

教育技术是指应用技术手段促进教学进程的一类工具。它不仅包括各类教学软硬件，更重要的是如何让教师将这些技术有效运用于教学实践中。例如在微课设计和混合模式应用等方面，教师对相关技术的掌握至关重要。

近期，教育将深入提升信息化程度。但过于单一依赖技术可能导致教学衰退。同时，混合教学也需根据不同情况灵活决定线上线下比例。从中长期来看，更需要重视教学内容和教师自身素质的提升，比如深度学习、跨学科整合等。

总体来看，教育发展注重多元主体的参与，重塑师生关系，强调开放共享的文化氛围。这将为思政课教学提供重要借鉴：一方面加强技术应用能力培养，同时关注理论本身与教师成长的重要性。

（2）网络环境

网络虚拟教育环境的建设是"大数据"背景下的教育建设的趋势。高职院校要发挥新媒体的优势，解决创新与形式化和泛娱乐化之间的矛盾，正确引导舆论走向，为学生建设资源丰富、内容健康和谐的网络环境。

四、"四位一体"实践教学模式的优势

第一，"四位一体"实践教学模式在思政课的基础上开展，始终坚持理论为先、理论引导实践、实践教学辅助理论教学，能够保证思政课教学旗帜鲜明，防止出现厚此薄彼、偏离思政课主题的形式主义实践。

第二，"四位一体"实践教学模式在大数据时代的背景下，利用大数据时

代带来的优势，在遵循教育部的课程设置计划的基础上探索网络实践教学在思政课教学的应用。

第三，"四位一体"实践教学模式遵循"整体育人"的教学规律，运用各种可利用的思政课教学资源，拓展教学途径，顺应现代化教学的改革趋势，更具科学性。

第四，"四位一体"实践教学模式是混合式的教学激励形式，其注重对受教育者的过程性评价，其评价系统贯穿实践教学的全过程，重视实践教学在教学体系中的地位，由点到面地动员整个高职院校内各部门的参与，使实践教学模式成体系化，可具体实施。

五、"四位一体"实践教学模式的重要意义

（一）有效促进教师之间的共同提高

1. 促进教师之间更好地进行知识共享

"四位一体"实践教学模式体现了集体协作工作的精神，它强调教研室成员通过开放和互相倾听的学习态度进行教学设计。具体来说，每个人都将自己独到的视角和想法共享出来，而不是个人独断独行。随后通过深入互动交流，成员们将各自充实的知识点和见解进行深层次的融合与升华。在这一复杂但具有建设性的过程中，教师们学习并吸收了同行的长处，在相互沟通与倾听中，教学理解能力能够得到全面提升。

2. 促进教师之间更好地进行技能互通

"四位一体"实践教学模式强调教师之间形成真正合作共进的团队。它要求教师们在学期开始前，通过深入沟通研讨，共同确定各门课将探讨的主题框架。然后，每个教师根据自己的专长和研究方向，负责准备专题教学的部分教学设计或资源支持。这就需要教师过硬的专业素养与创新思维，也需要通过开放交流，将各自的成果融合汇总。

3. 促进教师之间更好地合作并提高教学质量

"四位一体"实践教学模式实质上推动教材内容从单向传达，转变为教师们通过持续互动共同构建的教学体系。在集体研讨备课的过程中，教师们可以很好地利用每个人的长处，充分交流融合各方资源。这样既大幅提升了整个教学体系的价值，也让每个教师在拓展思路和培养能力上获得很好的成长。

（二）有效增强师生间的沟通

1. 有利于教师更好地了解学生需求

在采用"四位一体"实践教学模式中，教师应引导与指导学生全程参与，引导学生主动思考，发挥个人优势和兴趣，选择自己有动机研究的课题。

教师需要在课题选择阶段给予帮助，让学生掌握分析问题和利用资源的能力。在开题阶段，教师以开放的态度指导学生阐述论点。在论文写作过程中，教师主导与参与相结合，根据学生个性提供定制化帮助，帮助学生梳理逻辑思路。同时也通过与学生的互动交流，了解他们对不同问题的看法与疑问。

2. 有利于学生更好地反映自身诉求

采用"四位一体"模式，需要重视学生在教学过程中的主体作用。它要求教师以开放和尊重的态度指导学生全面参与每一个环节。

教师应当引导学生根据自身兴趣点和学习动机，主动选定研究问题作为开题。在此基础上，教师通过咨询性指导，帮助学生梳理研究思路，并配合个性设计论文工作计划。在学生独立开展研究的过程中，教师应定期开展互动，及时解答学生问题，并根据实际情况给予格式化指导。这可以帮助学生养成自主学习能力。教师还应注意倾听学生的想法，了解他们对国家大事的真实看法，以此为依据，提供更加精确和个性化的指导。

3. 有利于高职院校思政课更好地展开

"四位一体"实践教学模式体现了思政课改革应如何顺应新时代进步的要求。

该模式强调教师们通过开放合作，共同更新知识结构和提升教学能力。这不仅使固有的书本讲授模式发生质的改变，也极大激发了教师持续创新教学的潜能。它鼓励学生主动思考并探究知识，而不是被动灌输，注重将学生培养成为主观能动的学习者。通过发挥教师和学生的主体参与，让思政课教学能真正与时俱进。这不仅体现了教学模式深层次的革新，也成功捕捉到思想教育应如何面向未来的重要线索。

（三）有效培养学生间的团队合作意识

1. 有利于增强学生间的互助合作

"四位一体"模式强调采取深入的分组合作方式开展学习。作为个体，每个学习者在知识体系上都难免存在局限。通过与同伴进行长时间的互动交流，学习者才能全面察觉自身盲区，并交流互鉴。在团队互动中，他们还能学习如何用尊重和包容的态度来互相倾听与指正。这不仅拓宽了每个人的视野，且有利于改正缺点。最重要的是，这种模式能教会学习者重视团队合作的价值。这不仅是解决问题的有力途径，也是他们在日后的学习和工作中发挥聪明才智的重要途径。

2. 有利于促进学生之间的联系

"四位一体"实践教学模式鼓励学生以团队形式开展研究性学习，这不仅增强了学生之间的联系，更有助于培养他们的团队合作精神和互助精神。通过相互协作，学生能够更好地理解并尊重他人的观点，提高沟通协调能力，从而提升自身的人际交往能力和社交水平。

（四）有效提升教学质量

1. 有利于提升思政教学的吸引力

高职院校思政课教师肩负着引导新时代学生正确成长的重任。在"四位一体"模式下，他们的作用能够得到更充分发挥。

通过与学生携手进行研究学习，教师可以根据不同课题激发学生的浓厚兴趣。这样不仅有利于学生主动学习，也会让他们乐于将疑问与教师进行深入交流。这将帮助教师切实了解学生各方面需求，并根据个性提供针对性指导。这样一来，教师自身对思政教学工作的重视也会提高一个层次。他们将更加注重让每一个学生都能受益。长期互动也可挖掘教师自身的潜力，而这必将提升思政课教学质量与吸引力。

2.有利于帮助学生更好地树立思想政治意识

"四位一体"模式强调学生主导性学习，这增强了他们的参与感和成就感。学生能根据个人兴趣和思考，自主选择研究课题和方法。通过自主开展调查考察，学生不再停留在理论知识层面，能亲身感知并理解思想理论的真正意义。这种学习方式促使知识真正与实践相结合，这种主导性学习也有利于培养学生独立思考和问题解决能力。通过此种模式，学生能够真正领会和掌握思想教育的内涵，长此以往，他们可以形成坚定的思想观念和道德品质。

第八章 信息技术下高职思想政治理论课教学实践

第一节 高职院校政治理论课的慕课教学实践

一、慕课的主要特点

慕课，原称为大型开放式网络课程，也即 MOOC，全称为 Massive Open Online Courses，是一款面向全体互联网使用者的线上学习平台。慕课诞生自美国。2014 年，中国教育部筹备建设了拥有中国知识产权的慕课平台，即中国大学 MOOC，现已成为国内传播度最广、使用率最高的线上学习平台之一。慕课的使用者主要为各高校的师生，课程基本由相应领域的讲师录制而成，辅以作业任务、随堂小测、章节测试和结课考试等活动，已形成了相当完备的线上教学系统供使用者充分利用。

（一）资源共享免费

强互联网属性是慕课平台的鲜明特点，而坚持资源免费则是支持慕课在全球范围内得到广泛传播的根本动因之一。慕课的理念是将最好的教学资源传送到世界上的任何一个角落，纯粹而直观地输送知识资源供任何地区任何身份的学习者进行学习，很好地贴合了现阶段大众对于学习资源的复杂而迫切的需求。现阶段，国内外的慕课平台基本以免费资源为主要的组成部分，受到大量使用者的好评。

（二）课程精品化

慕课上的教学资源有着相当高的品质保证，大多由世界范围内的各大高职院校或院校与知名机构、企业等联合制作而成，各院校一般会根据其优势学科所在的方向开设不同内容的特色课程，调动顶尖的师资力量，使得慕课平台上的学习者接受到学界一流的课程教育，为世界知识资源库作一份宝贵的贡献。

慕课关注到了教与学的双向互动性，对使用者的学习过程进行了精心的设计，充分利用了当下互联网时代人们的碎片式注意力，从课程的简介宣传、章节条目的纵览设计、单节课程的时长把握以及随堂弹出的测试窗口等多方面，做到了既保证使用者对目标课程有总体上的了解与把握，又能巧妙而有效地提升使用者的学习效果。

就课程的内容设计来说，慕课主要使用以知识点为基本单位的切分法，不注重课时的时长，而以独立的知识点为单节课程的全部内容，再通过严谨细致的课程目录将不同的知识点视频串联成有机的整体，既实现了短视频时代的信息内容微元化，又维护了课程知识体系的完整与统一，是一种十分现代化、创新化的设计方式。课程视频的样式也毫不死板，使用者可以观看到包括但不限于实景实录、课内实录、幻灯片讲解、采访调研等多种形式的视频，有效地缓解学习过程中可能出现的视觉疲劳与精神疲劳。此外，使用者还可根据自身需要调节视频的播放速度、设置视频的自动字幕等。一般来说，资源视频的纵向分布总体呈由易到难的规律，循序渐进地帮助使用者掌握相应的课程知识，配合有包含练习测试、研讨答疑、组内互助等综合性学习环节，同时还会提供课程中所使用或提及的演示文稿、文字讲义、参考资料以及作业文件，供使用者按需下载。

（三）学习方式灵活

慕课诞生于互联网时代，其充分利用了自身特有的网络属性，在教学时空、参与方式、师生交流等多个方面均对传统的教育模式进行了创新。慕课通过多语字幕的添加以及翻译插件的使用，实现了不同国家、不同语言地区之间的资源互通，知识对求知者的选择不再有地域上的限制。相同地区不同城市的使用者亦然，无需克服交通上的阻碍便可享受到各地的教学资源。在参与方式上，慕课推出了可自由组队的小组模式，供偏好于组队学习与团队讨论的学习者选用。线上的小组模式相较于线下更为灵活，交流更不受时空限制，可以很好地起到互帮互助、监督共赢的作用。

灵活的学习方式，不仅在很大程度上辅助了在校学生的日常学习，还提供了相当优质的教学资源，既能帮助学生进一步掌握教学计划中的相关课程，又能为其提供求知探索与兴趣拓展的知识平台。同时，慕课还向任何年龄段的求知者提供知识学习的平台，对学习型社会的建设有着很大的意义。短视频化、独立化的课程制作，减轻了人们对于知识摄入的心理负担；简易的视听方式和多样的学习形式，又降低了社会上资源学习的门槛。慕课鼓励人们充分利用碎片化时间进行知识学习，为终身学习这一理念的贯彻提供了切实可行的工具，是科技型新时代的产物。

（四）学习主体个性化

慕课向每个学习者提供丰富而个性的学习资源，同时也最大限度地保留了学习者的自主选择权。慕课用户可以根据自己的学习需求、兴趣偏好、时间安排以及适应难度来进行课程的选择与学习，使用户与课程的每一次双向选择都能达到高度的匹配，让学习者切实地享受到学习平台个性化的服务，借助大数据的力量实现学习规划上的"量身定制"。与此同时，系统后台还会追踪使用者对于首页相关内容的点击与访问，持续推送更符合使用者兴趣偏好的内容，为其资源的选择提供更个性的建议与指导。

（五）学分认证，颁发证书

慕课向学习者提供了方便快捷的成果检测渠道，通常设置在课程结束后的期末考核中。慕课设置的期末考核同样体现了鲜明的互联网基因，往往不是线下校内考核那般依赖纸笔，而是以线上答题或拍照上传的方式为主，不设置统一的考核时间，仅要求学习者在给定的时间段内择取个人方便的时间进行考核，并在一定的时间内完成即可。学习者可通过各节或各章的测试题来进行最终考核的复习，也可灵活使用研讨答疑、师生交流等功能。高校可采用慕课上的考核分数作为选修课程的最终评分，这一做法已在较多院校中普及。

测试题的题型大致分为选择题与简答题两种，前者由系统给出答案供学习者校对复盘，后者由不同学习者互评取均值得出分数。慕课课程的最终评分不只与测试题的得分有关，还将出勤率、讨论参与率、周测章测等内容纳入了考量范围内，并在结课时按一定的比例对不同模块的得分进行综合，得出该课程的最终成绩。慕课为考核过关的学习者提供电子证书与纸质证书的颁发，一般情况下，最终成绩在 70 分以上即可获得证书。

其中，合格证书属于免费证书，由慕课机构赠给综合成绩达标的学习者，可用于收藏纪念。除此之外，慕课还提供与相关合作机构共同授予的收费认证证书，相较于前者，这类证书的获取有着较高的门槛，需要经过一系列的资质审核与测试，在确认了学习者的参与度与学习效果之后方可授予。

随着慕课的平台建设日趋完善，资源收纳愈发丰盛，其在各大高职院校中的影响力也不断上升，许多院校将本校开设的特色课程融入慕课系统内，或是将慕课拥有的部分课程作为校内选修课的学习对象，抑或是通过慕课平台辅助日常教学工作的开展，以多种方式让慕课成为校内教学中不可或缺的一部分。同时，院校会根据学生在慕课平台上的学习情况为其发放学分，更进一步提升了慕课在学生群体中的喜爱度与存在感。

二、高职院校思政课教学中慕课模式的积极作用

（一）调动学生的积极性

慕课模式放大了学生主体在高职院校思政学习中的作用，能有效地调动学生的积极性。在思政课的教学中运用慕课模式，很大程度上改变了传统的思政

教学模式，不再硬性要求学生严格参与面对面的线下教学，而是引导学生主动地使用互联网，在慕课平台上进行能动的学习、讨论与测试。慕课模式让思政教学脱离了传统模式的时空束缚，学生可以在任何时间、任何地点通过互联网进行学习，让思政教育填补学生日常的碎片化时间，让课程思想从细微之处进入学生的认知。此外，更为灵活的小组组队方式也让学生有了更好的团队合作体验，可以与志同道合者共同组队，使常规的小组活动最大限度地发挥其作用。与此同时，丰富的讲义资源与灵活的课程排布，也方便了学生为最终的考核进行有针对性的复习。总的来说，慕课模式下的思政教育极大地发掘了学生的能动性，让学生积极主动地参与到了思政课的学习中。

另一维度上，任课教师也可以通过课程系统对学生的学习情况进行统计与分析，发现其中存在的普遍性较强的问题并加以解决处理，根据具体情况为学生进行答疑解惑，修改完善相应课程的教学计划。考虑到课程内容的学习多在线上平台中进行，故可进一步丰富线下课堂的内容设计，采用翻转课堂、文献研读、辩论演讲等多种形式，使学生的课程体验更加充裕，在多样化的课堂活动中锻炼自己的综合能力。慕课模式下的高职院校思政课教学，既给予了学生高度充分的自觉能动空间，又改良了传统的线下教学内容安排，在调动学生的积极性上，慕课模式起到了不容小觑的作用。

（二）创新教学方式，提高教学效果

将高职院校的思政课教育从被动接收转换为主动输入，是慕课为现阶段思政教育方法提供的一大标志性创新。学生在新的教学方式下成为学习节奏的主导者，可自行安排思政学习的时间与地点，根据需要取用相对应的学习资源，且能对感兴趣的内容作进一步的拓展了解，摆脱了传统线下教学中可能存在的种种桎梏，很大程度上提高了学生对于思政课教学内容的参与度和了解度，对传统的教学方式起到了颠覆性的作用。此外，任课教师方面也获得了教学成本的缩减，可以将更多的时间与精力投入到教学资料的优化、学生提问的答疑中去，使得教学资源的利用向更高效能发展。

（三）共享优质资源，促进教育公平

慕课的高普及度和高需求量，促使各高校等教育机构投身于资源共享的时代主流中来，不同程度地参与进包括慕课在内的线上教学平台的建设之中，顺应时代的发展与社会的需求，在新的教学模式中保证自身的地位与含金量。相应地，受教育的成本大幅减少，很大范围内的教育需求也因此得以满足。随着教育信息化的不断发展，优质资源的共享将会是教育革新的必经之路，既是推广教育的必要条件，也是推动人类智慧进步的重要基础。

为充分利用慕课模式来辅助高职院校的思政教育，各院校在课程的编制排布、内容设计和备课录制等过程上精益求精，产出了大量权威而丰富的优质内容。慕课作为一个大型的教育资源共享平台，同时也是思政教育中重要的交流学习平台，可分享思政界最新的权威资源，不断更新完善各院校自身的课程编订。

慕课平台的加入，对于教育公平的促进也起到了很大的作用。慕课平台不筛选使用者、不限使用时空、不收高额费用的特点，极大地拓宽了教育资源的受众群体，使更多的社会成员享受到了来自不同地区的知识资源，以较低的门槛获得了受教育的机会。

三、高职院校思政课教学中慕课模式的创新策略

（一）慕课模式的创新定位

慕课在高职院校思政课中的运用给传统思政课带来了创新。慕课具有强大的生命力，是互联网与教育相融合的产物，以"开放共享"作为发展理念，坚持以学生为中心，以兴趣为导向，迎合了学习者学习时间碎片化的学习需求，有利于实现教育公平。它应用在思政课之中，将视频学习和课堂讨论答疑相结合，是一个有组织有计划的完整的学习过程。

思政课的发展要坚持与时俱进，顺应时代的变化和发展，要不断改革和创

新教学模式，以适应社会的发展和学生的需求。无论是什么技术手段，运用的目的都是辅助教学，提升教学质量与效果。

总之，对于高职院校思政课来说，慕课是一种新型的网络教学模式，它是提升课程质量和提高教学效果的一种技术，是补充和完善传统教育的一种工具，是传统教育模式的辅助者与推进者。在慕课平台中，教育者、学习者和策划者是紧密联系在一起的。慕课平台是一个人与技术深度融合的平台，经过时间的积累，它将会演变成为一种成熟的教育技术工具。它与传统教学体系相互依存、融会贯通，共同创造一种人类学习与知识创造的新模式，更好地为高职院校思政课服务。只有在正确认识慕课，对慕课进行准确、理性的定位的基础上，高职院校才能更好地利用慕课这一工具。当然，在利用慕课这一技术手段的过程中，高职院校也会面临许多困难和问题，这需要多方合力解决，共同推进思政课教育教学再上新台阶。

（二）慕课模式的创新思考

1. 积极探索慕课学分认证模式

慕课在高职院校中承担的教育功能愈发显著，不仅作为课程编排的重要组成部分，在当前数字化教育愈发普及的趋势下起着巨大的作用，而且出于思政教育的特殊性，慕课平台的思政课程实际上有着独树一帜的重要地位。思政教育关乎高校学生的意识形态教育，值得政府相关部门对其提起高度的重视。落实到具体，则是如何妥善制定慕课课程的学分认证政策，将意识形态教育具体化为学生学分的发放，为总体目标的实现提供可行可靠的解决方案。首先，政府及高职院校应当协定校内培养计划与慕课学分之间的兑换机制，合理配置慕课模式下的学分构成体系。其次，政府可对出台的相关文件进行不断的修正与完善，以期在高科技信息化时代寻到最适宜时代发展的综合管理方法，并不断鼓励各院校对慕课模式下的教学方式及管理方法进行创新与实践，共创更新更好的学习空间。

关于慕课模式的学分认证探索，各高职院校应当将如下内容列入考虑范围。

第一，建立健全慕课认证的管理系统。新政策的落实需要系统的监督与管理，政府权威机构应当主导建立高职院校思政课程的学分评定标准，合理规划慕课模式下的学分认证标准，并经由专业、权威、严谨而透明的考察与认证，筛选出可给予学分的慕课思政课，并在各院校将其纳入教学培养计划后对其进行持续的监督与检查，确保慕课思政课的妥善开展与顺利进行，严格把守思政教育的底线关卡。与此同时，各院校内部也应当建立健全相应的领导管理小组，对线上平台的思政教育做严格的管理与监督，合理且妥善地安排慕课思政课的结课考试，保证线上课程的学分评定做到规则明晰、公平公正。

第二，在全校范围内加大诚信教育的力度。线上考试的监管力度相较而言比较松弛，各高校应当妥善配设可有效杜绝参考学生线上作弊的软件及软件功能，申请相应的权限避免学生在考试过程中使用互联网进行作弊。此外，还要对学生的慕课账号进行可靠性排查，确保账号信息确为本人。学分认证在各院校中的落实还面临着许多实际性的问题，院校教师应当以开放和创新的视野来看待可能面临的一系列机遇与挑战，投身到慕课模式下思政课教育的建设工作中去。

我国高职院校在慕课模式下思政课建设，目前为止已衍生出了两种主要的学分认定方式。其一，许多院校加入慕课组成慕课联盟，学生只需选择联盟内院校开设的课程，参与学习，获得足够的平时分，按时参加考核并取得合格的成绩，即可获得该课程规定的学分；其二，高职院校在慕课系统内上传制作完成的视频资源，院校学生选课后参与学习，同样也要获得足够的平时分与最终考核成绩，而后得到慕课平台下发的证书，即可申请获得学分。除去上述两种方式，部分院校还采用线上学习与线下考核相结合的认证方式，或是线上学习与线上集体考核相结合的认证方式。总之，各高职院校应当富有创新性地探索多种可实行的慕课学分认证方式，依据不同的课程需求采用更为妥当的认证模式。

在具体的认证标准制定上，高职院校可成立相对应的慕课课程组，经由研讨制定而成，也可以采取与第三方合作的方式，由第三方机构负责筛选符合院校要求、响应院校号召、适配院校方向的慕课课程，并根据课程的具体安排设定相应的学分认证方式，做到形式特定化、认证个性化。学生选择了相应的课程并进行了学习之后，如若结课考核可达到所制定的认证标准，即可为学生下发相应的学分。

2. 搭建优质慕课平台，打造精品慕课课程

慕课平台的教学资源以其突出的海量性、全面性以及来源范围广为特点，我国的慕课系统也不例外。系统内的课程资源可粗略地分为国内和国外两种来源，国外的基本来自世界范围内的各大名校，国内的则又可分为高职院校研发和相关机构研发两种来源。为搭建优质慕课平台，对慕课课程精益求精、优中择优，既要做到对国外教学资源严加审查、严格控制，精选优秀的、不分国界的教学资源供学习者使用，抵制落后的、影响不佳的恶劣资源在国内的传播，又要做到大力开发我国本土的特色课程，增强中国慕课平台的硬实力。

考虑到思政教育的重要性与特殊性，如何使思政课程的内容更深刻有力、直入人心、有血有肉还要"有温度"，成为各个高职院校共同面临的重要课题。在慕课模式的广泛流行下，各院校应当站在学生的角度对课程进行更为人性化、个性化和多元化的设计，调动学生学习思政的积极性，尽可能多地发挥思政教育的应有功能。在这之中，课程内容的设计应属课程编订的重要性之首。高职院校应当深入到思政课程具体内容的设计与打磨中去，摆脱假大空，追求真善美，配备优质的师资力量对课程内容进行深入的分析与编撰，投入足够的成本开发出质量过硬的、满足需要的思政课程，切实地做好学生思政教育的工作，得到学生的认可。

首先，对教材理论要有深刻的理解。思政教师在执行教学任务以及设计思政课程时，最为基础也是最为重要的一项工作即是将教材理论与生活实际充分地结合起来，深入浅出、融会贯通地讲解给学生，让理论在现实生活中"活"起来，提高学生的参与度与注意力，引导学生将思政教育的内容应用到生活中去。

其次，对课程创新要有独到的认识。课程设计不是一味地沿袭前人之举，思政教师在编排线上思政课程时需要对学生的认知规律与课程章节分布作一定的适配性调整，在合适的逻辑节点作适宜的修改与优化，注意线下教学与线上课堂的衔接流畅性，避免发生二者脱节的现象。同时，教师还应当注重课程内容的品牌化建设，自觉地在思政教育中融入中华优秀传统文化，积极探索慕课平台思政课程的多种可能性，延伸其发展空间。

不仅教师个体，高职院校的思政教育领导小组、政府相关部门的监督检查机构都应当对慕课思政课程的建设提起高度的重视。慕课思政课程开设在高职院校的学生培养计划中，对适龄学生的世界观建设、价值观形成有着不可忽视的影响，而青年学子的人生观、世界观和价值观又进而影响着华夏民族的未来，因而各组织机构更应对思政教育课程建设加以重点关注。政府应充分发挥其监督检查功能，成立相关的专家小组，定期对慕课平台上各高职院校的思政课教育课程进行质量、数量与完成度方面的抽查，加以有原则、有重点的评定，给予相应的改进措施，定期召开高职院校的思政课堂分享会，给予各院校以符合标准的课程建设模范，号召各院校向更高水平、更令学生满意的课程标准看齐，进一步优化高职院校的思政教育水平。

3. 与传统教学模式相结合，创新慕课教学模式

关于思政课程的具体开展方式，一般鼓励任课教师结合中华优秀传统文化、地方特色传统文化以及院校特色历史文化等进行讲授，灵活地将扎根于现实土壤中的事迹与材料作为思政教育的重要辅助工具，从而更为显著地增大思政教育在学生群体中的影响力与感染力。可以看出，完全依赖互联网的线上教学模式无法彻底取代传统的思政教学模式。但这依然不影响任课教师最大限度地挖掘线上授课与线下教学的种种可能性，并在实际的思政教学中加以试验。一般情况下，高职院校会制定给定方面的教学方案，交由教师落实到位。

高职院校应当灵活运用校内拥有的师资力量。例如，各院校可考虑将教学成绩优异、科研水平过硬的思政课教师或总或分地组织起来，通过一定的研究

与讨论，得出本院校可供开发的特色领域及师资优势领域，交由相应的教师进行课程的编写与制作，形成富有院校特色和教师特色的慕课品牌，提升本院校教学资源的辨识度，扩大影响力；各院校还可考虑与相关领域或同一地区的各大院校进行合作，共同打造院校联盟下强大而富足的线上课程品牌，共建共享教学资源，按照各院校学生所需要的课程内容进行有计划的引进。

落实到具体的教学模式，高职院校可有以下几个可供参考之方案。

第一，实行线下教学的"走班制"。"走班制"顾名思义，指的是敲定教师及其教学场所，使学生以流动走班的形式去往相应的教室参与学习的一种教学制度。学生可依据自己的喜好偏向与目标的培养方向为参考，借鉴任课教师切身给出的建议，综合慕课系统评定的考量维度，来选定不同的教师与不同的思政课程。

通常情况下，由大数据支持的教学评价系统会对学生的走班选择起主要的影响作用。慕课平台会综合分析学生的教育背景、已修的课程信息以及个性化的兴趣倾向等多维度指标，对学生目前的学习情况作客观而具体的评价，进一步判断其后续合适的教学内容以及课业任务，最终给出学生下一节思政课程的走班建议，并具体到教室编号及教师姓名。到班后，相对应的教师将为学生提供答疑解惑、小组讨论以及翻转课堂等活动，有针对性地加强学生在相关方面的知识与能力的培养，为学生营造适宜其个性发展的学习空间，帮助其有目标地获得相应方向的提升，真正做到因材施教、有效学习。

增强教学模式上的多元性、混合性。随着慕课模式在我国高校的教育实践中逐渐普及开来，多元型、混合型的教学模式也因此得到了广泛的落实，一般包括学习线上课程、出勤线下教学、参与翻转课堂、师生软件互联等多个环节，极大地丰富了选课学生的学习体验，充分利用了信息化时代的教学资源及相关软硬件。高职院校可将多种技术应用于当今时代高度现代化的课程教学中，综合运用慕课平台与线下课堂帮助学生完成思政课的学习。

第二，统筹实行"四网互通"的运转模式。该模式全方位覆盖了学生从选课到结课的全部过程，所谓四"网"指的就是网上选课、线上学习、网络作业、线上考试这四个部分，精简扼要地概括了慕课平台学习的基本流程。高职院校可考虑从以上四个部分对线上教学进行调适与优化，创新地融合传统与现代、线上与线下、面对面与一对多等多种属性的教学方式，为构建新时代内容严谨、知识权威、品牌特色鲜明、文化底蕴深厚的慕课思政体系出一份力。具体来说，慕课课程包含数十节供学生在线学习的视频课程，和不同数量的见面课、直播互动、座谈会等辅助性互动实践课程，从多角度、多方面维护了思政课程的教学质量。

现阶段，已有许多高职院校在慕课模式下对新型思政教学方式进行了创新开发。据调查，部分院校研发了属于院校自身的思政教育互联网平台，按时按量导入选择了相应课程的学生信息，并分配至不同的教学子系统之下，监督并管理学生的思政课学习；部分院校自主承包了思政课结课考试的规划与落实，开发出与院校具体情况相符合的思政考核系统，制定出具体翔实的考核要求，构建起了极具品牌特色的考核平台，并为有复习需要的学生提供高品质的题库与资源库。高职院校可考虑进一步加强新模式下的教学方式创新，以高执行力与高反馈率予以实践，不断对慕课模式下的思政课教学方式有新的认识。

高职院校不仅要关注线上教学的创新面，同时也要紧抓线下部分的管理与革新。随着互联网的广泛普及，思政课程内容教学的主阵地由线下转为了线上，也意味着线下有了更多的空间用以开展富有实践意义的课程活动。各院校教师可安排多种与课程相关的综合实践项目，例如探访当地红色故事、开展特定主题的访谈活动、主持举办思政宣讲会等，为课本知识进入实际生活提供切实可行的途径，提高学生的理论应用能力。除此之外，思政课程的赋分机制也应当获得一定的重视，各院校可考虑改良课程考核的分值分布，不再出现唯期末分数论一类的死板形式，而是将多种方面的指标如出勤率、讨论参与度、章节小测完成度等纳入赋分范围，引起学生对于除期末考核之外的其他环节的重视，使学生全过程、全方位地参与到慕课思政课的学习中来，引导学生树立终身学习、诚实应考的正确的价值观。

第八章 信息技术下高职思想政治理论课教学实践

4.加强师资建设，打造高层次教师队伍

各大高职院校应当加大思政教育的师资投入，打造高层次高质量的师资队伍，既要引进相关领域的优秀人才，又要关注到已有人才资源的优化与培养，将教育与动员的工作从教师层次做起，并且做正、做好；全面贯彻慕课模式下新时代科技型教育的革新意识，提高教师队伍对于慕课系统的认知水平与重视程度，引导教师能动地使用并发掘慕课平台的教学功能；鼓励教师自主规划慕课系统的应用方法，不设置硬性统一的教学方案，而是留给教师充分的能动发挥空间，探索出最适合其自身教学方式的教学模式；各高职院校还可对院校师资进行有规划的培训，组织相关的课程赛事，为教师提供丰富的可用于参考学习的范例；各院校之间也可以联合进行师资方面的交换学习、共同培养，以互换交流的方式让不同院校之间的任课教师进行经验上的交流与方法上的学习，开拓视野，更新认知，更好地为慕课模式的落实积累可靠的经验与方法。

高职院校方面，应当及时配备教师教学所需的各类软硬件，保证教研工作的有序开展；应当制定规划切实可行的教学考察方案，及时验收任课教师的教研成果，为后续工作的推进提供有效的建议与指引。

5.加大资金支持，探索慕课可持续发展模式

加大经费投入是保障学科建设又好又快发展的必要保障。国家应该不断增加教育经费投入，适当增加在高等教育上的投入比例；在人才引进、财政分配等方面给予适当的政策倾斜，设置高职院校慕课课程建设专项资金。除了政府的资金投入、捐款、慈善基金的资助外，高职院校还要争取风险投资公司、营利性教育机构等的融资。与此同时，高职院校要不断发挥互联网思维，在保障慕课课程的免费共享以外，开展高职院校慕课与企业培训对接、精英式授课等试点工作，不断开拓慕课增值领域，完善慕课的营利模式，探索慕课的可持续发展道路。

慕课推行的理念之一就是免费，教育资源的免费共享是慕课的生命，为了慕课教学模式能更好、更快地发展，高职院校需要不断探索长久稳定的慕课收益模式。除了依靠政府扶持、吸引投资、对结业证书进行收费等传统方式以外，高职院校还可以尝试其他运营模式。总之，思政慕课建设需要政府、社会和学校的共同合作与支持。

第二节 高职院校政治理论课的微课教学实践

微课指的是一种时长较短、信息密度较高、传播方式灵活且储存下载便捷的一种教学视频，时长通常为10~15分钟，甚至更短，因其信息分布极为密集而往往能引导观看者聚焦注意力，在现有的各类课程中是一种常见的视频教学方式，一般被教师用来对具体而细节的独立知识点进行讲解，以供学生方便快捷地吸收相应的内容。

随着高职院校中慕课模式思政课教学的逐渐普及，微课也开始成为思政教师常用的一种富有针对性的教学模式。慕课平台上的思政课程，一般按照章节和知识点进行划分与排布，学生按照顺序进行学习后，如有复习复盘的需要，即可索引相应的知识点进行有针对性的学习。微课恰恰就是慕课平台上教学资源的基本存在形式之一，教师通过微课对教学内容中特定的重难点进行精简扼要地讲解，将系统而复杂的教学内容切片化，使学生可以更便捷、更自由地选择所需的知识节点。所制作的微课视频，不仅可以用作慕课平台上的教学资源，还能以短视频的形式在互联网上进行传播。用在具体的教学过程中，既能作为课前预习的相应内容，也可以作为课外拓展的兴趣内容，对教师的教学、学生的学习都起到了极大的便利。

一、高职院校思政课教学中微课模式的理论借鉴

从本质上说，思政教育实际上是思想政治观念的学习与传承，相较于其他学科而言，思政教育中信息传播的力度与广度尤为重要。信息的传播往往需要一定的载体，在信息化高度发展的现代，互联网则成为主要的载体。具体来说，

第八章 信息技术下高职思想政治理论课教学实践

网络承载着思政教育价值宣传的重要意义，相关教育者通过互联网上传制作完备的思政教育视频资源，面向大众进行宣发，供使用者自主阅读并择取资源内容加以学习，从而达到思政教育者传播符合主流意义的价值观念的目的，塑造当代青年学子的人生观、世界观与价值观。

各大高职院校紧紧追随着时代发展的脚步，敏锐地捕捉到了互联网在教学工作中不可忽视的作用与重要性，开始自觉地将互联网应用于日常的教学中，慕课模式下各个学科的教学方式革新是其显著的成果之一。信息化、网络化的学习可以给学生提供前所未有的视听体验，以其无限的可能性带给学生源源不断的新奇感，从而有效地激发学生的学习兴趣，从传统教育模式中的被动接受者转变为主动探索者。与此同时，信息化教学还在很大程度上弥补了传统教学中的种种不足，例如信息交换不便利、教学模式太单一等，大幅提升了教育与学习双方面的效率，为思政课教学的改革与创新提供了强大的动力。

在关于线上学习与线下学习如何平衡的问题上，微课模式给出了一个可供参考的回答。通常情况下，思政课教师会通过网络社群平台将微课课程发布给学生，要求学生在课前进行预习。短小精悍的微课视频可以让学生在不花费过多时间的情况下最大限度地吸收课程内容的精要，是一种可行性很强的预习方式，能保证相当程度上的预习有效性。在线下教学中，任课教师就可以延续微课视频中的内容对课程的主干进行延伸与扩展，有针对性地解答学生的疑问，有机地串联课前预习的微课与课程主题的内容。而在课后，任课教师会给学生提供线上与线下两种答疑方式，可至线下进行辅导，也可以通过线上平台留言并等待答疑，两种方式并行不悖，互不冲突，共同构成了多样化的课后互动环节。

综上所述，微课在思政课的开展中扮演着全过程覆盖的角色，既能增添学生学习的积极自主性，保持学生对于课程内容的新鲜感与参与度，又能帮助教师在一定程度上减轻教学工作的负担，从而将更重要的时间精力用于关键问题的优化与解决上，还对课程内容本身进行了添色，丰富了思政课教学内容的多样性与时代性。微课的应用，使得各大高职院校的思政课教师能更有效、更实际地解决学生学习过程中的诸多问题,使思政教育中的因材施教成为可能,也让思政教育的实际效果得到显著的提升,是思政教育工作开展中重要的工具之一。

二、高职院校思政课教学中微课模式运用的必要性

(一)适应思政课教学的信息化发展

现阶段,信息化、技术化已然成为各领域各学科的必然发展趋势,现代技术在各学科的教学工作中正起着不可取代的作用。"微课"则是信息技术发展的重要产物之一,是教育行业顺应时代发展得来的成果。微课的出现,从两个方面迎合了现阶段思政教育改革的要求。

一是教育资源的信息化。思政课的教学内容有着系统性强、知识点多、理论性明显等特点,对学生的学习能力、教师的教学能力等都有着较高的要求。信息化的思政教学可以从课程的设计以及学习的渠道上为学生降低学习的难度,将复杂繁多的知识点切分为一个个独立的章节,同时具有碎片性与逻辑性两种特点。学生可以直接通过微课视频观看的方式进行随时随地学习,也可以有选择地进入与目标知识点相关的微课视频里进行有针对性的学习,在很大程度上改良了以往一成不变的课本教学方式,为教学质量的增幅起到了重要作用。

二是教育模式的创新性。微课的引入,让各高职院校开始将注意力投在新型教学模式的研发与试验上,微课在此处起到了催化与激发的作用。同时,微课又是新型教学模式中必不可少的资源,起到了承载课程内容、提供课程形式的作用。

由此可见,微课实际上是新型教学平台的重要基石,既是其重要的组成部分,又是不可或缺的前提动力。思政课教师在对微课视频进行设计与录制时,首先要保证视频内容的质量,其次要考虑到资源内容与受众对象的契合性,适当加入目标学生群体日常关注的新闻事件、社会热点等等,使得微课视频成为

贴近学生生活、富含人文气息的高质量教学视频。同时还应不断创新、持续优化，探索出更适合当下青年学子的思政微课内容。

（二）提高思政课教学的实效性

当今时代，信息数字技术正处于高速发展的阶段，数字媒体逐渐成为各大学科领域开展工作时的得力助手，以生动具体的图文影像将相关内容传输至接受对象的智能终端，从而实现不限时空的信息传播与交流。学生可自由安排线上学习的时间与地点，通过微课平台随时随地学习新知、与师互动；教师可在任何时间上传或修改微课视频，并通过网络平台对学生的学习情况进行观测与统计，广泛收集学生的课程反馈，以更进一步改良其设计的微课视频。学生在使用微课视频进行学习时，可有效地将自身的时间利用率拉伸至最大，根据自身薄弱项选择需要多加研习的课题内容，很大程度上节约了师生双方的时间。因此，教师在课程的具体设计上应当更为精心地加以规划，将丰富的知识浓缩在 10～15 分钟内，合理布局视频内所涉及的知识点及知识图谱，引导学生在观看视频时主动而有效地把握知识结构，并辅以能激发学生思考热情的点拨环节，使学生真正做到学有所得、学有所用。

要全面提高思政课教学的实效性，需要关注到教与学的双向关系，不仅要号召思政教师用心打磨微课视频、提升思政微课的教学品质，也要关注到作为接受主体的学生，关注学生的认知模式、兴趣偏好等。在微课模式下，学生的自主选择权得到了充分尊重。向学生派发自主学习平台内的微课视频的任务，实际上就是在锻炼学生自主学习的综合能力。思政课教师应当在学习过程中起到激励与引导的作用，帮助学生在学习中发挥主观能动性，收获更多有益处的知识。

微课的出现，其实是新兴技术对传统教学模式的介入，看似由内而外地改变了课程教学的基本形态，由线下的面对面课堂转变为线上的自由式学习，课程的广度也不再拘泥于一间教室的尺丈之间。但事实上，微课并没有改变课堂教学模式的根基。微课的介入，更多的是为传统教学结构的变革提供了一种新的思路，在保留了教师输出、学生输入的基本模式的同时，对教学时空、检测方式和资源获取渠道等多方面进行了革新，试图在信息化科技高速发展的当下为教学模式的更新摸索一种可能的路径。微课是当前教育系统对于提高思政教学实效性的一次尝试，未来还会有更多有助于提升教学效果、增大知识传输效力的新形式出现。

（三）满足学生对思政课的学习需要

思政课被列入高职院校大学生的培养计划中，目的是让学生在思政教育中习得时代主流的价值观念，接受正确思想观念的指引，树立起远大的人生理想、世界观与价值观，完善自身人格的同时奉献于社会。微课模式的推广，为思政课的开展提供了更为灵活、自由、不设限的平台，拉近了学生与思政教育之间的距离，让思政教育走近了学生的生活。思政教师在其中主要起到协调与引领的作用，以引路人的身份指导学生通过微课平台进行自主学习、独立思考，增强解决问题的能力。

微课以其使用不受限、资源覆盖广和高度信息化的特点，很好地满足了学生对于思政课学习资源的需要。学生可无视时间与空间的束缚，随意选择特定时刻自己所需的学习资源，可下载拷贝相关的讲义与演示文稿，也可通过线上模拟测试对学习成果加以检验。微课平台的设计往往丰富而有趣味性，学生在进行线上学习的同时也是在探索新兴的教学平台，可保持着较高的新鲜感与求知欲来配合教学工作的开展，达成思政课程的设计目的。

正是因为微课模式具有高度的灵活性，教师将其应用在实际的教学活动中时，可配合使用不同类型的学习方式，包括课前预习微课视频、课中配合视频拓展和课后完成视频观看等，让微课成为助力教学工作事半功倍的有效工具。

三、高职院校思政课教学中微课模式的运用效果

（一）拓展思政课教学的内容与空间

我们生活在信息容量爆炸式增长的时代，亟待大学生加以摄入的信息愈发

增多，而如何对其进行筛选、如何定向而高效地为学生提供值得吸收的信息内容，是现阶段高职院校思政课程建设中的重要任务之一。微课之所以能在高职院校的思政课教学中得到广泛运用，原因之一就是能借助其自身特有的互联网基因，为学生提供与课程知识面有关的拓展。一般由教师对相关拓展面进行选择与延伸，搜集权威而时新的资料进行微课的制作，再在线下教学中指引学生使用微课平台进行视频的观看学习，在很大程度上丰富了思政课的教学内容，提升了教学活动的趣味性与丰富性，也让学生体验到了信息化时代灵活而自主的新型学习方式。在进行资料的选择及资源的制作时，教师应当严加考量，选择既能契合课程教学内容，又能反映当下时代特色的拓展内容，对其进行品牌化、个性化的加工，使其成为能被青年学子轻松吸收的、富含时代特色或地域文化的知识内容，从而丰富自己的教学思路，为提高思政课教学的实际效果起到推波助澜的作用。

需要注意的是，教师作为教学资源的制作方或上传方，在总体的教学链条中起着基础性的作用，需要提前完成资源的录制与剪辑，确保其质量达标，并在线下课堂开始前上传至相应的微课平台，以供学生观看预习。微课还会被上传至网络资源共享平台，使校园外的学生也可对其进行学习。通过互联网的覆盖与传播，思政教育工作可以触及学生学习生活中的各个方面，打造更为开放、更为广阔的线上教学空间。

（二）丰富思政课教学的方式与手段

微课的出现，给高职院校教师提供了新的思路。微课通常是15分钟以内的微型课程，它将传统的大型课堂——45分钟左右的课时拆分成若干相对独立的单元，分别组织教学。在这场思政课教学方式的变革中，微课扮演了"温和的革新派"的角色，教师不再是课堂上的"主演"，退居为知识教学的"导演"。改革后的教学方式使学生获得了满足，师生之间也开始慢慢有了信任与沟通的桥梁。

微课凭借短小的视频、贴合学生思想实际的内容、便捷的学习方式，一上线就受到了高职院校大学生的欢迎。微课这一教学形式不仅可以丰富思政教育的教学内容，而且可以增添学生学习的趣味性，它是以线上微课视频和线下面对面交流相结合的方式来激发学生对思政课的热情的。

思政课教师将传统"强灌硬输"的教学方式转变为更加重视学生主体性发挥的教学方式。教师不再强调满堂灌，只在课堂讨论环节对学生的疑难问题进行引导启发。这样的教学方式能让学生在学习的过程中自主选择和使用正确的信息，增强学生的判断力。从长远而言，微课可以促使学生拥有正确处理信息的能力和明辨是非的能力，促进师生间的相互了解，实现双效互动。教师能够通过微课了解学生所需要的思政课知识，了解他们的所思所想，学生也可以通过微课了解实时热点，理解教师所要传达的价值观念。

（三）增强思政课的生动性与吸引力

要使思政课的教育功能得到充分发挥，既需要教师对课程精心打磨，也需要学生对课程积极参与。微课的视频内容、呈现形式和线上平台的互动模块、检测方式等，对大学生来说都存有一定的新鲜感，可有效降低面对理论性的思政课程时生发的畏难情绪，激发大学生对新兴技术在应用层面上的好奇心，从而提高学生对于思政学习的积极性。

微课平台承载的思政教育功能，与传统教育最大的区别便是时间与地区上的灵活，无需线下面对面教学，规定固定的课程时段，而只需学生根据自身的时间安排，自主规划课程学习的时间与频次，真正成为学习的主人。自主性地提高自然而然伴随着参与度的上升，学生可在锻炼自身独立性的同时克服日常学习中的枯燥感，在思政学习中收获更多的真才实学。

不仅如此，各大高职院校还会在自主开发的微课教学平台中添加时事热点模块，以便学生在学习之余对新闻时事加以拓展了解，更好地将所学知识与生活实际结合起来，学以致知，学以致用。平台会追踪统计学生的个性化偏好，持续推送符合学生兴趣所在的热点内容，同时也能让教师读取后台统计数据，对不同阶段的思政教学进行纵向横向综合分析，划分不同层次给出不同方案。

使用微课平台进行学习的学生，也并非孤军作战，可以使用平台给出的互动渠道与教师进行交流答疑，也可使用交流讨论模块与同学校友作心得感想上的分享，还可自主组建相关的学习小组，在课程学习的过程中并肩前进。教师也应当定期查看学生在微课平台上的留言，及时提供帮助与解答，并将学生的留言作为重要反馈资料加以收集和分析，从而找出现有微课资源存在的不足，明确下一步的改进方向。

将微课用于课前预习环节中，可让学生用较短的时间进行有效的超前输入，并使用线上平台记录学生在预习过程中产生的疑问，转移至线下课堂中依次答疑解惑，让学生有针对性地获得知识系统的补充与修正，以达到更好的教学效果。教师在搜集资源制作微课视频的同时，可以拓宽视野、解放思想，充分利用互联网多姿多彩的图文表现形式，借助微课平台的个性化互动功能，用更为异彩纷呈、生动有趣的教学资源吸引学生的兴趣与注意，激发学生自身的学习热情，丰富课程的教学内容。

四、高职院校思政课教学中微课模式的创新实践

（一）微课模式的资源建设创新发展

1. 资源建设的创新原则

（1）双主体性原则

教育教学中的"双主体"，指的是"教"与"学"的分别承担者，也即教育者和受教育者。从传统的角度来讲，双主体分别指教师与学生；随着信息技术的迭代更新，学生这一主体便不再局限于校园之内，而指代着更为广泛的接受对象。双主体性的原则要求教师明晰自身在教学过程中的主体地位，重视"教"在教育环节中的关键作用，进而加强教学课程的设计与优化，推出高质量的教学内容。

教师应当发挥自身的能动性、创造性，将微课视频恰当地应用于教学活动

的环节之中，结合具体事实决定微课视频的功能与位置。而对于微课的设计与制作，教师应当从内容上多加打磨、改良，根据知识点的难易程度与重要性来合理分配其篇幅，并设置有利于激发学生独立思考能力的思考简答环节，形成由此及彼的教学结构。

学生作为另一主体，需要教师引导其认识自身在教学过程中的地位和作用，以知识的接受者、受教育者的身份积极参与到教学活动中来。微课模式的设计让学生有了充分发挥学习自主性的空间，在得以自由安排学习时间的同时，能够对自身的学习情况加以符合实际的考量，进而合理运用微课平台上的信息资源，对自身的学习水平进行有目标有规划的提高。总的来说，微课既帮助了教师推动新型教学模式的研发与实践，又迎合了学生对高科技学习体验的诉求，是高职院校思政课程建设中很有影响力的内容。

（2）实用性原则

实用性原则就是指在设计与开发微课的过程中要做到以实用为主、够用为度。只有实用才能使教学顺利进行。思政课微课教学是一种充分反映高职院校思政课建设目标，并紧跟思政课教学的实际需要而设计开发的针对性较强的教学形式，它能够突出学科的重难点，并与实际的教学活动相结合。

高职院校思政教育的根本目的是塑造青年学子的人生观、世界观与价值观，种种关于思政教育模式的探讨归根结底都要落实到大学生的教育实效之上，要通过引领青年大学生的价值观念来实现思政教育的意义。因此，教师在建设课程的知识体系时，要从学生的接受层面出发，充分阐述知识点的内核理念，将其与实际可触的热点时事相结合，确保理论性的知识点能够以生动具体的形式进入到学生的认知之中，避免一味地泛泛而谈，要将重点落在知识传播的真实效率上。

（3）适度性原则

任何事物都是质和量的统一体，只有真正认识事物的度，教师才能在教学实践中坚持适度性原则。所以在制作微课视频时，教师应该秉承适度性原则，在选取思政课教学内容时应适量，将思政课的教学内容分割成适当的10～15

第八章　信息技术下高职思想政治理论课教学实践

分钟的小模块。

微课作为一种新型的教学资源呈现方式，自然有与传统教学相距甚远之处，简而言之可分为以下两点。其一为视频时长的控制，教师首先要按照不同知识点的重要性排序来进行篇幅的划分，避免出现主重点论述不足、次重点喧宾夺主的现象；其次要按照大致划定的篇幅进行内容的编排与文案的撰写，经过充分精简提炼后形成微课视频的基础脚本。其二为合适的讲解方式，教师应当决定不同知识点的不同讲解方式，或配备可供课后查阅的参考文献，或展示帮助梳理思路的章节导图，也就是要最大限度地利用好网络教育平台带来的信息化便利，为学生提供更充实、更丰富的学习体验。

与此同时，教师本人为视频配备的讲解与阐发也同样重要，需要提前撰写、精炼并美化。微课平台的使用只是转移了教学活动发生的阵地，并不打破教育者教、学习者学的基本公式，所以教师本人在视频中的解说同样有着重要的作用，既能对教学资源进行精准而到位的解读，又可以唤起学习者熟悉的课堂既视感。因此，教师在进行微课模式下的教学活动时，仍然要选择恰如其分的讲解方式，给予精练而成熟的知识点解说，配备使用微课平台的种种信息化功能，使线上教学的效果获得进一步提升。

（4）精微性原则

微课的精微性，指的是将成体系的复杂知识点进行有逻辑的划分，精细到确保每一个独立的微课视频都包含着一个拆分而出的独立知识点，通过严谨的课程架构将碎片化的知识点组合而成，维持其知识谱系原有的统一性与系统性。教师在编制设计课程内容时应当最大化地遵守精微性原则，同时为切分而来的碎片化知识点配备相对应的练习与测试，确保学生在进行学习时能及时检验其成果，起到复习与巩固的作用。

从形式上来说，教师设计制作微课视频时需要对时长进行把控，切忌过长，否则容易使学生丢失注意力焦点，降低学习效率；也不宜过短，过短容易导致知识点讲解不充分，同样达不到理想的教学效果。从内容上来说，教师设计制作微课视频时应当着眼于尽可能小而细碎的知识点、重难点，通过一个个独立的讲解视频将其分而攻之，帮助学生详细而透彻地理解关键知识结点。从制作上来说，微课视频的画面设计、文稿撰写以及后期剪辑都需要依照具体的内容来进行细致的处理，这是各大高职院校应当予以把关的基础性工作。微课视频的画面比例、文件格式等细节问题同样值得注意，负责对应视频制作的教师应当有扎实的计算机功底，从形式、内容到具体视频的制作，都应在遵循细致化原则的前提下对教学视频进行适当的处理。

2. 资源利用平台的创新建设

为了全面提高微课开发水平，建设优质的微课资源教学平台，相关教育部门可以对微课教学资源进行征集，联合计算机技术人员以及相关的微课教学专家对高职院校思政课教师进行培训，将技术与思政课教师的理论与实践经验相结合，共建一个区域性甚至全国性的教学平台。

如何更好地建设一个思政课微课教学平台，是高职院校应该重点关注的问题。以思政微课 APP 为例，它是一个思政课在线学习平台的软件，通过笔记、问答、测评、考试等方式，实现思政课在线学习监督和学分管理。该平台在课堂教学互动环节为教师提供课堂自动点名统计、课堂测评与统计、课堂提问自动记录等功能。我们可以根据以上优秀平台的建设经验，在研发、设计思政课微课教学平台时获得一些思路，具体操作如下。

其一，重视思政课微课教学平台的互动交流功能。教学平台的互动与交流模块是教师与学生共同发挥自主能动性的关键之处，具体功能包括师生答疑、测试批改、信息反馈以及同学互动等等，在线上教学活动的开展中承担着极为重要的作用，对于增强学生的集体感、归属感也有着很大的意义。思政课微课教学平台在设计其相关功能与入口时应当规划好互动交流模块所占的比重，充分重视平台用户对于师生交流、同门互动的需要与诉求，合理设计多种能满足互动交流功能的渠道，以便实现平台的健康可持续发展。

此外，思政课微课教学平台还可为师生提供两种不同的使用系统，将两套系统的侧重点分别设置在微课视频的上传与学习任务的执行上。教师可通过对应的系统为学生下发测试试题，并按时收回测试，加以批改；学生可通过对应的系统为课程的总体体验进行打分反馈，以便教师及开发者对教学平台与教学资源进行修整与改进。

其二，坚持应用，共享资源。思政课微课教学平台，本质上是一种以计算机技术为支持的互联网资源库，需要专业的计算机技术开发人士对平台进行基础框架的搭建以及后期的运营与维护。同时，高职院校要对思政教师进行相应的技能培训，坚持在教学活动中应用思政微课平台，不断积累平台的影响力与重要性，在日复一日地坚持中推进教学信息化的深入。同时要坚持资源共享，让微课平台拥有更为深厚的教学价值，使其成为具有学术厚度的核心资源平台。

3.资源开发技能的创新发展应用

高职院校思政课微课教学的顺利进行离不开教学资源的创新建设，微课资源的开发效果在很大程度上取决于思政课教师微课资源的开发技能。思政课教师微课资源开发技能的提高，可以使思政课教学形式更加多样、教学内容更加丰富。

"互联网+"时代不仅需要思政课教师具备终身学习的能力，而且要求教师具备良好的媒介素养能力。教师应主动参加微课的相关培训，提高应用计算机信息技术的能力，促进思政课与现代信息技术的有效融合。

第一，运用微课教学要求教师不仅要具备较高的信息技术能力，还要有适当的数据处理能力，教师可以通过网络、书籍等途径搜集和筛选有用的教学素材并将其转化为教学内容。

第二，运用微课教学要求教师在掌握相关技能的基础上，创新设计优质的微课资源，建设以微课为抓手和契机的"思政课程创新团队"。

第三，运用微课教学要求教师必须加强团队意识，要以思政教育教研室为单位进行微课的选题与开发，针对本专业课程教学中的重难点进行全面系统的筛选、梳理，一方面要关注思政课内容中单个的知识点；另一方面还要宏观把握思政课的完整性、系统性，不断研究和开发思政课微课教学的相关资源，提升微课制作技术，积累微课制作经验，开发出学生喜爱的思政课微课课程。

（二）微课模式的操作创新

1. 明确兼顾微课与思政课特点的教学设计理念

教学设计的效果在很大程度上取决于思政课微课教学设计是否合理。在思政课微课的教学设计上，教师要兼顾思政课课程特征和微课特性，强调教师与学生互为思政课的教学主体，教师要以教为主导，学生则要以学为中心，这样才能不断增强教学实效性。

（1）兼顾思政课课程特征和微课特性。

在设计高职院校思政课微课的过程中，我们不仅要兼顾思政课的特征，还要兼顾微课的特征，将两者更好地融合起来，这样才能促进思政课微课的顺利开展。

第一，精选微课教学内容。教师应该在分析教材和各个章节的基础上精选小的知识点或者重难点，使学生对微课视频中微小的知识点进行逐一掌握。

第二，控制微课时长。在前期的准备工作中，微课视频的教学内容就要依据思政课的教学重难点进行制作，视频要控制在10~15分钟。因为观看视频的任务是要学生在课前预习阶段完成的，视频过长则不易激起学生们的学习兴趣，不利于教学目标的实现。

第三，注意微课视频的多样性。在制作微课前，教师应通过众多的网络资源，选择适合自己的教学资源，利用自己掌握的信息技术，将理论性较强的知识点制作成有动画、PPT、歌曲等形式多样的微课视频，便于学生对复杂知识点的理解和掌握。

第四，微课的录制与制作应及时补充最新的思想理论成果、党和国家的方针路线以及学生关注的热点问题，还应该补充教学内容中的易错点和难点。将这些内容录制成微课，学生就可以随时随地反复观看学习。教师在思政课微课教学中对不同学生进行的有针对性的进阶式练习，会让学生体验到教师个性化的教学和辅导，会极大地改善教学氛围、丰富教学内容、提升教学效率。

（2）遵循以学生为本的教学设计理念

高职院校的思政课建设应当注重学生在教学中的主体性地位，充分认识到学生是教学活动双主体中不容忽视的一部分，在微课的设计中遵循以学生为本的基本理念。教师应在多方面对学生自主学习的核心能力进行引导式培养，注重微课学习过程中的可参与性和互动性，让学生懂得适时地将所学知识运用到检测问答中去，并养成及时复盘、梳理的习惯。教师应当注意到学生的具体需求，综合学生上交的反馈内容及后台显示的信息数据，对不同的学生因材施教，使具体的问题得到具体解决。总的来说，教师在微课模式下需要保持一种创新而开放的教学态度，既要充分发挥自身的引领指导作用，又要给予学生以充足的自由成长发展的空间。

2. 优化思政课微课教学内容

第一，注意教学内容的质量，提高资源的权威性和实用性。

第二，利用平台的教学内容引导学生学习，使教学内容与学生的实际需求相贴合，吸引学生的注意力，之后教师再加以引导，这样必定会起到事半功倍的效果。微课在高职院校思政课教学中的运用符合时代的要求，也是思政课教学的辅助手段，所以教师要充分运用微课这一载体来丰富思政课的教学内容，更好地提升教学效果。

在制作微课和实施教学时，教师不仅需要考虑如何制定有针对性的教学内容，还应该考虑对教学内容的补充。因为思政课教材内容相对稳定，因此教师应注意及时补充最新的思想理论成果、党和国家的方针路线以及学生关注的热点问题。

3. 完善思政课微课教学流程

考虑到微课模式对传统的教学流程进行了很大程度上的革新，教师应当尽可能快地适应其中，并结合具体的教学工作对思政课微课教学的流程进行合理规划与适时修改。通常来说，在微课模式下的教学流程包括微课内容的准备与制作、学生预习、课堂交流、课后巩固与完善微课几个步骤，下文将一一阐述。

（1）微课内容的准备与制作

教师应该从思政课的教学大纲出发，优化思政课教材内容，将教学内容分割成10~15分钟的模块，并针对每一模块设立对应的教学重难点，将教学重难点制作成微课视频上传到微课教学平台上，同时针对教学内容制作进阶式的微练习、微测试等，以满足不同学生的需要。

（2）学生预习

在思政课教学过程中，教师可自行决定是否在课堂上播放微课视频。但实际上，在上课前，教师就可以通过布置作业的方式让学生自行观看微课视频，学生则可以随时随地根据自己的时间利用手机、电脑等设备登录微课教学平台观看教学内容。对于观看视频过程中产生的困惑，学生可以利用发送弹幕或者在互动区留言的方式请教师解答。在观看微课视频后，学生可以选择初级练习题对自己的学习效果进行考查。

（3）课堂交流

微课平台的互动模块用来收集学生在学习过程中遇到的疑难问题，由教师在课堂上对其进行解答处理，方式包括直接解答、择取重点问题重点解答、小组讨论、课后调研等，教师可根据问题反馈的不同情况采取不同的处理方式，并在相应的过程中起到引领与点拨的作用。

（4）课后巩固

在课后巩固的环节中，教师可根据线下课堂的实际情况，参考线上学习的统计数据，下发需要学生重点关注、反复学习的微课视频，对教学效果进行有针对性的补偿。还可以通过微课平台为学生布置相应的课程作业或章节测试，通常设置为线上考核，以便学生灵活地进行碎片化时间的利用，也方便查收学生在考核过程中反馈上来的问题，使师生互动更为便捷。

（5）完善微课

教师在微课教学的全过程中收集而来的反馈信息，都可被用于微课完善工作中的参考资料。教师应当仔细考虑学生提交上来的反馈建议，对建设性的意见进行筛选，保留其他具有一定价值的评价性意见，并利用平台的后台数据对学生的使用习惯及偏好进行分析，得出具体的完善方向。微课视频的打磨不是一蹴而就的，需要教师在教学活动中对其进行不断地反思与批评，作出相应的修改与优化，使其向着高质量的目标不断靠拢。

（三）微课模式的制度保障策略

1. 建立分工协作制度

分工协作制度是指组织内部既要做到分工明确，又要做到互相沟通、协作，以达成共同的目标。高职院校可以在校内组建团队，利用团队分工的方式确保思政课更加顺利地进行，鼓励广大思政课教师，尤其是青年教师，在完成原有教学任务的基础上，不断探索微课教学创新模式。

（1）组建科研能力强的研发团队

各高职院校应该高度重视并统一建立微课研发团队，制定相应的研发目标；鼓励教授和骨干教师带领青年教师不断探索微课教学模式，并在思政课堂上进行反复尝试，总结经验，不断创新。

现阶段，各门课程要结合课程特点以及学生的身心发展情况进行微课的研发与运用。同时，每门课程必须确定一个负责人，让他们根据实际情况带领组内成员有组织、有计划地进行研发，在最大程度上保障科研时间和科研的整体实力。

（2）定期组织集体备课

各高职院校应当定期组织面向微课教学课题组的集体备课活动，集思广益，共创新知，集校内优质师资力量对微课教学模式的开发与应用作更为深入的研讨与规划。各思政课教师应当通过集体备课加强课题组内的信息交流与经验分享，互相作为实施微课模式教学计划的参考范例，在不断的批评与自我批评中寻得更为适宜的实践方案。课题组组长要在备课过程中起到指导与引领的作用，注重将新兴的网络技术与传统的思政教育相结合，保证教学计划可行性的同时维持足够的创新力度。与此同时，课题组还应产出保质保量的教学资源以作为研究讨论的成果，为微课平台的充实作出相应的贡献。

（3）处理好团队内部协作关系

课题组作为一个需要稳定运转以保证教研工作有序开展的整体，应有合适的内部架构与效能最大化的分工管理。课题组组长应当对课题组成员进行科学合理的职责分配，妥善协调课题组内部的合作关系，为组内成员提供需要的资源辅助与成本投入，维护工作稳定进行。

2. 建立运行保障制度

第一，国家要鼓励高职院校制定思政课微课发展规划。国家要为高职院校思政课微课的发展和建设提供一定的物质保障和经费支持，并为高职院校有组织地建设一批高职院校思政课在线课程库提供方针和政策保障。

第二，国家要提供设施搭建微课信息管理平台。微课信息管理平台是整合思政教育理论课教学资源和微课资源的重要平台，国家需要建立由微课技术专家、思政课骨干教师队伍、教学管理人员组成的专门团队，每个人分工协作，确保信息化管理平台的有效运行。微课信息管理平台通过学生自主的网上选课、网上答疑、网上考评等来实现微课和思政课的结合，使用信息化的手段搭建与思政教育相关的门户网站，使微课教学过程可以涵盖传统思政课教学的所有环节。

第三，学校要建立思政课与微课相结合的反馈机制，使其有益于在实际教学过程中的评估。教学的评价与反馈是检验教学效果的一个重要环节，教师只有在教学过程中不断反思、总结经验才能进一步推动微课在思政课教学中的运用。所以，学校要不断探索并建立相应的反馈机制，在运用中根据学生的反馈和教师的反思来实时调整教学内容与形式，从而使微课教学在内容与形式上都更加完善，起到对传统思政课教学查缺补漏的作用。

3. 建立创新的外部激励制度

外部激励是一种与内部激励互相区分的激励形式，主要指以与主体所作所为无直接关联的事物作为激励,一般指在主体行为完成后所得到的奖赏或回报,与其行为有着直接的区分。高职院校在思政课微课教学上的外部激励机制,指的是学院、院校或相关机构、政府对思政教学的物质投入,包括科研经费、技术补贴等方面,激励相关领域的负责人及参与者投入到课程资源的开发与建设当中来,不断提高自身的专业知识水平,完善已有的微课教学资源,开发富有创新性的教学模式。各高职院校一般会建立起完善的外部激励制度,用以维持相应课程的教师的教研工作热情,使其积极主动地投身到课题组的团队协作当中去。

考虑到微课模式下教学研发的创新性与复杂性,高职院校应当在相关的政策上也作出一定的修改与倾斜,重新调整思政课教师的工作结构,使其将工作重心逐渐转移至思政课微课研发的任务上去,尽可能多地减轻与其主要职责无关的工作压力,为思政课教师营造更为适宜的政策环境。学校可考虑将微课视频的筹备与制作纳入教师工作时长的统计之中,切实地看到投身于微课教学研究的相关工作者的付出,使其在科研任务与教学工作中能够保持长足的热情,持续产出品质优异的微课教学资源,积极筹划在实地教学中微课平台的应用与实践,不断对反馈信息加以整合与吸收,推动思政课微课的教学研发长期进行。

各大高职院校为保证思政课微课的研发工作始终维持一定的活力,一般会选择筹备举办相关主题的微课教学竞赛,鼓励应用微课平台辅助开展教学工作的教师积极参与,并为其设置丰富的奖项与奖品,将该类竞赛的奖项列入教师工作绩效评估的加分项目内,激励教师持续推进微课教学内容的开发与优化。该类竞赛的评分一般取决于微课视频的内容质量、视频制作的综合水平以及教师个人的贡献程度,相关评分有待进一步地细化与改进。

第三节　高职院校政治理论课的云课堂教学实践

一、"云课堂"在课程教学中的应用现状

（一）"云课堂"在课程教学中取得的成绩

1. "云课堂"促进了高职院校师生的共同成长

学校要以学生的发展为本，紧紧抓住"情感教育"这一线索，以情感人，用情育人，最大限度地开发学生的潜能，全面发展学生的素质，为学生的可持续发展和终身发展打下基础。"云课堂"上线后，高职院校更是在原有的基础上，充分利用信息化手段，关注学生的个性发展，以达到教育教学效益的最大化。同时，面对"云课堂"，教师需要根据学科特点，深度挖掘与整合教材，并与信息技术进行融合，让教学内容更具趣味性、探索性。这样的课堂，对教师提出了更高的要求。教师必须能够熟练运用信息技术为自己的教育教学服务，而且要有开放的心态、创新的精神，有接受新事物的热情和智慧。因此，"云课堂"的实践促进了高职院校师生的共同成长。

（1）"云课堂"——学生喜欢的学习场

"云课堂"培养了学生的问题意识，使学生学会了求知、求同、求异。教师在精心组织"云课堂"教学的过程中，非常重视培养学生的问题意识，在教学中重点培养学生独立发问的意识和能力，以及质疑的勇气和习惯。

"云课堂"培养了学生的合作学习能力，使学生学会思考、倾听、交流。在"云课堂"教学中，教师重视培养学生的合作学习能力。通过合作学习与探究活动，学生解决了学习中的疑问，学到了更多相关的知识。同时，学生的综合能力与素质也有所提高。另外，"云课堂"还能增进伙伴间的情感交流，培

养学生的团结协作精神。

"云课堂"培养了学生的信息素养,使学生学会收集、选择、运用信息。教师在指导学生完成拓展与探究型作业时,鼓励学生使用各种信息技术,让学生在实践中提高信息素养,提高收集、选择、运用信息的能力。

"云课堂"关注学生的内在需求与外在发展。在"云课堂"这一新的教与学的模式下,课堂情境的创设更加生动,学生的学习方式更加灵活,学生学习的宽度和广度也不再受教师和同伴知识水平的局限,个体的学习需要更容易得到满足,学习效率大大提高。教师从知识传授者变为过程的设计者。在课堂上,师生一人一个信息化设备,通过服务平台,教师和学生紧密地联系在了"云空间"里。教师可以及时了解到每位学生的答题情况,掌握其理解知识的差异,根据学生的学习情况及时调整教学内容,强调重点,攻克难点,而平台系统的数据分析则能帮助教师在课后进一步对症下药,厘清每位学生的问题症结,从而找到适合这个班级、适合这个学生的最有效的教学策略。各种基于"云课堂"开发的课程、设计的活动丰富了学生的学习生活,并与学校原有的情感教育结合,找到了新的生长点,同时满足了学生的成长需求。

"云阅读"平台是在"云课堂"大背景之下研发的一项能够记录下每个班级以及个人借阅数据的平台。学生来到彩云图书馆借阅书目,"云阅读"平台便会在后台记录下每一位学生的借阅数据,如借阅时间、借阅书目和书目数等。同时,"云阅读"平台还会将同一个班级的学生数据归在一起,自动生成以班级为单位的借阅数据表。教师可以随时通过"云阅读"平台调取整个班级的借阅数据,宏观地了解班级的阅读情况。当有个性化需求时,教师还可以输入学生的姓名,调取某一位学生的借阅记录,了解个别学生的阅读兴趣,便于对学生进行个性化的阅读指导。

(2)"云课堂"——教师的专业成长平台

"云课堂"的探索与建设,归根到底需要教师及其教研成果的直接参与,师资力量的强大与否影响着学校的可持续发展性,校内师资队伍的培养将始终是各大高职院校工作的核心。

"云课堂"，顾名思义是借助互联网力量开设在网络平台上的线上教学课堂。"云课堂"的推广让学生有了可以随时随地按需使用的学习资源库，也让教师有了资源共享交流的渠道，可将高度信息化的教学内化至自身的教学方式中，对线上平台的应用与改良提出了很多可行的方案与建设性的意见。考虑到学生主体在教学活动中的重要性，越来越多的教师开始在课程的设计中关注学生的实际需求，使"云课堂"的效用力不断上升，发展趋势一片向好。

许多高职院校会设置定期的"教学研究月"，方便校内课题组就特定主题进行有组织有计划地探讨，分享各学科在本月内达成的教研收获，通过彼此之间的学习与借鉴来进一步提升校内教学活动的质量。随着"云课堂"的研发与实践逐渐登堂入室，"教学研究月"的活动内涵也得到了丰富，教师可借助月度活动对"云课堂"这一新型教学模式的诸多特点以及实践过程中遇到的种种问题进行经验分享与讨论研究，集思广益，选取切实可行的研究意见来对后续研发工作进行进一步尝试与检验，不断开拓学科眼界，顺应信息化时代的发展潮流。

2. "云课堂"促进了课堂教学的初步转型

通过收集、分析学生的各类数据，作者总结出推进"云课堂"的五大策略。

第一，分析维度的多元化。"云课堂"与传统课堂相比，不再只着眼于成绩结果的分析，而是将学生学习的全过程作为分析的对象，关注学生在各个阶段对于所学知识的掌握情况，追踪学生的学习习惯、练习记录以及薄弱项目，以数据的形式列入归纳分析的范围内。教师可通过平台数据掌握学生的测试详情、错题频率等，进而考虑修订下一步的教学计划。

第二，分析层次的深入化。较为浅层的分析指的是单一而刻板的数据分析，包括试题错误率、错题类型、统计人数等。随着数据分析的层次逐渐由浅入深，线上学习平台开始将测试试题的正误与学生个人的掌握情况相匹配，可得出需要多加复习巩固的知识点范围等信息，更加便利了师生对于个性化学习计划的制定与修改，有着重要的意义。

第三，分析对象的综合化。在分析对象较为单一的阶段，"云课堂"按照不同的学科划分出了不同的阵地，各学科之间彼此独立，并无过多关联。随着"云课堂"后台数据的不断累积，统计得出不同学科之间实际上存在着一定的共性，学生的软件使用习惯、视频观看习惯以及兴趣偏好对学习效果的影响在不同的学科之间有着类似的分析成果，故出现了分析对象综合化的趋势，将目标学科与其他相关学科进行对比分析，往往能从中得出更有启发意义的研究结果。

第四，由应对式改进变为按需改进。这项策略使得"云课堂"较之传统课堂有着不可比拟的超前性，可根据现有的数据分析结果总结得出教学过程中可能存在的问题，并在教学活动实际开展之前加以规避，综合数据指导与实践效果来进一步改良教学工作中的种种细节。

第五，从教法改进走向学法改进。在研究之初，"云课堂"要求教师能够在实践中改进教学方法，全面了解学生的个性特点，把握因材施教等教学原则，提高课堂效益。随着研究的逐步推进，"云课堂"也要求学生不断调整学习方法来适应学习内容，提高自身学习能力，促进其对知识的掌握与运用。

具体到教学实施的各个环节，"云课堂"的成效表现在以下方面。

（1）教学目标由以学科知识为重点转向以学生需求为先

教学目标是指教学活动实施的方向和预期达成的结果，是一切教学活动的出发点和最终归宿。

在整个教学过程中，教学目标的制定是非常关键的一环，在教学活动中处于核心位置，它决定着教学行为，同时还是教学评价的依据，它既有定向功能又有调控功能。

第一，基于教师团队的教学目标。教师在教学目标制定中，将容易把控的学生对学科知识的掌握、技能的习得作为研究重点，忽略了学生的差异和需求，于是便出现了不同班级的教学目标、教学策略、教学过程完全相同的现象。解决这一问题的关键在于准确地分析学情，明确学生究竟需要学什么、怎么学。

第二，基于"数据分析"的教学目标。"云课堂"是在"云计算""大数据"

的基础上产生的。"大数据"在教育领域的应用越来越引起人们的关注。对学生学习过程中产生的大量数据（数据主要来源于两个方面，即显性行为和隐性行为，其中隐性行为包括课外活动、学生之间的交往等不直接作为教育评价指标的活动，显性行为包括考试成绩、作业完成情况以及课堂表现等）进行分析，大数据模型以及显示的数据能够为学校管理和教师教学提供参考，帮助教师及时、准确地评估学生的学业情况，发现学生存在的问题，进而预测学生未来发展的可能。

随着"云课堂"的开展，学生在学习过程中会产生一定数量的数据。新开发的"云设备"不断采集着各种数据，而这些数据全部来自现代技术的客观记录，运用一定的科学方法对这些真实数据进行分析，能够帮助教师实现对学情的客观把控，使制定的教学目标更贴近学生的实际情况。

（2）教学实施由以教为主转为以学为重

课程改革理念强调"完善学习方式，拓展学习空间"，倡导将自主探究、实践体验、合作交流的学习方式与接受性学习方式有机结合，将"做""想""讲"有机统一，合理、灵活地利用各种课程资源和信息技术进行学习，通过多种途径满足学生多样化和个性化的发展需求。这也是"云课堂"在教学中所追求的目标。"云计算"和"大数据"等现代技术的引入，"云平台"的构建，"云系列"设备的诞生，使这一先进理念在教学中的应用更加深入，使教学实施由以教为主转为以学为重。

（3）师生关系由以教师为主导转向以学生为主体

师生关系是指教师和学生在教育、教学过程中结成的相互关系，包括彼此之间的地位、作用和态度等。师生关系是教育活动过程中最基本、最重要的关系。良好的师生关系，是提高学校教育质量的保证，也是校园文化的重要方面。良好的师生关系应该表现为教师和学生在人格上是平等的，其进行的交互活动是民主的，形成的氛围是和谐的。

① "云课堂"实现了教师面向全体学生

先进的教育理念引领着教师的实践，在日常教育教学过程中，受时间、空间的限制，要百分之百地实现教师面向全体学生其实并不容易。在课堂教学中受教学时间以及教学进度的影响，教师无法保证与每位学生进行互动。在课余时间，教师除了解决突发情况，进行个别辅导，很少有机会长时间地与学生交流互动。所以很多时候师生之间的了解还是浅显的，教师不一定能够深入学生的内心世界，触及学生的真正需求。于是常常会出现这样的怪圈：教师觉得自己是为学生考虑，但学生不一定理解教师的良苦用心；教师觉得对每位学生都关心到位了，可还有学生觉得没有受到教师的关注。

"云课堂"教学模式让教师能够真正地面向全体学生。在课堂教学中，教师可以通过手中的终端设备看到每一位学生的学习情况，使个别辅导更具针对性，让需要帮助的学生获得"及时雨"。即使教师在课堂上无法及时指导每一位学生，在课后也可以通过调阅平台记录的数据，准确地了解学生的学习情况，完成对学生的有针对性地辅导。

通过各类数据分析以及在日常教育、教学活动中对学生的观察，教师对学生的各个方面有了比较全面、客观的了解，建立在这种了解基础上的师生关系更加和谐。

② "云课堂"助推了学习共同体的形成

学校班级学习共同体是由学习者（学生）和助学者（教师）共同组成，以完成共同的学习任务为载体，以促进成员的全面成长为目的，强调在学习过程中以相互作用式的学习观为指导，通过人际沟通、交流和分享各种学习资源来相互影响、相互促进的学习集体。它更加强调人际心理相容与沟通，在学习中发挥群体动力作用。

"云课堂"基于学生现有的学习水平和存在的问题，使师生在同一个平台上完成教与学。在"云课堂"上，学生的求知欲更为强烈，兴趣更为浓厚，而学生之间的个体差异让生生之间互帮互助，共同完成学习任务。通过"云平台"，人人可以随时提问，教师和学生均可成为助学者。这样的教学模式对教师的专业水平提出了更高的要求，因此"云课堂"所形成的一个班级或几个平行班级组成学习共同体，实现了教学相长。

③"云课堂"促使师生交流及时、畅通

要想建立良好的师生关系，教师必须与学生进行有效、畅通地交流，实现师生情感的互动。

"云社区""云阅读"等设备与软件都具备了留言、对话功能，教师和学生可以随时、随地、随需进行交流，他们既可以在群体中交流，也可以一对一交流。学生既可以选择在校与教师面对面交流，也可以在网络平台上进行私密的谈话。教师也可以根据平台记录的学生活动轨迹、学习数据以及留言等，及时了解学生的思想动态、学习现状、兴趣爱好等，主动寻找学生进行交流沟通。这样的交流以了解为根本，以情感为基础，师生间心理相容，排除交流的障碍，在彼此信任的交流中产生正面反应，形成相互吸引的心理凝聚力，使课堂充满欢快活泼、和谐民主的气氛。

3. "云课堂"拓展了学校课程的广度和深度

（1）优化课程实施，提高课程实效

在"云课堂"的助力下，学校不断优化课程实施，提高课程实施效果。在不断完善课程体系、保障课程落地实施的过程中，"云课堂"要求学校牢牢把握三个支点。

①更新教育观念是构建学校课程的出发点

在信息技术的大背景下，学校教育要突出一个"人"字，不能造成新的"信息孤岛"。学校要坚持把学生的发展放在首位，让课程贴近生活、走近学生。学校要以质疑的眼光、发展的思路对教学现状进行反思，并不断进行创新，鼓励教师乐思、勤思、善思，使教师不断改进教学行为，凸显教学智慧，追求教学成效。

②共研课程规划是实施学校课程的着力点

学校的课程规划是由多元化团队共同研究产生的，这个团队由课程决策者（校长）、课程设计者、课程实施者、课程评价者组成。学校的课程规划具有明确的课程目标，其以学生为主体，以教师为主导，而"云课堂"则强调制定多维的课程目标，夯实学科基础，使课程目标符合学生的个性特点。

③形成管理机制是实施学校课程的关键点

学校要积极打造课程改革的合作共同体，合作制定课程规划，分项目制定课程计划，明确相关人员的职责，为课程的实施、评价和调适打好基础，在实施过程中逐步完善申报、奖励、监控等机制。合作与监控作用于三类课程，同时作用于课程整体规划。"云课堂"作为一种新型的助力途径，更加注重过程资料的积累。

（2）丰富课程内容，深化情感教育

学校积极探索将基础型课程、拓展型课程、探究型课程适度整合的途径和方法，构建由"陶冶心灵的情感教育系列课程""以生命教育为主题的系列课程""激发爱国情感的国防教育系列课程""融入生活的社会学习活动系列课程""提升综合能力的创新实践系列课程"等七个板块构成的系列化校本课程体系；尝试用信息化手段，创建随时、随地、随需的"云课堂"，以丰富课程内容，深化情感教育。

①基础型课程

"云课堂"的精髓是"因材施教"，是在原有情感课堂的基础上，加强对学生的个别化指导，让每个学生都在原有的基础上得到提高。"云课堂"尝试依托平台，为分析平台搜集的各项研究数据，改进教学方式提供技术支持。学习分析主要是对学生生成的海量数据进行解释和分析，以评估学生的学术发展，预测学生未来的表现，并发现潜在的问题。学习分析的基础是海量数据，对象是学生及其学习环境，目的是评估学生、发现潜在问题、优化学习过程。因此，学习分析的数据来自明确的学生行动，对数据进行分析和建模，有助于师生实现教学目标。

②拓展型课程

学校要设计学生感兴趣的拓展型课程，找准资优生的生长点，开发中等生的兴奋点，弥补学困生的空白点。以拓展型课程的"巧手坊"课程为例，该课程鼓励学生动脑、动手完成小制作，然后通过"虚拟成像"的形式来展示学生的作品，让他感受到成功的喜悦，而增强现实技术的应用让展示讲解的形式更加生动有趣。在"云剧场"拓展课程中，学生学习了戏剧表演，并当了爱国主义教育基地的讲解员。利用信息化手段营造的虚拟背景能够灵活地变换场景，并形成互动，让学生很快进入角色，提高了学生的表演能力。几十门拓展型课程的开发吸引了更多学生参与其中，从而开阔了学生视野，丰富了学生的学习体验。

③探究型课程

为使学生得到更全面的发展，探究型课程为学生搭建了一个个平台，真正做到了让学生走出课本，走出教室，走出校园，走向社会。在探究型课程中，学生通过小组活动进行合作学习。小组成员共同查询资料，完成课题，并在课堂上向其他小组成员介绍自己的探究成果。这样的课程形式既激发了学生学习的积极性，又提高了学生的交流、合作能力，使学生在合作学习中共同进步。

（二）"云课堂"在课程教学中应用的问题

随着"云课堂"在高职院校思政课中的应用越来越广泛，范围越来越大，一系列问题也随之显露出来，引发人们思考。

1. "云课堂"依赖网络，部分学生上课受限

"云课堂"有着鲜明的互联网基因，是信息技术高度发达的时代性产物，因而"云课堂"的使用自然也就离不开互联网信号的覆盖。然而我国现有的网络信号虽已能覆盖到极为偏远的山区，但由于地区偏僻、地理位置特殊，网络信号的质量往往得不到保证，使得山区用户在使用"云课堂"进行学习时较为不便，难以跟进平台上的直播课程。同时，无线网络在山区的普及程度也不如城市，偏远地区的学生很难享受到线上教学带来的便利。除此之外，即便是在信号优良的地区观看直播课程，如遇观看人数过大、直播间网络堵塞等情况，也会为线上的教学工作带来负面的影响。

2. "云课堂"时间较长，教师在讲授时劳心、劳神

"云课堂"的主要开课形式为网络直播授课，由讲师教授开启课程直播，学生通过学生端进入直播间听课，共同完成课程学习。与传统的教学模式不同，"云课堂"的课程内容大多为讲师的单方面输出，不包含传统教学中的师生互动、课堂答疑、小组展示和自由讨论等，这对讲师来说无疑大大增加了单次课程的输出量，实际上是相当劳心费神的。"云课堂"不设置课间休息或教材研读的环节，一般要求讲师在信息输出的过程中一直不间断，这更是对教师精力上的一种考验。

3. "云课堂"只能保证在线率，很难确保学习效率

"云课堂"可以做到像传统授课那般对学生的出勤率进行统计，但由于教师端无法实时看到学生听讲时的真实情况，线上授课不能对学生的听课效率作充分的保证。网络课程的在线率往往可以达标，而实际的听课状态却无从得知，教师的注意力也高度集中于课程内容的输出之上，无法关注到是否有学生迟到早退。课堂上的问答环节也从传统模式下的一对一变成了一对多，难以产生较有代表性的问答，教师对于答题学生的掌握情况也仅能来自对迅速刷过的弹幕内容的匆匆一瞥，师生互动的有效性大幅减弱，导致互动环节的含金量远不如线下传统的教育模式。加之思政课的教育工作更需要学生的主动投入，因此，"云课堂"模式如何适配思政教育对于学生参与度的高要求，或将成为很长一段时间内相关领域的重点研究内容。

4. 教师和学生不能真实接触，很难达到"共情"

由于"云课堂"的教学过程不便师生之间进行直接交流接触，单向的信息传输方式很难让教师在授课过程中发挥自己的人格魅力与感染力，将通过网络参与课程学习的学生代入到课程进行过程中自发产生的学科热情之中来。相较于网络教学，线下的传统教学更容易让讲师与学生进入情感的共鸣空间，使学生在丰富多变的语言魅力中体悟思政教育的美与力量，使讲师借助学生实时给出的反应与回馈进一步升华讲解内容。这是目前"云课堂"平台尚不能及的方面之一。

二、"云课堂"模式下高职院校思政课教学改革路径探索

（一）"云课堂"模式下高职院校思政课建设的优化路径

高职院校的思政课建设有着重要而独特的意义，旨在为青年学子提供认识世界、改造世界的基本方法，帮助塑造科学的人生观、世界观与价值观，传达符合时代主流的基本价值理念。高职院校应充分利用"云课堂"模式为传统教学带来的革新力量，不断扩大思政教育对青年大学生的影响范围，打造适配互联网特色的思政课程体系。

1. 设置专门的教育服务网址，保障教学顺畅

优化网络服务是确保线上课堂有序开展的必要条件，只有让用户享受到顺畅而优质的网络条件，才能让课程计划的实施得以顺风顺水。"云课堂"可考虑与相关部门合作，一方面优化平台自身的网络系统；另一方面也对所处地区较为偏僻的学生提供高速流畅的网络服务，将新时代的便民工程落实到每一个学生。除此之外，各大高职院校还可考虑自行搭建顺畅便捷的教育服务网址，为有需要的学生提供流畅不卡顿的线上课堂体验，也可将"云课堂"的思政教育内容贯通至校内网址，以"思政大课"的形式向全校同学提供思政教学服务。

2. 升级"云课堂"系统，保证教学效果

各高职院校应当有充足的优化更新意识，对"云课堂"系统进行持续跟踪与监测，定期收集学生的反馈信息，对"云课堂"的系统作持续更新升级，进一步保证教学的效果。相关部门应当将重点放在教学过程中师生双方的诉求上，为教师提供线上提问、作业批改等功能的优化服务，为学生提供连麦答疑、作业订正等创新功能。教师需要通过许多不同方式对学生的课堂参与度及具体学习情况进行了解，"云课堂"系统还有待进一步优化。

3. 树立正确的教学理念，提高对思政课的重视程度

思政课教师作为高职院校内思政教育工作的主持者，应当树立正确的教学

理念，从观念引领层面就站在科学合理的方向上，以对思政教育的高度重视来统筹校内思政课程的总体风貌。在"云课堂"的教学过程中，教师应当充分利用互联网信息密度高、覆盖范围广的特点，广泛搜集可用于课堂实例讲解的热点新闻事件，将理论性较强的思政课程与切实可知的时事要点结合阐述，提高学生对于思政理论的应用能力，进而增强学生主观上对于思政教育的重视程度，使思政教育落实到每一个具体的学生身上。

4. 因地制宜、因时制宜、因材施教

思政课教师应深知，思政教育不是生硬刻板的照本宣科，而是要将课程内容的强理论性与实际应用上的高适配性相结合，用学生熟悉的生活实际来为理论知识祛魅。现如今，各地高职院校所使用的教学材料基本通用，但教师在开展教学活动时应注意将其与院校相关的特色文化相结合，例如，院校所在地区拥有的标志性人物、事件或历史遗址等，或院校自身拥有的特色历史、人物及重要事迹等。教师在教学过程中还应注意所面向的学生的学习水平与认知层次，适当地对教学方式作一定的调整，在因地制宜的同时做到因材施教。

5. 引才聚才、育才用才

思政课教师在思政教育活动中始终处于主动地位，主导着教学活动的开展与推进，监督着教学效果的优化与验收，要分析教学反馈得来的后续改进方向，也要在实际的教育中起到以身作则、以己为范的重要作用。各高职院校应考虑引进思政教育相关方面的专业型人才，组建起实力雄厚的思政教育队伍，为其制定可行可靠的高质量培养计划并予以贯彻落实，并在实际的教学活动中给予相关人才施展才能的空间。思政教师之间也应互相帮扶、共同进步，借鉴前辈的经验，勇于面对新人的挑战，为高职院校思政课的建设与发展储备更多更优秀的中坚力量。

6. 不断优化教学方法和教学手段

当下，思政课改革正处在攻坚期，各高职院校思政课教师应因势而变，因势而行，学习全国各高职院校"云课堂"的优秀教学案例，在今后的教学工作中，继续将传统线下教学模式同各类"云课堂"教学平台结合起来，做到思维新、视野广，努力更新知识体系，不断优化教学方式与教学手段，练就过硬的教学本领，最终实现全员、全过程、全方位育人。

（二）"云课堂"模式下高职院校思政课混合式教学模式的创新应用

在信息技术高速发展的当下，各大教育领域都开始将"云课堂"模式应用于教学活动的实践中，以高职院校的思政课程为例，基本使用线下交流与线上"云课堂"授课相结合的混合式教学模式，极大地推动了思政课教学革新的进程，是该领域的又一次富有新意的尝试。

"云课堂"模式为教学活动的进行提供了全新的场所，即互联网，但并未彻底颠覆传统教学模式的基本架构。所谓"混合式教学模式"，指的就是将传统的线下授课与线上的"云课堂"授课相结合，形成一种综合了线下交流与线上学习的复合型教学方式。学生在该类教学模式中承担着主体的作用，在教师的引导之下进行相关知识的学习，并及时验收学习成果，交由教师予以检测和监督。混合式教学模式综合了新旧模式各自的优点，是目前使用最广泛的新兴教学模式。

"云课堂"相较于中国 MOOC 等线上教学资源平台，更多地倾向于对学生的学习过程进行控制与管理，在保留学生学习的自主性的同时，对其学习过程加以介入。论及"云课堂"的具体应用价值，可从如下三个方面谈起。

其一，教师不再仅仅只是课堂中信息的输出者，而是成为教学过程中的管理者，可通过"云课堂"的教学管理功能对学生的出勤、讨论、作业情况以及测验结果进行监督。教师可以借助智能分析系统对学生学习过程中遇到的问题作出解答，节约了师生双方的时间，又能使教师真正起到促进学习、引领学习的作用。

其二，学生不再仅仅是教学活动中被动的接受者，而是成为学习过程中的主体，由学生自己主导学习活动的规划与开展。学生需要自行安排时间，在课程开始之前通过教师上传的视频资料进行预习；需要调动课堂互动的积极性，在师生互动环节认真作答；需要在课后完成教师布置的课业巩固任务，为期末的考核奠定良好的基础。总而言之，学生在教学活动的每个环节中都发挥着自身的主导作用，为知识而学习，为自己而学习。

其三，教学过程不再以"教"为主要内容，而是将侧重点转移向了"学"上。"云课堂"的模式设计实际上是在为学生的自主学习保驾护航，细致关照学习过程中或将存在的诸类需求，以全面而细节的功能模块帮助教师监督学生，让学生在享受丰富的教学资源的同时，可通过方便快捷的方式使所遇难题得到解决。"云课堂"的全覆盖式管理，使得思政课教师对教学的管理有了更为便利的途径，降低了师生双方的时间成本。

1. 混合式教学模式创新设计

基于"云课堂"开展的混合式教学是以学生为主体的个别化教学，而程序教学是个别化教学的典型代表。作者依据程序教学原则的有关理论，设计了一种基于"云课堂"的混合式教学模式。

（1）"小步子"与积极反应

"云课堂"将课程内容作了细致而有序的划分，在保持原本的知识结构的同时，将划分出的子知识点按照顺序讲授给学生，让学生完成从基础性学习到拓展性学习的过渡，通过单个知识点的学习建立起学科的总体框架，并在学习过程中持续丰富知识体系。此外，为保证学生的学习热情，"云课堂"将排序靠前的课程设计得较为简易，及时为学生的自主学习提供成就感的反馈。还可配合使用每节课程结束后的随堂测试，让学生切身体会到学有所得、学有所用，维持学生的学习积极性，不断激发其学习欲望。

（2）即时反馈

"云课堂"平台为学生提供多样化的快捷反馈，追踪学生的学习记录，在学生完成各项任务如课前预习、课堂出勤、章节测试以及作业提交之后，将已完成的任务点换算成进度百分比显示在学生端首页，学生可直观地了解自身的学习进度。此外，系统检测到学生已完成某个任务点的学习时，将会自动跳转至下一任务点，此亦为反馈的形式之一，告知学生当前任务已完成，可安排后续的学习日程。

（3）自定步调

在课前预习的过程中，学生可依据自身不同的学习习惯，选择适宜的学习方式与视频速度，在课前预习环节拥有充足的思考时间，可将所遇问题与待解难题反馈给教师，或记录于系统中，便于在课中加以翻看，及时反思，解决难题。根据"云课堂"平台提供的后台数据，教师可根据所在班级的具体情况，对教学设计作一定的个性化调整，使思政教育工作的开展取得更高的效益。

2. 混合式教学资源创新设计

布卢姆的掌握学习理论认为，只要给予足够的时间和适当的引导，所有的学生都可以对大部分内容达到掌握的程度。"云课堂"具有丰富的教学资源，可供学生反复学习，同时能够突破时间和空间限制，保证学生通过互联网随时随地进行学习。外国脑科学研究的 10 分钟法则表明，如果学生集中观看视频的时间控制在 5~8 分钟，则更有利于其对隐性知识的学习。科学地设置教学内容，安排好教学时间节点，让学生有节奏地参与个性化学习，是确保教学质量和提高学生学习效果的关键。因此，基于"云课堂"的混合式教学需要将课程的教学任务划分为连续的教学单元。每个教学单元包含一组小课，每组小课由一个个微视频串联起来，能够让学生系统地学习视频。这有助于学生快速适应视频教学方式，进而提高学习效率。

3. 混合式教学过程创新设计

现阶段高职院校的思政课教学模式一般为传统模式与"云课堂"模式的结合，也就是在保持传统教学模式的基本公式的前提下，辅以"云课堂"进行信息化、技术化的思政教育。混合式教学模式的基础构成沿袭了传统教学的阶段划分，分别为课前预习阶段、课堂讲授阶段和课后复习阶段。混合式教学模式充分地综合了两种模式各自的优点，并在缺陷上进行了互补，是目前各大高职院校广泛使用的思政课教学模式。

第八章 信息技术下高职思想政治理论课教学实践

（1）课前预习阶段

课前预习阶段的教学在"云课堂"教学平台完成。

授课开始前，教师会将提前准备好的预习材料上传至"云课堂"平台，包括但不限于演示文稿、视频材料、参考文献以及内容拓展链接等，为学生布置课前预习任务，并设置打卡记录督促学生在课前进行自主学习。教师可通过预习记录与考勤统计来给学生打平时分，提高学生对课前预习环节的重视程度。

相较于中国 MOOC，"云课堂"的线上课程架构更多地依赖于教师自身的设计与投入，不是直接为学生提供现成的慕课视频供其观看，而是需要教师依次设置任务节点，上传相应的学习资源，配备可计入评分标准的测试问答等。"云课堂"模式为教师发挥其能动性与创造性提供了充足的空间，可根据受众学生具体情况的不同对预习内容的设计进行修改，及时添补与热点时事相关的核心内容，使教师的教学方案得到完备落实。

与此同时，"云课堂"式的线上预习模式也为学生带来了便利。学生可根据自身实际，自由安排相应的学习时间，或利用碎片化的时间随时随地进行思政课的学习，用思政教育充实自己的课余时间，时刻沐浴在思政教育的春风下。预习过程中遇到的任何疑问，都可通过移动终端登录平台向教师反馈，后续可等待教师以留言或邮件的方式答复，使问题得到解决。

教师还可为学生下发感受反馈一类的任务点，鼓励学生撰写在预习过程中的心得体会及改进建议，并对收到的反馈进行统计梳理，择取有价值的修改意见进行落实。教师可直接通过线上平台答复学生的疑问，也可在线下课堂中选取有代表性的问题予以解答。

（2）课堂讲授阶段

课堂讲授阶段，也是教学活动的主体所在，在混合式教学模式中，高职院校思政课的课堂讲授阶段仍然采用面对面教学的方式，以保证学生的参与度，提升课程内容的影响力。思政课教师在课堂讲授阶段所扮演的角色极为重要，承担着育德育才、言传身教、传递科学价值观、引领学生明确远大理想信念的责任。思政课教师需要对课程内容有着深入的理解，拆分思政理论中的重点、难点，深入浅出地向学生讲解课程重点知识，引用生动具体的事实案例来应对课堂中的枯燥感、被动感。具体来说，课堂讲授阶段可被分为如下三个环节。

第一，对课程内容的重难点进行详尽地讲解。此为课堂讲授阶段的主体部分，需要教师利用自身对于课程内容的深度研习，将思政课程的核心知识传递给学生，帮助学生掌握正确的思政理论，帮助其形成良好的学习习惯。

第二，组织开展小组讨论以及答疑活动。教师可在教学过程中搜集富有研讨价值的关键问题，引导学生积极参与小组讨论，问题的范围包括但不限于学生在预习过程中反馈上来的具有普遍性的问题，以及教师备课过程中筛查挑选得来的有一定深度的核心问题，还有课堂讲授阶段里学生现场提出的问题等。组织进行小组讨论的同时，教师也应把控好时长，留出一定时间为学生讨论的问题提供统一的解答，帮助学生梳理思路，拓宽视野。

第三，教师在课堂末尾对所授知识进行总结，形成完善的课程知识架构，结束授课。

（3）课后复习阶段

课堂结束后，学生应在下一次的课程前完成课后的复习与巩固，进一步促进课堂知识的内化。课后复习阶段大致分为如下两个部分。

第一，教师下发任务，通过"云课堂"平台上传准备好的作业内容，通知学生及时进行查收与上交。作业任务形式多样，包括测试问答、开放型问卷、材料阅读以及小组实践项目等，通常按照难度与任务量来分配作业任务完成度在课程评分中所占的比重，帮助学生有规划地安排时间、完成任务。课后复习旨在检验学生对于课程内容的掌握程度、提升学生对于课业内容的思考能力、拓展学生的认知范围以及锻炼其综合能力等。其中，实践项目的形式也较为多元，教师可鼓励学生走出校园，前往院校所在地特有的红色基地、历史博物馆等地开展社会实践，包括问卷调查、随机访谈等，切身地参与到思政宣传的工作中去。

第二，学生提交任务，教师批改作业，并根据作业上交的具体情况决定后期的任务分配。教师在推进其自身的教学计划时，需要依据学生的作业完成情况来作适当的调整，及时在"云课堂"上传相应的学习资源以适应学生的需求，并对学生提交的问题反馈作及时的解答。教师在批阅学生上交的作业时，应统计学生作业中存在的普遍性问题，反思自身教学工作的开展水平，作出适时地应对与整改。除此之外，教师还应在后续的课堂讲授阶段对作业中搜集来的普遍问题进行重点讲解，并通过线上平台的测试模块对学生进行相关知识点的测试。学生也可利用教师给出的反馈对掌握水平较为薄弱的知识点作补充，提高自身学业水平。

（三）"云课堂"模式下高职院校思政课拓展实践的创新应用——"云剧场"

"云剧场"是"云课堂"的拓展型课程内容，它具有全息投影、手势控制等功能，是具有创新性的现代信息技术。学生可以在"云剧场"这个现代媒体中，开展一系列有意义、有趣味、有自主性的活动，社团也可以利用这个平台模拟现场培训、排练、讲解。

从现实角度来看，现代信息技术广受学生欢迎。在思政课中运用现代信息技术，一方面可以实现德育的网络化、信息化；另一方面可以实现传统思政教育与现代信息设备、技术的有机整合，能够对学生进行生动、形象、活泼的思政教育，扭转思政课教学方法单一的局面，使学生乐于接受。

1. "小空间、新技术"的社团活动设计

高职院校要通过社团活动设计，充分发掘"云剧场"这一先进技术的优势，为学生提供一个开放的、更为广阔的学习途径，促进学生主动学习、综合学习、探究学习、实践学习。社团活动的设计要立足帮助学生了解爱国主义文化，树立国家意识，增强自豪感，自觉弘扬优秀传统文化。具体的培养目标细化为：通过学习与实践，进一步拓展社团活动中爱国主义教育的内容，丰富社团活动的形式，优化社团活动设计；通过学习与实践，丰富学生的学习生活，促进学生个体的身心发展，提升日常生活的品质，培养学生的爱国主义精神；通过学习与实践，激发学生自主探究的欲望，培养学生独立思考与解决问题的能力。

2. "小空间、大容量"的"云剧场"校本课程

"云剧场"首先将中共一大会址作为试点设计，把这个爱国主义教育基地的音频影像资料全部整合到"云剧场"资源库中，使学生在进行社团活动时可以根据需要随时调用。

学科性爱国主义教育，是指通过课程进行爱国主义教育。高职院校要通过开发校本课程、设立选修课等形式在"云剧场"平台进行爱国主义教育。

渗透性爱国主义教育，是指把爱国主义教育与学科教学相结合，在学科教学中渗透爱国主义教育的内容。在学科教学中渗透爱国主义教育，是指以爱国主义教育为内容，用课程的结构、要素来构思教学过程，完善教学方法，强化教学效果。教师在设计时可采用两种思路：一是以课本剧的形式呈现教学内容；二是以课本剧的结构设计教学过程。

表演性爱国主义实践活动教育，是指以爱国主义为主题进行实践活动，通过各种爱国主义主题实践活动达到教育的目的，具体可以采用课本剧编演、红色基地讲解等方式进行。

高职院校要从"丰富感知，完善人格"和"提升能力，全面发展"等方面提炼和总结"云剧场"的独特功能，通过爱国主义校本课程来开发学生的心智，提高学生的综合素质。

第九章　信息技术下高职院校思政师生素养提升

随着人工智能技术日新月异，人类社会迈入一个崭新的发展阶段。知识获取和能力提升的模式产生深刻变革——技术从辅助环节开始，深入渗透至我们日常生活的每个细节。无论在工作还是生活中，人与智能设备交互频繁，实体环境和虚拟空间也日益融合重合，构筑起一个紧密连接的新型环境。

此举不仅为公民打开未来广阔的机遇——通过人机深度协同，工作效率大幅提升；利用 AI 助手智能服务，生活品质获得飞跃性提升。更重要的是，人工智能的应用给社会各个领域带来的深远影响。信息素养不再侧重单一技术层面，更需要培养人们的跨学科视角和强大的综合应用能力。

回顾信息素养概念演进历程，可见它已从侧重个别技能，扩展到重视全面素质提升的阶段。在 AI 浪潮下，如果公民仅停留在部分工具应用，将难以适应未来社会。他们需要掌握系统的 AI 知识体系，同时树立灵活多变的思考模式，并形成正确的价值导向，才能最大限度把握机遇发挥优势，成长于人与智能深度融合的新时代。

第一节　高职院校思政课教师信息素养的提升

教育事业是国家兴旺、民族强盛的基础，而教师则扮演着核心的角色。现阶段，中国特色社会主义教育事业正处于深入推进现代化和打造教育强国新阶段。

教师作为教育事业的主体，承担着培养建设未来的主力军——青年学生的责任。教师不仅决定了中国教育发展的质量，也关系到国家整体竞争力能否持续提升。面对复杂多变的国内外环境，教师队伍质量直接影响着学生身心成长，成为国家长期发展的重中之重。只有专业扎实，充满使命担当的优秀教师，才能开启学生探索知识的热情，激发他们为国家与民族作出贡献的潜能。高素质、创新意识强的教师队伍的建设，不仅关系到教育事业，更关系着国家的整体竞争力和持续发展能力。

一、高职院校思政课教师信息素养的内容和维度

在大数据和人工智能不断进步的今天，信息素养对任何教师来说都极为重要。教师的信息素养是指认识、判断与运用各种信息及媒介的态度和水平。

优秀的教师应具有强烈的探索精神，能不断从实践生活中发现和吸收新知识。同时，他能够仔细筛选信息，理解事物本质，并对信息质量进行批判性思考。只有这样，教师才能辨别不良信息，抵御不良影响。

信息素养的关键在于运用。教师应掌握利用数字技术开发课程资源和学习环境的能力，如运用人工智能创新教学设计，还能将信息融入课堂与资源建设中，为学生提供全面支持。

（一）教师信息素养的内容

首先，网络空间的建设与管理是教师信息素养的重要组成部分。随着网络教育平台的不断发展，网络成为教学新场域，丰富了教育信息传播方式。优秀教师应主动掌握这一教学资源，利用网络平台创建"个人网络学习空间"，根据网络特点设计信息化教学资源。他们需要根据学生需求，不断完善和管理网络学习资源，使现实与虚拟教学空间的内容互相补充。这样，教师就能在两种教学场域中开展教学，充分发挥各自优势。他们同时需要关注学生的学习情况，及时更新改进网络学习内容，保证学生获得个性化教育资源支持。建设与管理个人网络教学空间，已成为教师掌握网络教学潮流和满足学生需求的重要能力

之一，这也是教师信息素养的重要体现之处。

其次，混合教学设计与实施能力是提升教师信息素养的重要途径。在现实与虚拟教育深度融合的今天，传统课堂模式不断演变，教师面临新的挑战。优秀教师需要在两种教学环境下灵活应变。他们需要根据教学目标及学生需求，选择合理的教学内容与方式，还应学习如何开展混合式教学过程，运用多种教学模式优化互动。最重要的是，教师要掌握全面评价教学效果的方法。通过利用各教学空间优势，整合传统与网络教学优点。这需要教师不断学习探索，提取教学规律。只有实践与不断改进，教师才能在新时代发挥根本作用，与信息技术深度融合，培养新一代学子。

最后，教育教学数据分析和应用，是提升教师信息素养的一个重要方面。随着信息化的深入，产生了大量学习数据资源。教师可以通过网络平台全面监测学习过程，并采集相关数据指标，了解学生学习情况的细致变化。这些数据资源为教师开展定制化教学提供了有力支持，优秀教师需要掌握分析处理这些教学大数据的能力，据此调整教学方针方法。比如根据分析结果，针对个别学生的学习难点和学习特点，进行差异化的参考辅导，不再停留在经验教学，而是向以数据为证的教学模式转变。

（二）高职院校思政课教师信息素养的四个维度

1. 信息意识

教师信息素养的第一个维度是信息意识。信息意识要求教师具备内化的信息敏感性，具备主动寻找和利用积极的、真实的、准确的、实际的、合理的、有价值的信息的动机和能力；能够通过信息科技手段收集、整理、分析、分类和使用数字数据，科学地理解物理空间和数字空间的关系，在协同学习和工作中，提供和分享真实、科学、有效的信息。随着信息科技的发展，尤其是自媒体的普及，老师和同学都身处信息来源复杂、信息量过载的环境，教师主动筛选和过滤信息的行为和表现，是引导学生信息意识养成的基础。

2. 计算思维

教师信息素养的第二个维度是计算思维。计算思维不是计算机的思维，而是人的一种思维模式，是人在面对问题、分析问题和解决问题时的一种思维模式，这种思维模式借鉴和吸收了计算机解决问题时的一些理念和方法，比如对复杂问题的分解、构造解决问题的模型、关注解决问题的方法和效率，并且能够将有效的方法举一反三地应用到解决类似的问题（包括解决跨学科领域的问题）上。数据的组织与结构、过程的迭代与优化、串并和时空的平衡、仿真和模拟等都是解决身边实际问题时计算思维的着力点。随着社会的进步，老师和同学都不可避免面对越来越复杂的问题和情境，教师的思维模式和解决实际问题的方式，无形中会对学生形成计算思维模式产生影响。

3. 数字化学习与创新

教师信息素养的第三个维度是数字化学习与创新。数字化资源越来越丰富、数字化工具越来越广泛、数字化平台越来越多样，积极利用和科学选择合适的资源、工具和平台在各学科中都是时代性的进步，也是教学模式、教学组织、教学管理创新的重要工具和手段。利用大数据和人工智能，对社交数据挖掘和情感计算可以有效补充通过作业和试卷进行学生评价的传统手段的不足，对学生的阶段式评价可以变成迭代式的、跟踪式的过程性评价，获得更加精准的评价结论，有利于个性化教学和创新人才的培养。教师根据课程目标确定的教学内容和案例，也可以通过学生对学习理解掌握的真实状况的反馈，作动态的调整和更新，以达到与学生的认知水平相适应。

4. 信息社会责任

教师信息素养的第四个维度是信息社会责任。在教学活动的各个环节，老师都是学生的榜样和模范，是学生学习和模仿的对象，尤其对于青年而言，教师言传身教的作用是显著的，教师的情感态度价值观无时无刻不在影响着自己的学生。教师示范对国家的热爱、对法律的敬畏、对伦理道德的尊重和对民族文化的认同是教师信息社会责任的核心，鼓励引导学生追求科学和创造的价值观，培养学生的合作和团队精神，而训练培育学生认真和严谨的治学态度则是教师信息社会责任的实际展示。

（三）提升高职院校思政课教师信息素养的意义

高职院校在思想政治教育工作中一直发挥着重要的引领和引导作用，这也受到党和国家的高度重视。作为思想教育的前沿阵地，高职院校不仅肩负着培养各类专业人才的任务，更是思想教育的重要阵地。但是，随着科技的高速发展，高职院校思政课教师面临着新一轮的挑战——如何充分利用新技术手段，创新思政课程模式，从而提升思政教育的实效性。这不仅关系到思政课教师自己的能力提升，更将直接影响思想教育质量。于此，信息素养的提升显得尤为重要。教师需要及时跟踪思想理论的最新动态，灵活应用科技手段改进教学，同时主动占领网络舆论制高点，在思想教育工作中提供正确指导。

随着信息社会的发展，网络信息呈现出日益个性化和多元化的特点，各类网站和公众账号数量呈几何级增长，信息传播渠道日益增多。这为思政教育工作带来了新机遇，但同时也暴露出一些新的问题。一个显著的问题是，许多网站和账号所传播的信息内容表面上看似个性化实则偏离正道信息。对于这些碎片化、表面化且断章取义的信息，没有个性思考能力的大学生很难识破，容易被误导使他们走入歧途。同时，网络信息的开放匿名性也使得一些不良的信息得以大规模传播，对青年学生形成正面价值观和世界观有很大危害。这给思政教育工作增添了很大困难。思政教育工作者需要掌握信息技术的运行机制，懂得如何识别和过滤不良信息，在网络环境下为学生提供正确的教育指导，这将成为未来的一个工作重心。

二、人工智能环境下高职院校思政课教师信息素养面临的挑战

（一）思政课教师信息素养的现状

第一，大多数教师已初步认识到，它不仅可以有效支撑教学资源获取和

课程设计更新，更能极大拓展知识传播渠道，影响和革新传统教学模式。其中，信息技术催生各种课堂形式创新，有利于培养学生的独立思考和学习能力。总体来说，随着信息化水平不断提高，教师群体正逐步深化认识信息技术在教育发展中的重要性，明白如何通过技术手段提升教学质量和效率。只有教师掌握信息技术潜力，并保持技能水平与信息流传播趋势同步升级，信息技术才能在课堂真正释放价值，惠及学生的全面发展，这将是教师今后工作的重要方向。

第二，许多教师在信息技术应用上都停留在计算机基础操作阶段。信息技能的提升既取决于个人意识和态度，也需倚仗相关环境支持。指导教师开发自己的数字教学资源尤为重要，不应该满足于使用现成软件做PPT，而要探索集成各类教学素材的新路径。这样可以帮助教师迅速准备多媒体课件，降低其投入的时间成本。只有意识到这个必要性转变，教师才能真正将数字技术应用到日常教学制作与传播中去。同时，相关部门应给予教师必要的技术支持与培训，帮助他们拓展数字技能。

第三，教师虽然对信息技术在教学中的潜力有了一定认识，但这种理解还未深入转化为实际操作，信息技术在日常课堂中真正发挥作用的程度仍有待提高。理论知识难以迅速运用到教学实践中，限制了信息技术潜能最大限度发挥。

（二）思政课教师信息素养提升面临的困境

随着教育技术和人工智能不断发展，信息素养这个跨学科概念正面临新的机遇和挑战。AI为教学环境和模式带来全面性的变革，使知识获取和学习交互实现了更深层次的个性化。这需要教师重新审视并定义自身在教学中的角色与功能，不再满足于单一传授，更应主导学生自主探究真正感兴趣的领域。与此同时，教师自身的思想观念和综合能力面临新的挑战，需要通过不断学习提升来引导教育变革。信息素养也不再是单一概念，而是全面涵盖人机协同等新要素的体系。所以，明确未来智能化时代教师新的标准和框架需要通过长期的探索与实践来不断完善。

第九章 信息技术下高职院校思政师生素养提升

1. 教师与人工智能协作教学的挑战

人工智能作为一项深刻影响社会各个领域未来的技术，其在教育领域的应用同样将产生深远影响。但我们不能一面倒地认为其必然带来教育正面效应。应用 AI 技术于教学时，必须全面考虑它可能影响学习效率、提升互动方式、支持不同学习风格的可能，也要预见它是否会影响学生的思维模式和解决问题的能力。教师除了掌握技术本身，其对专业领域的理解能力和实践经验也将决定 AI 在教学中发挥的水平，教育主体各方还需深入交流，寻找 AI 优化教学的合理路径。国家提出要实现信息技术与教育深度融合，因而教师面临的不仅是掌握新技术本身，更需深入理解学科内涵与积累丰富教学实践。同时他们还需要探索如何以建设性方式运用新技术进行课堂优化协作。人工智能在个性化和自主学习方面确实有潜力，但相关的数据隐私保护、监管责任机制、算法透明度以及安全隐患等伦理问题同样值得重视，完善 AI 管理也需要从伦理原则、问责性、透明操作和安全防范四个层面深入论证和实施。

2. 学校等外部因素的挑战

教育现代化进程中，推动教育信息化和提升教师信息技能素养是非常重要的一环。信息技术可以影响教育的各个方面，包括学习方式、教学设计、管理能力以及评价机制等多个层面。但是，过去教师培训过于重视工具本身，忽略了教师个人素质和学校整体环境建设等重要影响因素的作用。

进一步来说，教师培训需要更紧密结合实际课堂教学环境，通过不断实践检验不同阶段信息技术应用的效能，同时也要警惕潜在的技术风险。这样有助于教师根据自身条件和需求，选择最适合的应用方式。与此同时，培养支撑人工智能教学的专业人才，不断优化教学资源环境建设，在道德层面也面临各种挑战。

教师学习和应用信息技术以提升自身素养，可以来源于两方面需求：一方面是出于一线教师自身实际教学需要的自下而上式驱动；另一方面是源于社会和国家层面某个时代阶段的发展要求。其中，教师内生的自下而上需求可以更好地体现出他们对技术应用的认同度。而自上而下的需求在初期可能造成一线教师的知识碰撞和排斥情绪。当前，随着人工智能进入教育领域，需要以高度谨慎的态度对待。一是通过助力教师利用技术改进教学促进认同；二是重视人工智能下的信息素养新要求，以技术导向引导教师不断提升自身素质，实现教学变革。

三、人工智能环境下高职院校思政课教师信息素养提升培训的策略

人工智能视域下，思政课教师信息素养的内涵要素构成发生了新变化，对教师信息素养的技术与知识、意识与伦理、思维与创新提出了新要求。探索人工智能助推教师管理优化、助推教师教育改革、助推教育教学创新、助推教育精准扶贫的新路径。在上述政策布局框架下，形成明确的问题思维，发挥人工智能的优势，针对教师专业能力提升的关键点发力，才会有事半功倍的效果。

（一）实践应用导向的技术和理论学习

人工智能作为一项重塑未来的核心技术，其潜在影响教育的能力必须受到重视。它不仅可以重建师生关系体系，重塑更加个性化和协作式的学习模式，也能弥补长期存在的机会差异。在人工智能成为各行各业驱动发展的主流技术之后，教师掌握它的重要性不言而喻。但是，人工智能技术对教师培养提出了更高的标准。教师既要熟练掌握技术手段，又需要理解其在不同教学环节的应用价值，教师需要通过持续学习新技术，了解其应用前景和变化趋势，以跟上变革的步伐。只有在掌握核心技术的基础上，教师才能充分发挥技术在教育教学中的潜力，他们将成为面对各类问题的创新性解决者，能够灵活地把握机遇和变化，而这也自然需要教师系统学习人工智能本身及其在教育各个环节的理论应用。

随着技术赋能教育的时代来临，教师学习技术不能再停留在理论层面，更需结合实际教学活动进行。只有在应用的过程中不断学习和掌握，才能及时满

足教师不同阶段的需求，真正达成熟练运用的目的。为此，教师信息素养提升培训就应深入挖掘并充分应对信息化教育中存在的学习挑战与难点，重要的是要立足真实教学场景和课堂问题，通过解决实际案例来提升技能。

（二）延伸与拓展人工智能技术解决问题的思维培养和能力养成

随着人工智能技术的发展，教师的角色面临深层变革，不再满足于单纯传授知识，更需要考虑以下几点：首先，教学内容和模式需要借助人工智能进行延伸和拓宽。例如通过跨学科融合提升学习体验。其次，教师需要掌握如何在"问题、资源、工具、活动与评价"各个环节中进行合理布局，设计出具有层次的教学任务。目标是培养学生利用人工智能技术解决实际问题的能力。同时，教师也可以通过结果评估不断优化自身教学设计。

教师应引导学生的视野超越常规知识体系，利用人工智能技术扩展课程内容的视野。教师可以把人工智能融入学科问题的解决过程中，引导学生探索并运用这些工具来寻找答案。通过这种学习模式，学生将养成面对复杂多变情况下认真思考和寻找技术帮助的习惯。同时，教师也应引导学生体会人和机器解决问题的差异，培养那些机器无法取代的独立思考和创新能力。最终，学生可以在人与机器协同发展的社会中发挥各自的长处，真正做到与时俱进。

可见，在人工智能发展新纪元，教师信息素养的提升不应再将人工智能视为单纯的学习工具或教学辅助工具。教师需要区分人机各自的优势，正确评估人工智能在不同情况下的应用效果。只有这样，教师才能真正助力学生适应未来充满挑战与机遇的发展环境，培养他们在人与机协同互动社会中蓬勃发展的能力。

（三）人工智能技术赋能的教与学设计、实施与评价

教师信息技术能力的培养，旨在帮助教师掌握以人工智能为代表的技术如何支持学习。人工智能赋能教育的重要目的，在于让教师不再是单向传授知识的角色，而成为与其共同成长的学习伙伴。同时，教师需要能够评估技术与学习需求的匹配程度，提升利用数据进行评价与决策的能力。此外，认识与保护学生数据隐私与安全也同等重要。在人机协作新环境下，人工智能可以扮演多个辅助教学的角色。如个性化批改、学习诊断、师资培养等。这些功能有助于教师节约时间成本，更好地完成教学任务。因此，教师需要掌握人工智能辅助的技能，并洞察其能力限制。同时发挥人性化的优势，如关怀、创新精神等。而教师主动应用人工智能也会促进教育技术在方法和深度上的提升，形成互惠的赋能关系。

实现人工智能在教学中的深度融合，需要改变以传统故事教学为主的模式。应发挥人工智能在空间资源上的优势，采取由问题驱动的学生中心学习设计，这能将学生从被动吸收知识接收转变为主动知识创造者。

STEM课程以项目见习为主，注重通过解决实际课题来培养科学探索和工程实践能力。它提供了一定借鉴意义来实现教学模式的创新转变。国际上也开始推荐采用这种问题驱动的学习方式。STEM还强调在整个学习过程中结合先进技术使用。这可以提升学生运用新技术的意识，培养他们在人机协同背景下的技术人文智力。国内外已在"STEM+计算/人工智能"等方面尝试不同探索，比如跨学科任务模式与相对独立的新课程体系。

在教师培训中，可以通过项目学习来提升他们的信息技能。教师可以设计模拟现实问题的课程项目，让学生通过合作探索寻找解决办法，从中练习思考和解决问题。同时教师也可以学习如何用新技术同学生一起学习，比如人工智能。这不仅可以改变传统"上课"模式，也可以帮助教师自己持续进步。最终，这样的课堂设计会帮助学生养成适应未来社会需要的重要本领。

第二节 高职院校思政课学生信息素养的提升

提升大学生整体信息素养水平，是未来国家可持续发展的重要基石。大学生将来会成长为国家各领域的中坚人才，他们的素质直接影响国家整体实力的高低。面对信息爆炸时代的到来，大学生必须树立起主动学习和吸收新知的态度，不断丰富自己的知识体系。

一、大学生信息素养的基本特征和构成要素

只有深入认识大学生信息素养的基本属性与构成要素，我们才能够从多个维度进行客观分析，比如从信息获取能力、信息处理能力、信息运用能力等各个环节，更准确地把握现状中的短板。了解它的内在结构，也将帮助我们设计出更好的解决方案。

（一）大学生信息素养的基本特征

1. 新时代特征

大学生信息素养具有强烈的时代特征。这体现在以下几个层面：在国家层面上，信息技术创新已成为国力竞争的一个重要指标，我国也在加速推进这个领域的发展，提高公民信息素养将直接支持国家实力的提升。在社会需求层面，信息社会带来新的工作模式和能力要求，教育内容需要与社会变化保持同步。对于人才发展来说，技能提升也需要随时代进步而进行革新。

2. 工具性特征

获得信息，掌握技能，了解各种工具在获取、分析和分享信息中的作用，这可以看作是培养信息素养的第一个步骤。有了好的信息素养作为基础，便能灵活选择适当工具来解决学习和工作中的问题。通过专业工具，还可以找到人眼难以察觉的东西。通过将数据整合与重组，以及收集证据，最终可以基于这些来进行创新，贯穿整个大学生信息素养体系。意识到探索使用各种工具，主动应用并不断改进它们，也有利于将信息素养真正实践应用出来。

3. 智能性特征

在此背景下，大学生发展信息素养时应特别关注计算思维和 AI 学习培训，掌握利用智能工具解决问题的思路。信息时代的进步决定了未来人才不能仅限

于传统意义上的知识消化与应用,更重要的是学习思考与技能,能适应不断变化的社会环境。大学作为人才培养基地,应结合"教育信息化2.0"的特征特点,指导学生全面提升信息素养,这样才能更好地服务国家和社会需求。

4. 个性化特征

现今,每个人的性格和需求都不尽相同,因而新时代大学生培养信息素养也应该体现个性化。研究显示,如何照顾每个人的个性,对提升他们的信息素养很有帮助。过去,教育以"因材施教"见长。随着大数据和AI智能技术的发展,我们可以做到"定制教育"——根据每个人的数据分析他的兴趣和习惯,然后提供个性化的学习方案。以个性为导向的信息素养培养,不仅是人生学习的重要一环,也会影响一个国家公民的全球竞争力。

(二)大学生信息素养的要素构成

1. 信息意识与价值

长期以来,我们国内大学对于培养学生利用数据找出信息的能力还不够重视,这是一个需要改进的地方。现在知识经济和信息化同时发展,如何产出知识已经完全不同了。学生也越来越多通过信息来理解世界和解决问题。这很大程度影响了他们对信息的思考和看法。高校需要意识到,信息技能对一个人整个生命期的成长很重要,需要更加重视培养学生获取和应用数据信息的能力。

2. 信息知识与技能

信息知识和技能,是指大学生需要掌握的一些核心能力,包括与信息和技术相关的知识,以及利用信息工具来获取、保存、处理、传播和评价信息等实际操作能力。进入"教育信息化2.0"时代,大学生除了要掌握基础知识和技能外,更重要的是培养出处理问题的思考方法,比如学习利用数据和互联网来寻找解决方案。总体来说,信息素养培养不是简单停留在学习知识上,更重要的是练习如何利用各种资源和思维模式,来解决实际问题。

3. 信息道德与伦理

信息道德与伦理是评判一个人信息素养的重要标准。它关乎我们如何正确应对科技世界中出现的种种新问题。在当今"教育信息化2.0"的时代，随着云计算、人工智能等新技术的广泛应用，大学生常面临著作权、网络暴力等新挑战。高校需要引导他们培养全面而审慎的思考能力，明辨各种信息场景中的是非曲直。同时，大数据与移动互联带来的便利，也放大了一些隐私和伦理问题。我们更需要提醒学生主动负责任，珍视每个人在网络中的权利与尊严。高校要帮助学生树立坚实的信息道德规范，以此作为应对未知未来的内在支撑。

二、培养我国大学生信息素养的意义

人工智能时代给我国同时带来机遇与挑战，是否能够抓住发展契机，关键在于人才的提升水平。而人才的核心素质之一，就是信息技术应用与创新能力的提升。面对信息化浪潮，当代大学生需要更新学习观念，掌握主动获取知识及解决问题的能力。只有以开放进取的态度应对未来，学生才能在不断变化的环境中取得先机，为国家社会的发展贡献自己的力量。

（一）培养大学生信息素养对国家的意义

1. 大学生信息素养的培养有利于提高我国竞争力

21世纪，信息化与经济全球化相互渗透，深刻改变着全球各领域的竞争格局。互联网大幅提升各类思想文化的交流交换速度，成为主导信息传播的新平台。数字化浪潮下，信息安全问题日益突出，成为各国面临的共同挑战。数字技术深刻影响战争形态演变，是军事变革的核心驱动因素。同时，全球数字鸿沟也在扩大，区域发展失衡日趋严重。信息化正在重塑全球政治、经济、社会和文化的新秩序。信息化的成功，离不开人才的支撑，国民信息素养的水平直接决定一个国家在信息化和国际竞争中的表现。大学生作为国家未来的中坚力量，他们的信息素养直接影响着我国在全球新格局中的发展定位。因此，提升大学生信息素养对我国增强核心竞争力意义重大。

2. 大学生信息素养的培养有利于建设创新型国家

大学生作为国家未来发展的中坚力量，其创新能力的养成对建设创新型国家来说极为重要，而创新需要以高水平的信息素养为基础。理解和获取信息，并将其转换为创新成果，这需要深厚的信息能力支撑。因此，只有深入开展提升大学生信息素养的教育工作，培养他们应变复杂环境的能力，他们才能在工作中展现出优异的创新素质和精神。长此以往，高校将真正成为孕育创新的人才库。这些人才毕业后，将基于坚实的理论基础和实践精神，在各行各业开展创新活动，为我国提供人力资源保障。

3. 大学生信息素养的培养有利于构建学习型社会

学习型社会的重要特征是全民参与学习并实践终身学习理念，而终身学习的重要前提在于个人自学能力的培养。自主学习和终身学习都必须基于良好的信息素养，这也是国外学界把信息素养纳入课程的重要原因。信息素养能够帮助学习者掌握主动获取知识以及解决问题的能力，这对实践终身学习尤为重要。高校在培养全民学习的重要生力军——大学生的过程中，如果能够重视提升他们的信息素养，这将有利于培养学生自主学习的素养。

（二）培养大学生信息素养对高职院校的意义

1. 大学生信息素养的培养有利于高职院校素质教育改革的深化

素质教育的主要特征是学生主体性、针对全体受教育者、注重全面发展及开放思维等。实施素质教育旨在培养学生全面发展自我教育能力，这是提升大学生信息素养的重要出发点。信息素养培养是素质教育的重要组成部分，重视学生主导学习及实际运用能力，这将有利于高职院校深入推进素质教育改革。教育信息化浪潮下，教学方式的深刻变革将提升素质教育的实效性。信息技术将成为素质教育的有力辅助工具。长此以往，大学生将掌握更强的自主学习能力。高校也将真正实现教学质量的系统提升。这将使高职院校培养出批量批次的高素质人才，并为我国经济社会发展提供持续动力。

2. 大学生信息素养的培养有利于高等教育信息化的推进

高职院校在人才培养中肩负重任，培养学生全面发展并服务社会是一个系统工程。其中，信息素养就是学生核心竞争力的重要组成部分。高校应全面评估现状，明确提升信息素养的总体目标和任务部署。以学生需求为导向，构建适度的教学内容体系。不仅要求学生掌握基础理论，更重要的是培养他们主动学习和实践能力，还可以引导学生参与实地考察和社会互动等项目式学习。同时，高校也要优化信息环境建设，根据教学需求，不断更新设备配置，完善数字资源体系。还应引导教师增强信息教育意识，熟练运用多种教学模式促进互动。

3. 大学生信息素养的培养有利于提高高职院校思政教育工作的实效

人工智能时代对高职院校思想政治教育提出了更高要求。信息社会环境的影响日益复杂，传统教育模式难以满足需要。提升大学生信息素养，培养他们的独立思考和判断能力，是应对挑战的有效途径。高校应探索创新教学模式，比如结合现实课题，组织学生线上线下参与讨论交流，运用多种教学技术手段，提高教学参与度。信息道德的培养也应全面系统，既着重正面价值引导，也要运用案例分析与实践互动相结合，加强提醒学生注意网络陷阱。同时，高校还应构建良好的校园舆论环境，加强网上思想指导，丰富正面学习资源供学生选择。还可以组织学生参加社团活动，利用同学间互助互爱的作用相互助力提高。与此同时注重激发他们的主观能动性，这样不断完善措施和机制，形成科学的自上而下与自下而上的教育格局，将有利于提高工作成效，使思想工作深入人心。以上工作需要长期协同推进，才能真正迎接人工智能时代对教育的新突破和新要求。

（三）培养信息素养对大学生自身的意义

1. 信息素养的培养有利于提高大学生的自学能力

培养学生自主学习能力是高职院校素质教育的重要目标，旨在塑造自主掌控知识的主体意识。随着信息社会的发展，大学阶段掌握的知识更新周期缩短，自主学习能力的重要性日益凸显。信息素养是自学的重要基础，它着重培养学生主动获取信息的意识，并能熟练运用各种信息工具进行信息整合与运用。具备较强信息素养的学习者，能够主导学习进程，自主掌控知识结构和更新格局，这与信息时代企业需求人才的主要素质高度契合。高校需注重指导学生树立自主学习的思维模式。通过信息素养训练，帮助学习者养成主动获取新知的能力和习惯，高校应通过各种渠道帮助大学生形成正确的信息观，让其认识到信息在学习和工作中的重要价值。同时，应注重开展信息技能和方法的训练，培养学生出色的信息获取能力。信息道德教育也很重要，能够使学生在信息活动中能自觉遵循规则，这些都可以看作是培养信息素养的重要组成部分。提高信息素养，有助于学生掌握主动学习的必备技能，这可以满足自学的需要，也会助推素质的全面提升。

2. 信息素养的培养有利于培养大学生的创新能力

信息素养是培养创新能力的基础。任何形式的创新，如理论、技术或制度等，都必须根据已有成果进行研究，这需要好的信息功底。只有掌握丰富的行业前沿知识和方法，才能避免重复劳动，在此基础上实现真正的突破。高职院校教育正着重将重点从知识掌握转移到创新型人才培养上，这需要学生具备足够的学习积累和主动学习能力。信息素养的培养可以帮助学生在正确信息观指导下获取知识，并以创新思维加以运用。同时信息道德也是重中之重，只有在此基础上，学生的创新才会成为社会产出。总体来说，信息素养培养能提升学生将创意转化为现实的能力，为我国建设创新型人才队伍作出重要贡献。

3. 信息素养的培养有利于大学生个人的自我发展

信息素养的培养对大学生个人发展和就业具有重要意义。在信息社会中，由于信息不对称，一部分人可能因信息优势得以发展，而另一部分人则可能陷入不利境地。信息素养日益成为影响个人财富和幸福程度的重要因素。

高职院校应高度重视培养学生的信息素养。好的信息素养不仅是自主学习和创新能力的基础，也是学生就业的重要保障。许多学生选择就业方向时缺乏分析，或者未能准确掌握职场动态，导致就业难度大。良好的信息素养可以帮助学生全面和理性选择发展道路，同时通过信息获取和处理能力训练，有利于他们及时抓住工作机会。与此同时，信息素养还可以培养学生科学和正确的信息观念。只有在这种信息观指导下，学生学习的积累以及未来的创新才能脚踏实地。高校应在教学各个环节加强信息素养的培养，既帮助学生个人成长，也为社会提供更多复合式创新人才，这是信息社会共同发展的重要力量。

我们正处在一个知识更新周期飞速缩短的信息社会，各种新技术和新产业不断涌现。这给大学生今后就业和继续学习带来巨大机遇，但同时也提出了更高的信息处理能力要求，高校应重视培养学生全面而科学的信息素养。信息素养可以帮助学生主动和全面掌握专业前沿动态，及时把握就业和学习新机遇。它还可以促进学生根据个人兴趣和能力，不断调整专业规划和人生规划。这不仅有利于学生个人成长，也能更好地满足社会需求。

三、人工智能环境下大学生信息素养存在的问题

大学生运用和驾驭信息的能力有限，尤其容易为信息所"绑架"。与西方发达国家相比，我国对大学生的信息素养教育重视不够，大学生的信息素养水平普遍较低。人工智能环境下大学生信息素养存在的问题主要有以下几方面。

（一）休闲娱乐成为大学生接触信息媒介的主要动机

问卷调查与访谈发现，许多大学生主要出于"休闲娱乐"目的接触信息媒介，较少关注专业知识或社会热点，这显示出他们信息使用目的存在偏差。大学生在获取信息时，往往有较强的功利性倾向，主导他们行为的更多是"消磨时间"这样的动机。研究发现，他们大多数是以消极、无目标的方式接触媒体信息，难以按个人意愿和理性思考进行选择。这说明，大学生当前难以根据自己需求主导信息获取，媒体商业推进的娱乐功能正在影响他们的信息习惯养成。

高校应指导学生树立科学观念，注重培养主动解决问题的能力，同时也要警惕商业营销对学生信息心理的潜在影响。只有多方面指导，才能帮助学生成长为自主理性利用媒体的信息主体。

（二）大学生缺乏对信息的批判能力

信息批判能力是指受众对信息内容具有正确、清晰和科学的认知能力。它主要从信息的可信度认知、新闻报道真伪辨别和媒体影响认知三个层面来衡量。当前，许多大学生缺乏必要的信息批判能力，难以正确判断媒介信息的真伪，信息批判能力越来越成为评价学生信息素养的重要指标，它包括对传播内容的判断能力和对媒体深层社会影响的认识。随着全球化、多极化进程加速，传统和新兴媒体充斥着各种信息。但是，大多数学生只能基于个人经验来审视信息，缺乏系统信息素养知识指导，更难正确分辨信息。他们容易受表象信息误导，思想和行为受到不同程度影响。高校应当重视培养学生全面和深入的信息批判意识，帮助其成长为自觉和主动获取信息的主体。

（三）大学生对信息传播道德规范认知不够清晰

当前，大部分大学生能够自觉维护遵守信息传播的道德要求，但是大学生信息道德养成教育仍面临巨大的挑战。一是道德认知存在偏差。大学生对于信息传播过程中的不道德行为，不能全面正确地辨析。二是道德养成教育的实效性不足。部分大学生的道德和法律意识淡薄。三是道德养成教育环境不尽如人意。社会文化中的不健康因子影响着大学生道德理念的形成。

当前，许多大学生对信息传播道义规范的认识存在局限性。一方面，部分学生在利用传媒传播信息时，对版权、出版法规理解不深，容易出现侵权行为。同时，他们在网络上操作时对个人信息安全意识也较弱。另一方面，随着AI和智能设备应用日趋普及，学生可获取的信息渠道更为广泛复杂。但这也带来一定风险，如滥传不良内容或侵犯他人隐私的情况。再者，个别学生在数字应用上过于追求新奇感，而忽视相关法律和道德规范限度。总体来说，信息环境的改变已对大学生的道德管控能力提出更高要求。高校应通过完善的实践活动和案例教学，帮助学生树立科学的法律精神和道德认知体系，同时也需要引导他们培养处理各类信息的审慎与自律能力。只有如此，学生才能成长为可靠的新时代公民。

四、当前大学生信息素养教育现状

当前大学生信息素养教育基本处于空白状态。

（一）信息素养教育的资源有限

我国高校信息素养教育虽然开始发展，但总体来说还处于探索阶段。在教育实施过程中存在一些不足，需要进一步改进。首先，信息素养教育相关的资源配套和教学内容体系建设还需完善，使其可以更好地适应我国实际国情。其次，开设信息素养课程的学校不多，教学模式缺乏系统实践。尤其是缺乏与新闻传播等实践领域的深入交流机会，从而难以在实习中锻炼信息分析思考能力。目前，只有部分新闻传播类专业的学生能够获得一定的实习机会。为此，高校应与媒体机构加强合作，为更多学生提供优质实习渠道，同时，探索符合国内实际的信息素养教学模式，结合理论与实践相互促进。

（二）信息素养教育理念缺乏体系支撑

信息素养教育是当今时代学生必备的重要素养。一些发达国家已将其纳入正规教学体系，并形成与本国国情相匹配的教学模式。相比之下，我国信息素养教育在实施层面还需加强，政府、社会及高校对此项工作的支持力度需要进一步提升。目前，高校开设的信息素养课程主要停留在提高操作技能层面，内容单一，未对学生进行全面培养。此外，许多高职院校在体系建设和师资队伍搭建等方面存在短板，信息素养教学质量难以提升。高校应积极探索适合我国国情的教学模式，完善从课程设置到教材实践等全链条。同时也要加强与社会各领域的交流合作，为学生提供更多学习平台。政府部门应出台更为明确的指导意见，加大资源支持。只有全社会共同参与，信息素养教育才能真正落地生根。

五、人工智能环境下大学生信息素养的养成路径

大学生信息素养植根于信息化的教育环境与资源。尽管影响大学生信息素养的因素是多样化的，但世界范围内培养大学生信息素养的主要途径是学校教育，其主要形态可以概括为三种。

（一）通识课程形态

我国高校信息素养通识教学主要通过信息技术课程、讲座及培训等形式开展，这有助于学生接触基础知识。但是，过于强调知识面也难免会导致理论与实践脱节的问题。现阶段，信息通识课仍以培养技能为主，未能很好发挥其在专业领域的引导作用。未来，信息素养通识教学应逐步调整价值导向。例如着重培养学生的分析思考、自主学习以及问题解决能力等方面。应根据新时代信息需求，及时优化教学内容选择，让通识教育能够帮助学生养成切实可行的信息素养。

（二）专业融合形态

专业融合是一种有效的信息素养培养方式，它着重将信息素养融入专业课程或科研项目当中，在需要用到信息知识和技能的环节重点训练学生。这种模式注重结合专业课题，对信息资源进行重构整合。将信息素养融入多个学科层次和领域，比通识教育形态更具针对性。专业融合模式的优势在于"学以致用"，它借助专业背景构建深入学习环境，帮助学生真正掌握信息使用能力。同时，此模式可便于导师及时指导学生，发现问题并予以纠正，有利于学生树立切合实际的信息素养观念。总体来说，专业融合是信息素养教育的典型个性化学习方式，它使信息素养教育得以系统有序地贯穿专业学习全过程，培养学生全面而内化的信息应用能力。

（三）服务应用形态

信息素养培养规划应充分发挥图书馆人工智能资源的潜力，同时也要发挥馆员在信息道德和意识指导方面的作用。这需要结合传统的知识技能培养，注重重视学生信息创新能力的高层次发展。"教育信息化2.0"强调技术和人的融合走向创新，信息素养已成为知识产出新的必备素质。我国把教育信息化作为推动教育变革的内生动力，将大力提升学生创新能力水平，以助力我国学生信息素养具有更强的前瞻性和中国特色。高校图书馆应在此基础上，以学生为中心，探索利用各种资源和手段全面提升学生信息素养的新路径，为培养适应信息时代需求的复合型人才贡献力量。

"教育信息化2.0"时代强调智能技术融合走向创新，信息素养已成为知识生产新模式中的重要组成部分。我国将教育信息化视为推动教育变革的内生动力，旨在支持和引导教育现代化进程，并将大力提升大学生的创新能力水平。这将使我国大学生的信息素养具有更强的前瞻意识和中国特色。进入大数据时代，数据获取和分析能力在信息素养培养体系中日益重要。高校图书馆在这一变革中发挥重要作用。大量研究结果证明，图书馆开展的资源检索和培训活动，不仅提供信息服务，且能显著促进学生信息素养的形成。信息素养培养应充分发挥图书馆人工智能等资源的潜力，同时重视馆员在信息道德和意识指导方面的作用。这需要结合知识技能的培养，重点关注提升学生信息创新能力。

第三节　人工智能环境下思政教育与信息素养的结合

高职院校需要探索将两者有机衔接的方法，比如在思想政治理论课中增加信息素养要素，或在信息技能课中渗透思想政治内容。同时也可以建设联合课程和实践平台，从而培养具有审时度势和辩证思维能力的网络公民。

一、高职院校思政教育与信息素养教育结合的重要性

加强大学生信息素养教育，是应对当前网络传播生态环境日益复杂多变的需要，也是推进和优化大学生思想政治教育的重要举措。信息素养教育应成为高职院校思想政治教育体系中的重要组成部分。

（一）提高网络信息教育的理论高度

当前，大学生信息获取渠道以网络为主，但是网络信息教育往往停留在技术层面，缺乏理论指引和思想引领，这大大影响了他们判断网络信息的能力和敏锐性。而思想政治理论课程的宗旨在于全面育人，它更能从理论高度和思想深度，培养学生独立思考和判断的能力。理论性和思想性是高职院校思政教育的内在要求，思政教师通常具有较高的理论素养，如果将信息素养教育有机融入思政教育体系，以中国特色社会主义核心价值观为导向，就可以将网络信息培训提升到理论和思想层面。这样不仅可以引导网络信息的传播方向，而且可以扩展和完善大学生信息素养教育的深度和范围，从而更好地实现思想政治教育目标。

（二）扩大信息素养教育的对象范围

信息素养教育旨在指导学生正确理解和审慎享受大众传媒资源，培养他们健康的媒介批评能力，让信息资源更好地助益个人成长和社会参与。随着智能化媒体不断更新，信息真伪难辨、各异繁杂。信息素养教育工作显得尤为紧迫。我国高校信息素养教育相对滞后，未能及时跟进信息发展速度，大多数大学生在分析信息流量、评论传播内容等方面的能力还有待提升，这不利于培养中国特色社会主义建设需要的高素质骨干。将信息素养纳入思想政治理论课教学，可以扩大其覆盖范围。作为公共必修课，思政理论课可以打造共性的信息素养培养平台。不同专业的学生都能经过系统学习，提升整体信息素养水平，这能够助推高校信息素养教育深入开展，更好地培养应时代需要的高端人才。

（三）培养大学生的主体意识和公民意识

传统思政课重讲授，采取灌输式教学模式，不足以培养学生的主体意识。这样做既不利于学生培养理智判断力，也难提升其情感调控的能力，无法实现"自知者明，自胜者强"的理想状态。信息素养教育旨在培养学生解读信息的主导能力，这需要独立思考与理性分析等优良品质作为基础。信息素养教育体现公民教育的内在要求，高校应当将其纳入思政课程体系，重点培养学生的独立思考能力和公民意识。在新时代，思政教师有责任引导学生主动学习，启发其自主解读能力。同时注重情感素养和社会应变能力的培养。只有深入改革传统模式，真正实现教与导相结合，思政教育才能指导学生全面成长。

（四）增强高职院校思政教育的实效性

一方面，高职院校思政课教师通过提升自身的媒介素养水平，掌握一定的传播学知识和理论，创新思政教学方法，丰富思政教学载体，运用更加有效的传播技巧，可以增强思政教育实效性。另一方面，媒介素养教育强调受众的主体性地位，重视受众对信息的批判反思和独立思考能力，在高职院校思政课堂上，应引入媒介素养教育受众即主体的理念，改变以教师为主体的教育方法，确立以学生为主体的教育模式，让学生积极参与到教育教学过程之中，充分调动大学生的主动性和积极性，从而增强大学生思政教育的实效性。

二、高职院校思政教育与信息素养教育结合的可行性

高职院校思政教育与信息素养教育结合具有如下可行性。

（一）目的一致

信息素养教育是一个长期演变的过程，它包含了文化传承、思想政治引导和公民品格培养等多重内涵，其最终目的是培养学习者成为一个全面发展的人。而高职院校思想政治教育的根本任务，在于指导学生树立正确的世界观、人生

观和价值观，使之成长为担当中华民族复兴历史重任的新一代青年，两者在目的设置上高度契合，都旨在培养学生在思想、道德和能力等各个层面得到全面发展，成为社会主流文化所期待的高质量人才。这为融合信息素养项目入思政课堂奠定了先决条件，两者之间存在内在衔接关系，高校应清醒认识这一点，应在思政理论课中设计开设信息素养培养模块。

（二）特点相似

无论是信息素养教育，还是高职院校思政教育，都具有开放、动态和多学科交叉的特点。信息素养教育内容涵盖广泛，需要吸收人文社科各门类理论，形成传播学、社会学、政治学等多学科相互渗透的体系。同样，高职院校思政教育理论土壤也需不断探索更新，汲取人文社科的新进展。教学内容需要随社会变迁而实时调整，保持高度针对性。大众传媒作为窗口，信息素养教育正面临着庞大数据仓库中信息流入流出的迭代循环变化。思政教育亦需掌握这一重要认知属性，引导学生在不断迭代的大数据环境中，培养批判思维和解读能力。

（三）思政教育是一种信息传播的过程

高职院校思政教育传播的内容是意识形态观念，对象是大学生群体，目的是培养社会主义建设者和接班人，其传播过程也是在改变受众思想和影响行为。就这一层面来看，思政教育与大众传播在传播机制上存在相似之处，且两者都将受众置于重要位置。受众既是信息的接收者，也是参与者和反馈来源。只有充分了解受众特征和需求，思政教育才能发挥应有作用。高校可以借鉴传播学相关理论，在传播主体设计、对象把控、内容更新、媒介选择和方法创新等环节，优化思政教育传播的流程与策略。如此才能丰富内容，提升吸引力，真正实施有针对性的意识形态传播，更好地引导大学生成长。

三、信息素养教育融入高职院校思政教育体系的基本路径

将信息素养教育纳入高职院校思政课堂，是提高大学生信息素养的有效措

施。课堂教学是获取知识的主要渠道，可以在"形势与政策""理论体系概论"等课程中，结合网络热点问题，运用具体案例开展教学，特别是针对争议事件，使用传播学理论指导分析真实情况，引导主流舆论符合核心价值观，从而提高信息鉴别能力。同时，应着重从认知、情感、审美和道德多个维度开展信息素养教育，满足学生求知求善的需求。信息素养教育与思政教育可以形成良性互动，课堂教学体现互动范式，交流探讨网络热点问题，深入浅出解构事件性与理性，帮助学生形成科学思考能力，正确判断网络信息，实现信息素养与理论学习的融合，提高教学质量与效果。

高校应采取三方面举措提高大学生信息素养：一是在思政课堂开展信息素养教育。可以结合网络热点问题，运用典型案例分析事件真相，指导学生形成科学判断能力，同时注重从认知、情感等多个维度开展教学，帮助学生全面发展。二是提升思政教师自身信息素养水平。网络环境影响学生观念，增加思政工作难度。教师需要通过培训进修，掌握教学理念新方法，调整知识结构水平，且要深入了解网络信息传播规律，了解学生思想转变背景。教师应善于运用网络技术进行教学，采集第一手信息了解学生需求，同时运用人工智能等新技术在网络环境中开展"把关"工作。只有思政教师自身水平不断提升，运用多样化手段开展教学，才能在复杂网络环境下指导学生全面发展。培养他们成为社会主流文化需要的优秀新素质人才。三是高职院校思政课教师需要重视学习新媒体理论知识。深入研究智能信息流通规则，了解各类新媒体定向传播手段及其社会影响。教师须具备解读新媒体内容的高级能力，识破信息操控暗器，掌握舆论导向真相。同时培养学生批判思考新信息的意识。更重要的是，教师应主动探索思政工作在新媒体环境中的进化方向，借助各种新兴沟通平台，与学生进行深入互动交流。既进行主流意识形态传播，也积极吸收学生对社会热点问题的真实看法，助力思政教育工作回应青年群众切身需求。

四、积极推进高职院校思政教育中的信息素养教育

信息素养教育是新时期大学生素质教育的主要部分，也是增强高职院校思

政教育实效、提升大学生综合素养的重要手段。在人工智能环境下，大学生信息素养教育对于我国高职院校思政教育来说是一个新的课题，也是一个系统的、复杂的、长久的工程。面对当前日益复杂的信息传播环境，信息素养已经成为现代社会高素质人才所必备的能力。积极开展大学生信息素养教育，增强他们对信息的批判意识和批判能力，是新时期高职院校思政教育工作的新内容、新课题。

第一，需要提高信息素养教育的实践能力。信息素养教育不能仅依靠理论教授，也要通过丰富的实践活动来帮助大学生真正认识和使用信息。我们可以在素质教育基础上，借鉴发达国家在这方面的有益经验，充分利用校园各类主流媒体平台，如校报校刊、校园电视、广播和网络等，作为信息素养实践的舞台，促进大学生深入参与信息制作全过程，掌握信息材料筛选与制作方法，锻炼与媒介的互动能力。同时，通过社会实践、社团活动和团组织等第二课堂渠道，丰富信息素养教育内容体系。

第二，信息素养教育既要注意理论研究，也要重视实践能力的培养。理论研究方面，需要在借鉴国外成果的基础上，着眼国情需要，编制符合中国特点的信息素养教材和理论框架。设计应用研究课题，探索形成适合不同层级学生的评估标准。实践能力方面，要充分利用校园主流媒介平台，如校报校刊、校园广播电视等，让学生参与信息产品全流程练习。同时通过社会实践等第二课堂学习形式，丰富信息素养教育实践内容，长期开展基础与应用研究，不断完善信息素养理论体系。同时注重实践锻炼，帮助学生真正掌握信息技能。只有理论和实践相结合，信息素养教育工作才能真正发挥应有的导向和影响作用。

第三，需要加强信息素养教育的道德教育功能。网络和智能设备深刻影响人们的生活方式，它使学生成为信息参与者。高校应结合此变化，调整信息素养教育工作以下几个方面：一是理论课程改革。在心理、传播与思政理论课程中，增加信息参与传播相关内容，促进信息素养与思政理论有机融合。

二是培养责任感。帮助学生体现信息参与者的社会意义，强调应以道德与法律为导向。三是自律能力养成。通过政策法规教育，培养学生在网络环境下自主判断的能力。四是表达技巧指导。指导学生运用不同平台合法和合理表达看法与思想。五是评价标准研究。研究制定适用于不同年级学生的信息参与能力评价体系。

参考文献

[1] 吴雨斐. 基于ChatGPT的高职院校思想政治教育新模式实践研究[J]. 传播与版权, 2024, (02): 87-89.

[2] 王媛媛. "精准思政"视域下提升高职院校大学生思想政治教育获得感的路径研究[J]. 卫生职业教育, 2024, 42(03): 21-23.

[3] 徐静. 基于媒体融合的高职思想政治教育的实践策略[J]. 现代职业教育, 2024, (02): 153-156.

[4] 陈蕊花, 秦娟华, 李杨. 目标与方法: 积极心理学与高职思想政治教育耦合性研究[J]. 北京工业职业技术学院学报, 2024, 23(01): 98-102.

[5] 彭亚雄, 刘飞. 数字社会背景下高职院校学生思想政治教育策略研究[J]. 黄冈职业技术学院学报, 2023, 25(06): 94-96.

[6] 尹小雁, 陈冲. 培养时代新人视域下高职学生网络思想政治教育体系构建研究[J]. 大众文艺, 2023, (24): 203-205.

[7] 翟树义. 高校思政课讲好中国故事的路径探究[D]. 大连: 辽宁师范大学, 2022.

[8] 张艺. 基于网络背景下高职院校思想政治理论课教学思考[J]. 才智, 2023, (35): 103-106.

[9] 王紫荆. 自媒体环境下高校思政课的学生主体性及其提升研究[D]. 南京: 南京信息工程大学, 2022.

[10] 管小青. 精准教学: 高职院校思想政治理论课的新路向[J]. 高等职业教育探索, 2023, 22(06): 33-39.

[11] 白雪. 红色文化融入高职院校"课程思政"的思想政治教育价值及功能体现研究 [J]. 天南,2023,(05):151-153.

[12] 盛琴琴. 工匠精神融入高职院校思想政治教育的时代价值与实践路径研究 [D]. 绵阳:西南科技大学,2022.

[13] 王雨晴. 高校思政课教学强化中共党史教育研究 [D]. 喀什:喀什大学,2023.

[14] 朱萌. 网络短视频对高校思政教育的影响与对策研究 [D]. 南京:南京邮电大学,2022.

[15] 陈浩男,邵芳菲,王丽华. 新时代高职院校思想政治理论课实践教学研究 [M]. 天津:天津社会科学院出版社,2022.

[16] 杨飓. 高职院校思想政治理论课立体化教学改革的探索与实践 [M]. 重庆:重庆大学出版社,2022.

[17] 常金玉. 高职院校思想政治教育教学与专业理论课创新改革研究 [M]. 延吉:延边大学出版社,2022.

[18] 寇跃灵. 高校思想政治教育探索与实践研究 [M]. 北京:北京工业大学出版社,2023.

[19] 王薇. 高校思想政治教育热点与多元探讨 [M]. 北京:北京工业大学出版社,2023.

[20] 林蕾,杨桂宏. 高校思想政治理论课教学研究 [M]. 北京:中华工商联合出版社,2022.

[21] 扎桑,达珍. 融媒体时代高职院校思想政治教育发展探讨 [J]. 中国新通信,2023,25(21):189-191.

[22] 殷柯望,彭广盼,金政翰. "十四五"时期工匠精神融入高职院校思想政治工作体系研究 [J]. 佳木斯职业学院学报,2023,39(10):205-207.

[23] 纪振杰,郭海燕. 探究校企合作背景下的民办高职大学生思想政治教育 [J]. 中外企业文化,2023,(10):208-210.

[24] 林艳永. 高职院校思想政治理论课线上线下混合式教学模式探析 [J]. 大学，2023，(30)：71-74.

[25] 胡虹. 高职院校思想政治教育网络阵地建设策略研究 [J]. 产业与科技论坛，2023，22(20)：259-260.

[26] 曹军. 高职思想政治教育中工匠精神培育探究 [J]. 中学政治教学参考，2023，(44)：108-109.

[27] 杨晶. 高职院校思想政治理论课分众教学模式的初步探索和实效性路径研究 [J]. 大学，2023，(33)：97-100.

[28] 王莺飞. 高职院校思想政治理论课教师素质提升研究 [J]. 才智，2023，(33)：103-106.

[29] 田跃峰. 高职院校劳动教育与思想政治教育协同育人的融合路径研究 [J]. 世纪桥，2023，(11)：51-53.

[30] 李梁. 现代信息技术与思想政治理论课教学深度融合的逻辑思考 [J]. 思想教育研究，2023，(08)：97-101.

[31] 朱晨碧. 现代信息技术对高校思想政治理论课教学的作用 [J]. 中学政治教学参考，2023，(25)：97.

[32] 马浩然. 立德树人理念下高职院校思想政治教育路径探讨 [J]. 成才之路，2023，(36)：127-130.

[33] 田霞. "四史"教育融入高职思想政治理论课的三维探析 [J]. 山西经济管理干部学院学报，2023，31(04)：55-58+92.

[34] 姚兰. 地方特色文化在高职思想政治教育中的应用策略 [J]. 辽宁经济职业技术学院. 辽宁经济管理干部学院学报，2023，(06)：74-76.

[35] 许乃跃. 基于核心素养的新时代高职思想政治理论课教学改革刍探 [J]. 成才之路，2023，(35)：17-20.